O despertar da África

TÍTULO ORIGINAL:
Africa Rising: How 900 Million African Consumers offer more than you think,
1st edition by Vijay Mahajan

Tradução autorizada a partir da edição em língua inglesa publicada pela Pearson Education, Inc.,
sob a chancela Pearson Prentice Hall
Copyright © 2009 by Pearson Education, Inc. publishing as Prentice Hall

Edição em língua portuguesa publicada por Edições Almedina, sob a chancela Actual Editora,
Copyright © 2013

Direitos reservados para Portugal

AUTOR
Vijay Mahajan

CONJUNTURA ACTUAL EDITORA
Sede: Rua Fernandes Tomás, 76-80, 3000-167 Coimbra
Tel.: 239 851 904 · Fax: 239 851 901
Delegação: Rua Luciano Cordeiro, 123, 1.º Esq., 1069-157 Lisboa
Tel.: 213 190 240 · Fax: 213 190 249
www.actualeditora.pt

TRADUÇÃO
Victor Silva

REVISÃO
Pedro Bernardo

DESIGN DE CAPA
FBA

PAGINAÇÃO
Jorge Sêco

IMPRESSÃO E ACABAMENTO
Pentaedro, Lda.
Janeiro, 2013

DEPÓSITO LEGAL
354590/13

Toda a reprodução desta obra, por fotocópia ou outro qualquer processo, sem prévia
autorização escrita do Editor, é ilícita e passível de procedimento judicial contra o infrator.

 GRUPOALMEDINA

BIBLIOTECA NACIONAL DE PORTUGAL – CATALOGAÇÃO NA PUBLICAÇÃO

MAHAJAN, Vijay

O despertar de África: como 900 milhões de consumidores
têm mais para dar do que se julga. – (Fora de colecção)
ISBN 978-989-694-034-8

CDU 658

900 milhões de consumidores africanos têm mais para dar do que se julga

VIJAY MAHAJAN

O despertar da África

ACTUAL

Este livro é dedicado aos meus filhos Ramin e Geeti,
que partilham o meu amor, paixão e respeito pelos consumidores,
empresários, ONG, instituições e governos africanos
que estão a transformar a África.

Prefácio

Safari aos Consumidores

Tenho de admitir que até há alguns anos poderia ser considerado culpado de ter descurado a África. O meu livro sobre os mercados emergentes, *The 86% Solution*, apresentava apenas alguns exemplos sobre o continente. Como professor de marketing na Universidade do Texas, eu tinha uma vasta experiência a trabalhar com empresas da América Latina e percorri e dei conferências em muitos lugares da Ásia e do Médio Oriente; porém, tal como a maioria dos académicos do mundo desenvolvido, encarava a África mais como um caso a necessitar de ações de caridade do que como uma oportunidade de mercado. Estava enganado, e este livro visa corrigi-lo.

Não deixa de me surpreender particularmente o facto de não ter percebido o que se passava em África, porque me recordo de como a Índia foi encarada do mesmo modo. Tal como Ramachandra Guha escreveu recentemente numa crítica no *Financial Times*, «os autores ocidentais dos anos 60 alertaram os seus leitores para o facto de a Índia ser uma aposta perdida, o laboratório, digamos assim, das experiências falhadas sobre a democracia e a construção de uma nação.» ([1]) Guha podia estar hoje a referir-se à África. Na verdade, uma das razões que me levaram a começar a escrever sobre as oportunidades em mercados emergentes foi uma conversa que tive com um colega e de como poderíamos levar os países em desenvolvimento a deixar de «pedinchar». Sendo eu filho de um empresário, achava que era chocante e insultuoso. Sabia que na Índia o espírito empresarial estava vivo e próspero. Todavia, quando disse a alguns colegas, há 10 ou 20 anos, que a Índia seria um mercado global importante, revelaram-se incrédulos. Agora, já deixaram de o ser.

Tenho uma experiência pessoal das transformações por que tem passado a Índia. Nasci em Jammu, no estado de Jammu e Caxemira, alguns meses depois de Mahatma Gandhi ser assassinado e de a Índia se ter tornado uma república. Tornei-me parte da geração a que Salman Rushdie chamou as «Crianças da Meia-Noite», referindo-se aos que viveram no período de grandes transformações, após a independência da Índia, que se iniciou à meia-noite de 15 de agosto de 1947. Em 2002, tive a oportunidade de regressar à Índia como reitor da Indian School of Business, em Hyderabad. Vi como um país que fora excluído como exemplo da tal caridade era agora encarado como um mercado emergente pujante.

Observo agora o mesmo quadro em relação a África. Apesar de toda a atenção que lhe tem sido dedicada, devido aos seus problemas sociais, médicos, humanitários e políticos, o continente continua a ser subvalorizado como um mercado consumidor. Propus-me retificar a minha própria ignorância sobre o continente e compreender as oportunidades de mercado que oferece, com toda a sua enorme complexidade e riqueza. Percorri milhares de quilómetros em África e encontrei-me ou entrevistei líderes das maiores empresas africanas, pequenos empresários e firmas asiáticas e ocidentais com longa experiência do continente. Tive oportunidade de conhecer alguns empresários verdadeiramente extraordinários e criativos. Senti-me abençoado por ter a oportunidade de o fazer no outono da minha vida. Aprendi lições importantes com estes muitos professores, as quais me disponho a partilhar deste modo.

Quando estava a terminar este livro, o presidente George W. Bush anunciou, em fevereiro de 2008, a criação de cinco fundos pela U. S. Overseas Private Investment Corporation, num total de 875 milhões de dólares, destinados a ser investidos em África. Na véspera da sua viagem ao Benim, Tanzânia, Ruanda, Gana e Libéria, expressou uma conclusão a que eu próprio já chegara nas minhas deambulações pela África, em anos anteriores. «Esta nova era tem raízes numa verdade de amplo alcance: o recurso mais valioso da África não é o seu petróleo, nem são os seus diamantes, mas o talento e a criatividade do seu povo.» A verdadeira riqueza da África são os seus mais de 900 milhões de consumidores e os inúmeros empresários e gestores, que estão já a demonstrar a riqueza do continente ao criarem empresas de sucesso. Se olharmos para lá dos cabeçalhos dos noticiários, estas pessoas estão a fazer despertar a África.

PREFÁCIO

Estão a criar negócios, economias e sociedades. Elas são o recurso natural oculto que, a longo prazo, pode proporcionar maiores oportunidades do que o petróleo ou os minerais.

Não sou um académico político. Não sou economista. Sou um professor de marketing e, por isso, o meu centro de interesse são as oportunidades dos mercados. Haverá em breve mil milhões de consumidores no continente africano, que é, aliás, um dos mercados que mais crescem em todo o mundo. Todos os dias necessitam de comer, de abrigo, de educação para os filhos, gostariam de ter sabão para lavar a roupa, querem ter telemóveis, tetos de metal para os seus lares, televisores, música, computadores, filmes, bicicletas, cosméticos, medicamentos, carros e empréstimos para começar os seus negócios. Celebram casamentos, nascimentos, feriados religiosos, e comemoram a morte.

Procurei aprender o máximo que pude sobre o mercado africano: o que oferece, como está estruturado e qual o seu potencial. Outros houve que olharam para a África de um ponto de vista político, ou se empenharam em análises económicas, ou investigaram a sua história complexa, ou, ainda, estudaram as suas dificuldades sociais ou no domínio da saúde. Alguns começaram inclusivamente a contar as histórias de ramos de atividade económica específicos da África. No entanto, o meu centro de interesse é compreender o continente na perspetiva do consumidor. O que é o mercado africano? Que oportunidades oferece? Como é que as empresas reconhecem e concretizam as oportunidades do despertar africano?

Muitos turistas viajam para África todos os anos para aí observar a fauna: os elefantes, os leões, os rinocerontes. Eu fui em busca das empresas de sucesso que identificam e lucram com as oportunidades do mercado, mas também para aprender com as que não obtêm êxito.

Em Nairobi, Maserame Mouyeme, da Coca-Cola, disse-me como era importante «passear pelo mercado». Depois, em Harare, num encontro com executivos da Unilever, ouvi pela primeira vez a expressão «safari aos consumidores». É assim que eles designam a sua atividade de passar um dia em casa dos consumidores de modo a compreender como usam os produtos. Passados alguns anos sobre o início deste projeto, disponho agora de uma expressão para designar a minha busca. Eu estava num safari aos consumidores. A paisagem do mercado africano é tão maravilhosa e surpreendente como a paisagem física. As suas oportunidades são tão grandes quanto as da China ou da Índia. É a si, leitor, que eu convido a acompanhar-me neste safari, percorrendo as páginas deste livro. Penso que irá mudar aquilo que pensa da África, tal como mudou o que eu pensava, e talvez também a sua opinião acerca do local onde se encontram as oportunidades futuras do mercado global – e a riqueza futura.

Vijay Mahajan
Universidade do Texas, Austin
Março de 2008

I PARTE

A OPORTUNIDADE AFRICANA

Capítulo 1 – Fabricar Pão no Zimbabué
Capítulo 2 – A África é mais Rica do que se Pensa
Capítulo 3 – O Poder da África Dois

1

Fabricar Pão no Zimbabué

A África tem mais de 900 milhões de consumidores. Apesar dos problemas, todos os dias precisam de se alimentar. Necessitam de água potável. Necessitam de abrigo, roupa e medicamentos. Querem telemóveis, bicicletas, computadores, automóveis e educação para os filhos. As empresas estão já a aproveitar estas oportunidades para criar os seus mercados por toda a África.

As notícias do Zimbabué, quando visitei o país em julho de 2006, eram sombrias. A inflação era de mais de 1000% e o desemprego estava acima dos 70% ([1]). As estações de serviço há anos que não eram oficialmente abastecidas, pelo que as pessoas transportavam recipientes de gasolina nos seus camiões para fazer longas viagens. Os juros dos empréstimos oscilavam entre os 400% e os 500%. A conjugação das medidas do presidente Robert Mugabe com as sanções do Ocidente pusera o país de rastos.

Quando cheguei ao aeroporto de Harare deparei com uma cidade fantasma. As lojas e as empresas de aluguer de veículos estavam encerradas. Uma fila de pessoas serpenteava a partir do balcão dos câmbios, onde a porta de uma caixa automática estava escancarada, expondo o maquinismo no seu interior. Dantes havia aqui 20 voos por semana. Agora, havia dois ou três. As receitas do turismo baixaram de 340 milhões de dólares, em 1999, para 98 milhões, em 2005 ([2]). Um anúncio à rede de telemóveis Econet Wireless, junto à porta das chegadas do aeroporto, parecia destoar, com as suas grandes letras a proclamar «A inspiração está à sua volta». Ali pouca inspiração se poderia encontrar.

Lá fora, estava estacionada meia dúzia de táxis junto ao passeio, com os motores desligados. A gasolina escasseava. Os motoristas estavam encostados à divisória, mesmo depois de o voo da Kenya Airways ter desembarcado alguns passageiros provenientes de Nairobi. Táxis vazios num aeroporto vazio são o sinal mais evidente de uma economia em colapso.

No entanto, mesmo aqui havia oportunidades de mercado. Alguns dias depois, na baixa de Harare, encontrei um contabilista de uma empresa que fabricava coberturas de fibra de vidro. Kizito Ntoro estava sentado, ao final da manhã, a uma mesa, numa área de restauração, no piso térreo do centro comercial existente no número 105 da Robert Mugabe Road. Acabara de comprar um hambúrguer no restaurante Steers, uma opção entre a cerca de meia dúzia de estabelecimentos na parede à sua frente. Todavia, a razão por que parara para comprar comida rápida era completamente estranha a qualquer gerente de restaurante do mundo desenvolvido. Estava ali porque não tivera eletricidade na noite anterior, pelo que ele e a família não tinham que jantar. As luzes estavam apagadas. Não podiam cozinhar. Foram para a cama sem comer uma refeição quente. Por isso, parara no restaurante antes de uma reunião marcada para as 11 da manhã. Num país em que a eletricidade não é algo com que se possa contar, um corte no fornecimento de energia proporciona uma ocasião para comer fora e representa uma oportunidade para os empresários aumentarem os seus negócios (já para não falar no aumento das vendas de geradores e de painéis solares).

A Innscor, que dirige a cadeia Steers, no Zimbabué, começou o seu negócio de restauração com um pequeno restaurante de venda de frangos, em 1987. Quando a Innscor abriu o seu primeiro Chicken Inn, não havia comida rápida no país. A KFC (Kentucky Fried Chicken) tentara instalar-se, mas tivera de encerrar. Muita gente pensava que era uma ideia absurda. O Chicken Inn começou a dar lucro passados seis meses. Agora, a Innscor tinha uma área própria, com um conjunto de restaurantes para todos os segmentos demográficos, desde o pão fresco do despretensioso Bakers Inn, ao Steers, ao Pizza Inn e aos restaurantes de frangos Nandos, mais requintado (ver Imagem 1 do extratexto). A Innscor repetiu este conceito em mais de uma dúzia de países africanos. A empresa passou ainda para o setor da distribuição local de empresas dos EUA, da Europa, do Zimbabué e de outros países, para o fabrico de eletrodomésticos e ao franchising de mercearias. Formou uma associação com a ExonMobil para as suas lojas de conveniência On the Run. Em 2005, a empresa divulgou que as suas receitas haviam aumentado 278% e os lucros 246%. Em 2007, era a décima maior empresa do Sul do continente, excluindo a África do Sul, com um valor de mercado de 203 milhões de dólares. (Há um mercado bolsista ativo no Zimbabué.) ([3]) Nem todas as notícias sobre o Zimbabué eram más, afinal.

Os empresários tiveram de se adaptar às dificuldades políticas e económicas. Quando a Nigéria proibiu a importação de queijo, a Innscor demorou nove anos a aperfeiçoar a sua receita de forma a fabricar mozzarella na Nigéria com um sabor idêntico ao do importado da Europa. No Zimbabué, os empresários iniciaram negócios que a maioria das empresas de restauração dos países desenvolvidos nunca imaginaria, como a criação de crocodilos, por exemplo. A necessidade de divisas por parte do débil sistema financeiro do Zimbabué começou por levar a Innscor para o turismo, com a operação Shearwater Victoria Falls. Quando a instabilidade económica crescente abalou o turismo, a Innscor transferiu-se para a criação de crocodilos. A empresa cujo centro de atividade são o pão, os frangos e os hambúrgueres, estava a criar no lago Kariba, no Zimbabué, mais de 50 000 crocodilos por ano para mercados globais quando ali estive de visita. A Innscor tornou-se um dos maiores produtores de carne e peles de crocodilo de todo o mundo, fazendo entrar no país as muito necessárias divisas. Quando os mercados mudam, os empresários adaptam-se.

A Innscor é apenas uma das muitas empresas que tive a oportunidade de estudar em vários países africanos, quando procurava compreender as oportunidades que o continente proporcionava e como as firmas de sucesso lucravam com isso. Estas empresas abrangem atividades que vão desde os bens de consumo ao álcool e às bebidas leves, dos telhados de metal às companhias aéreas e ao comércio a retalho. Estas firmas contrariam a opinião de que a África é um caso de caridade. Elas são uma das forças que impulsionam o despertar da África. Se há oportunidades num país como o Zimbabué, onde o desnorte político conduziu a uma crise económica prolongada, ou no Ruanda, no Congo e no Sul do Sudão, onde novas empresas estão a renascer das cinzas de uma violência e de um genocídio horrorosos, imagine o leitor as oportunidades que existem para criar riqueza em países africanos mais estáveis e bem governados. As empresas de sucesso de todo o continente reconheceram as oportunidades da África, as quais, por vezes, ficam submersas pela maré de más notícias que dali chegam a todo o mundo.

Independentemente dos problemas – e são muitos, desde as doenças, como a sida e a malária, à corrupção e à guerra –, a África possui mais de 900 milhões de consumidores. Eles necessitam de pão todos os dias. Em Harare, vi os tapetes rolantes das fábricas da Bakers Inn, da Innscor, deslocar mecanicamente mais de 50 000 pães por dia, enquanto trabalhadores de bata branca iam inspecionando a linha de produção. Os trabalhadores remexiam em amassadoras enormes a massa de pão a cheirar a fermento, e controlavam os pães acastanhados erguidos por uma roda gigantesca e a entrar rapidamente para os fornos num tapete rolante. A padaria enfrentava os desafios de encontrar trigo de qualidade, do fornecimento irregular de gasóleo e do controlo dos preços por parte do governo. Na tarde em que ali estive de visita, a linha teve de ser encerrada por falta de combustível. Felizmente, vinha mais combustível a caminho, pelo que puderam trabalhar toda a noite para satisfazer a procura. De manhã, as pessoas faziam bicha nos postos de venda. Este tipo de pão destinava-se à camada mais pobre do mercado consumidor. Os custos são imprevisíveis. Os preços são fixados pelo governo. A Innscor aperfeiçoou os processos do seu negócio, pôs em prática uma gestão de caixa meticulosa e contribuiu para a capacidade de o empresariado conseguir maiores margens de lucro, apesar dos custos cada vez maiores e da baixa dos preços reais. O mais espantoso era as suas margens de lucro serem as melhores de sempre. Como disse um dos gestores da padaria, «Nós não somos padeiros, somos empresários.»

Embora fosse difícil imaginar que a situação do Zimbabué pudesse ficar pior do que quando visitei o país em julho de 2006, foi isso que aconteceu. No início de 2008, estimava-se que a inflação anual fosse de cerca de 8000% (embora as estimativas não oficiais fossem de 25 000%). Calculava-se que em meados 2007 cerca de 4 milhões de pessoas – um terço da população – haviam abandonado o país ([4]). Devido à fome generalizada, o governo fixou os preços dos produtos essenciais a um nível tal que os produtores afirmaram já não poder obter lucro. Os executivos eram presos por se revelarem incapazes de aplicar o controlo dos preços. Os empresários aumentaram as importações «informais» a partir da vizinha África do Sul. Depois de o presidente Robert Mugabe ter exigido que todos os negócios entregassem 51% do seu capital a Zimbabuanos negros (a chamada «indigenização»), em setembro de 2007 J. Heinz vendeu a sua parte numa companhia do Zimbabué([5]).

Mesmo assim, as empresas ainda investiam milhares de milhões de dólares do Zimbabué no desenvolvimento das suas marcas. Desde bancos a companhias de telemóveis e aos produtores de leite, as empresas estavam a reformular os seus *slogans* e logótipos para redirecionar ou reforçar os seus negócios no país. O Kingdom Bank, fundado há 12 anos, proclamou: «Chegou a vez do Kingdom!» ([6]) Em abril de 2007, a classificação pela *African Business* das 50 maiores empresas da África Austral (excluindo a África do Sul) registava 19 firmas do Zimbabué, em áreas que iam da alimentação ao comércio a retalho, das sementes aos seguros. Em julho de 2007, grandes retalhistas sul-africanos, entre os quais a Massmart (proprietária da Makro no Zimbabué), a Edgars, a OK e a Pick'n Pay, afirmaram o seu empenho em continuar as suas operações no Zimbabué ([7]). Embora pressionados por uma inflação desenfreada e pelo controlo dos preços por parte do governo, os retalhistas continuaram a manifestar esperança no futuro do país.

Surpreendentemente, o Zimbabué está também a atrair novos investidores. Não obstante a deterioração das condições, o investimento direto estrangeiro subiu de 4 milhões de dólares, em 2003, para 103 milhões de dólares, em 2005. Apesar de as companhias venderem a preços significativamente abaixo do normal, acreditava-se que o país acabaria por ultrapassar os seus problemas, pelo que muitos investidores pensaram que valia a pena correr o risco. Por insistência dos investidores, a Imra Assets Management, da África do Sul, que classificou o Zimbabué como um mercado de «fronteira», criou, apesar de tudo, um fundo de investimento para o Zimbabué, em março de 2007. Traçara como objetivo alcançar um montante de 10 milhões de dólares até ao final do ano, mas já reunira 11 milhões de dólares passados apenas alguns meses. O fundo está a investir em algumas empresas, incluindo a Innscor ([8]). Estes investidores acreditam que com planos e paciência, as perspetivas do Zimbabué, tal como o pão das padarias da Innscor, continuarão a melhorar.

Quando este livro estava a ir para impressão, estavam em curso mudanças históricas no Zimbabué. Nas eleições de março de 2008, o partido de Robert Mugabe perdeu o controlo do Parlamento pela primeira vez desde a independência do país do domínio branco, em 1980. Ter perdido para Morgan Tsvangirai assinalou o enfraquecimento do controlo de Mugabe sobre o país. Embora estas alterações tenham aumentado as ameaças de violência, também assinalaram a mudança política mais impressionante na história recente do país.

Riqueza de África: A Décima Maior Economia Mundial

A África é um continente cheio de surpresas. O facto de as pessoas fabricarem e comprarem pão num país com uma economia em queda livre constituía apenas um retrato das oportunidades ocultas do continente. Olhar para o quadro mais lato da África também revela algumas surpresas. Se a África fosse apenas um país, segundo os dados do Banco Mundial teria um produto nacional bruto (PNB) de 978 mil milhões de dólares, em 2006. Este registo coloca-a acima da Índia como um só mercado. A África seria a décima maior economia mundial (vd. Quadro 1-1). Na verdade, este registo coloca a África acima de todas as economias dos famigerados BRIC (Brasil, Rússia, Índia e China), à exceção da China. Evidentemente, a África não é um país, como a consideraremos no próximo capítulo, mas é mais rica do que se pensa.

QUADRO 1-1 – A África é a Décima Maior Economia Mundial

1	Estados Unidos	13,4 biliões de dólares
2	Japão	4,9 biliões de dólares
3	Alemanha	3,0 biliões de dólares
4	China	2,6 biliões de dólares
5	Reino Unido	2,4 biliões de dólares
6	França	2,3 biliões de dólares
7	Itália	1,9 biliões de dólares
8	Espanha	1,2 biliões de dólares
9	Canadá	1,2 biliões de dólares
10	**África**	**978,3 mil milhões de dólares**
11	Índia	906,5 mil milhões de dólares
12	Brasil	892,8 mil milhões de dólares
13	República da Coreia	856,6 mil milhões de dólares
14	Federação Russa	822,4 mil milhões de dólares
15	México	820,3 mil milhões de dólares

Fonte: Produto Nacinal Bruto, 2006, Banco Mundial, < http://siteresources.worldbank.org/DATASTATISTICS/resources/GNI.pdf >

Um Tipo Diferente de Petróleo e Diamantes

A riqueza da África resultará apenas dos diamantes e do petróleo? Talvez, mas nem sempre do tipo de diamantes e de petróleo em que se possa pensar. Embora a extração de minérios e a exploração petrolífera sejam historicamente importantes, as oportunidades que a África proporciona ultrapassam em muito as dos seus recursos naturais. Embora a produção petrolífera tenha monopolizado os títulos das notícias, a Bidco Oil Refineries, Inc., do Quénia, criou um negócio com uma faturação de mais de 160 milhões de dólares (ou seja, 12,8 mil milhões de xelins quenianos), baseado, na maior parte, num tipo diferente de «óleo»: o óleo de cozinha. A Bidco começou a fabricar óleo em 1991, na sua fábrica em Thika. Com um marketing e embalagens muito eficazes, com produtos adequados a todas as bolsas, tornou-se o fabricante mais importante de óleo alimentar, gorduras e sabões da África Oriental e Central. A Bidco conhece o mercado, desde os clientes de baixos rendimentos de Kibera, que compram o óleo em pacotes pequenos, até aos clientes com rendimentos mais elevados, que acedem ao site *Jikoni.com* para descarregar receitas. (O *site* atraiu mais de 11 000 utilizadores registados até meados de 2006, incluindo membros da diáspora fora do Quénia). A Bidco conseguiu mais de 51% de quota de mercado no Quénia e a companhia exporta óleo, detergentes e outros produtos para mais de uma dúzia de países africanos, incluindo a Tanzânia, Uganda, Ruanda, Burundi, Etiópia, Sudão, Eritreia, Zâmbia, Malawi, Madagáscar, Congo-Brazzaville e Somália. Nem todo o «óleo» valioso da África jorra do solo.

Na África do Sul, há empresas a «extrair» outro tipo de «diamante», o chamado Diamante Negro, um segmento da classe média que está emergir e fomenta o crescimento económico. Ao analisar este novo segmento, Melanie Louw, uma economista da ABI, empresa que engarrafa as bebidas da Coca-Cola na África do Sul, chamou a atenção para o facto de o segmento do «Diamante Negro» ter dado origem a uma transformação fundamental da economia. «Isto teve um efeito multiplicador que provocou um crescimento económico explosivo, a tal ponto que julgo ter ocorrido uma alteração estrutural na nossa economia», disse ela numa conversa que tivemos no seu gabinete, em Joanesburgo, em 2006. «Passámos a uma dimensão totalmente nova de crescimento económico.»

O estudo do Unilever Institute, da Universidade da Cidade do Cabo, que identificou este segmento Diamante Negro, designou-o como «a oportunidade de mercado mais entusiasmante da nossa história.» É outro sinal do despertar da África.

Se bem que o mercado da África do Sul esteja mais desenvolvido do que a maioria da África subsariana, os quase 400 milhões de pessoas nos segmentos intermédios do mercado global africano (África Dois) constituem uma oportunidade cada vez mais importante em todo o continente, como veremos no capítulo 3, «O Poder da África Dois». Alguns analistas de mercado dividem a África do Sul em segmentos de estilos de vida (SEV) numa escala de 1 a 10. Tiveram de rever a sua escala nos últimos 5 anos, porque o SEV 5 se alcandorou a padrões de consumo que estavam anteriormente associados aos segmentos superiores.

Em dezembro de 2007, a Cidade do Cabo acolheu o primeiro «festival de estilos de vida» para o segmento Diamante Negro (a que se seguiram festivais semelhantes em Joanesburgo e Durban, em 2008). Os festivais comemoraram aquilo a que os organizadores chamaram produtos e marcas «Afropolitanos», que satisfazem o estilo de vida da classe média negra da África do Sul (*www.black.diamonds-festival.co.za*). Esta classe média emergente sul-africana, que se calcula que cresça a uma taxa média de 30% ao ano, está também a levar ao aumento do preço das habitações no país ([9]). «Os últimos 10 anos foram os mais entusiasmantes que já tivemos», disse Melanie Louw. «Assistimos a mudanças espantosas no comportamento do consumidor. Em termos de estilo de vida, tendências como as da saúde e da profilaxia, e até preferências de embalagem, registaram uma alteração radical. A estrutura da economia bem como a do trabalho sofreram alterações profundas.»

Embora as quatro companhias do topo da lista de 2007 das maiores empresas africanas, estabelecida pela *African Business*, se dediquem aos metais, à extração mineira, ao petróleo e ao gás (Anglo American plc, Bhp Billiton plc, Anglo American Platinium Corp. Ltd. e Sasol, Ltd.), entre as 20 maiores encontram-se empresas de bens de consumo (SABMiller plc), de telecomunicações (MTN Group Ltd., Orascom Telcom, Itissalt Al Magrib, Telkom SA), da banca (Standard Bank Group Ltd., FirstRand Ltd., Absa Group Ltd.) e imobiliárias (Liberty International Plc). Continua a existir um interesse enorme pelos recursos naturais africanos, mas poderão o óleo de cozinha e os consumidores Diamante Negro passar a ser no futuro o petróleo e os diamantes mais importantes do despertar da África?

Uma Cerveja Irlandesa Descobre em África o seu Futuro

A Guinness é uma marca irlandesa ou africana? Nos últimos seis meses de 2006, as vendas globais da Guinness, uma cerveja preta irlandesa, da Diageo, baixaram cerca de 4%. Estavam até em queda na Irlanda, devido a alterações dos padrões de consumo, porque os clientes passavam menos tempo nos pubs. Contudo, as vendas fora da Irlanda cresciam entre 4% e 5%, sobretudo em África. O diretor executivo Paul Walsh afirmou em julho de 2007 que a empresa iria expandir as vendas em África para compensar as quebras no mercado interno ([10]). Parece evidente que o seu futuro poderá não estar nos pubs irlandeses, mas nos pequenos bares de Lagos.

Graças a uma longa presença na Nigéria e a uma publicidade astuciosa, muitos nigerianos nem sequer consideram a Guinnes uma marca irlandesa. A sua presença faz-se sentir há tanto tempo e de forma tão dominante que já é considerada nacional. Ora, quando uma cerveja irlandesa se africanizou e o crescimento futuro da marca se baseia no crescimento das vendas no continente africano, e já não na Irlanda, é evidente que algo está a mudar neste nosso mundo. E não apenas isto: em 2007, pela primeira vez um imigrante nigeriano foi eleito presidente da câmara de uma vila irlandesa. Rotimi Adebare foi nomeado presidente de Portlaoise, localizada a uma hora de Dublin. Este é um sinal do poder e da proeminência da diáspora africana. Começa a ser difícil dizer onde termina a Irlanda e começa a África ([11]).

Quando me encontrei com Eric Frank, da Saatchi and Saatchi, num restaurante apinhado no aeroporto da Cidade do Cabo, ele disse-me que ficava contente por alguém vindo dos Estados Unidos estar finalmente a prestar atenção ao que estava a acontecer em África. Frank e os colegas criaram a lendária campanha publicitária de Michael Power, um herói de ação que ajudou a fazer da Guinness uma marca de culto na Nigéria e noutros países. A Saatchi e a Diageo haviam reconhecido há muito o potencial do continente africano, o que explica, em parte, por que razão a Guinness tem atualmente uma presença tão forte em toda a África subsariana. A sua sorte surgiu com o despertar da África.

Há outras companhias que estão a aumentar a sua presença no continente. A Unilever, perante uma concorrência cada vez maior e lucros em queda nos Estados Unidos e na Europa (onde o crescimento das vendas caiu de 5%, em 1995, para 0,7%, em 2004), divulgou os seus planos para aumentar a atividade nos países em desenvolvimento, incluindo África, onde está já firmemente implantada ([12]). A Nestlé, confrontada com previsões de crescimento de apenas 1,5% ao ano nos mercados desenvolvidos, quando o seu objetivo de crescimento orgânico se situa entre os 5% e os 6%, em 2006 anunciou planos para aumentar as operações na África Ocidental e noutros mercados em desenvolvimento com vista a anular tal diferença.

Um Ponto de Viragem

Embora a Novartis esteja há muito presente em África, em julho de 2006 tive a oportunidade de me juntar aos altos quadros da Europa, no seu primeiro grande encontro na Nigéria, o que traduz o reconhecimento da importância crescente do continente e da necessidade de entendimento no terreno. «Pode ser que estejamos no momento atual a chegar a uma espécie de ponto de viragem no desenvolvimento da África», disse Kevin Kerr, responsável de negócios da Novartis na região, durante um encontro no restaurante Little Crockpot, no Sheraton Lagos.

A Coca-Cola, que está em África desde 1928, viu o seu negócio aumentar de forma contínua nas duas últimas décadas, apesar das subidas e descidas dos países individuais, como se pode verificar no gráfico seguinte. A companhia vende atualmente 93 milhões de unidades das suas bebidas por dia em todo o continente, o que gerou cerca de 4 a 5 mil milhões de receitas à companhia e aos seus engarrafadores, em 2006. O negócio na África representou 6,5% das vendas globais em volume, em 2006.

Em junho de 2007, a Coca-Cola deslocou a sua sede para a África de Windsor, no Reino Unido, para Joanesburgo, na África do Sul, o que é um sinal do desenvolvimento e da importância cada vez maiores do continente africano. Alex Cummings, um gestor nascido em África, estava ao leme (ver página seguinte). Muhtar Kent, presidente e diretor de operações da Coca-Cola, afirmou a propósito desta mudança: «Penso que a nossa atividade em África deve ser dirigida localmente pelos associados da Coca-Cola, que vivem e sentem o continente. Joanesburgo é um local ideal para a nossa nova sede, porque dispõe de excelentes infraestruturas para a atividade empresarial, bem como bons transportes e boas redes de comunicações com o resto do continente.»

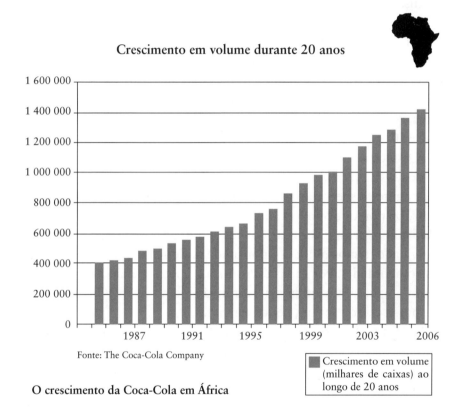

O crescimento da Coca-Cola em África

Alexander B. Cummings Jr., nascido na Libéria, presidente do Africa Group de The Coca-Cola Company, ajudou a transferir a sede de Londres para a África do Sul, em 2007, um sintoma da melhoria nas infra-estruturas e das crescentes oportunidades de negócio no continente. «Esta mudança demonstra a confiança da Coca-Cola no futuro da África», afirmou Cummings, durante uma entrevista ao autor, em agosto de 2007. «Além disso, a taxa de crescimento económico do continente, que é superior à que foi no passado, encoraja-nos a planear uma futura expansão.»

«A África é o terceiro mercado mundial mais lucrativo em termos unitários», acrescentou ele. «O mercado africano é bastante atrativo para a companhia e para a maioria das multinacionais, se for encarado da perspetiva correta. A maioria das pessoas apenas vê os aspetos negativos de África. Há que ir além dessa perceção para detetar as oportunidades. Pensamos que o mercado potencial para os nossos produtos pode ir de 350 milhões a 500 milhões de pessoas. Ora, isto é muita gente.»

«Os lucros na África são tão bons ou melhores do que em muitos dos BRIC [Brasil, Rússia, Índia e China], a curto e médio prazos. No entanto, o mercado africano não é tão competitivo como os dos BRIC. Dispomos de uma grande oportunidade para definir o perfil das bebidas em África e verificar os seus resultados. Além dos lucros com a atividade, temos ainda a oportunidade de ter impacto e influência nas comunidades. Por todas estas razões, a África é tão atrativa – e, a médio prazo, talvez ainda mais atrativa – como os BRIC, mas é claro que posso estar a ser um pouco parcial.»

A Coca-Cola não se sente dissuadida por mercados que se dividem por mais de 50 países. «Pode ser uma dificuldade, mas o nosso modelo de negócio é produzir tão próximo do mercado quanto possível», acrescentou. Na Libéria, uma única fábrica de engarrafamento faz a distribuição pelo país e por países como o Mali e os Camarões. A Coca-Cola associou-se a outros fabricantes de bebidas para penetrar no mercado. Embora haja enormes diferenças por toda a África, há também desafios que lhes são comuns. Para a companhia, estruturar a distribuição, desenvolver o portefólio de bebidas (incluindo sumos e água) adequado, dar formação ao seu pessoal e empenhar-se no desenvolvimento da comunidade são temas comuns por toda a África.

> Cummings entrou para a companhia em 1997, na Nigéria, e tornou-se o primeiro africano a chefiar a unidade de operações da Coca-Cola em África. Licenciou-se em Finanças na Northern Illinois University e tem um mestrado também em Finanças da Atlanta University. Trabalhou para The Pillsbury Company durante 15 anos, antes de entrar para a Coca-Cola. A maior parte dos altos quadros da companhia são naturais do continente. «Não é fácil encontrar africanos, mas é possível», diz Cummings, «e se procurarmos na diáspora ainda é possível encontrar mais.»

Não são apenas as grandes companhias que estão a descobrir oportunidades em África, mas também os empresários visionários. Já analisámos o sucesso de companhias como a Bidco, no Quénia, e a Innscor, no Zimbabué. Na África do Sul, Herman Mashaba fundou a Black Like Me, em 1984, em Garankuwa, para fabricar durante a noite produtos de beleza e para o cabelo e vendê-los durante o dia. Criou uma das marcas mais conceituadas desta indústria na África do Sul. A empresa ficou à beira da falência quando um incêndio suspeito destruiu a fábrica em 1993, mas Mashaba reconstruiu-a de raiz e vendeu a maioria das ações à Colgate-Palmolive, dois anos mais tarde. Passados mais dois anos, negociou para recuperar o negócio. Atualmente, tem uma empresa que vale vários milhões de rands, com produtos distribuídos pela África e pelo Reino Unido. É considerado um dos empresários mais bem sucedidos da África do Sul.

Bill Lynch, diretor geral do grupo de transportes Imperial Holdings, da África do Sul, com um volume de negócios anual de 42,5 mil milhões de rands (6,2 mil milhões de dólares), nasceu numa zona rural da Irlanda. Chegou à África do Sul nos anos 70 sem dinheiro, mas construiu a sua fortuna de muitos milhões de dólares fazendo crescer a Imperial. Lynch, nomeado Empreendedor Ernst & Young World em 2006, resistiu à recessão económica e a uma quase guerra civil, ao mesmo tempo que desenvolvia a companhia, mas espera que o crescimento continue no futuro. Tal como confidenciou ao *Financial Times*, em 2006, se a África do Sul crescer à taxa esperada de 6%, o seu negócio irá crescer a uma taxa entre 15% e 20% durante os próximos anos ([13]).

Olhar para o Oriente: A Nova Corrida ao Ouro

Os governos e as empresas asiáticos estão a tomar consciência da oportunidade que o despertar da África representa. Numa manhã fria de maio de 2006, entrei de carro pelo arco do «China Mart», uma extensa metrópole de vendas por grosso, localizada em Joanesburgo. Foi o metal precioso que levou inicialmente os europeus a Joanesburgo, durante a corrida ao ouro do século XIX. Atualmente, na zona da cidade chamada Crown Mines assiste-se a uma nova corrida ao ouro, centrada nos bens de consumo de China Mart. Este centro comercial de vendas por grosso tinha 126 lojas rodeadas por uma vedação e muitos seguranças com coletes à prova de bala (bem como por avisos a proibir armas de fogo). Não estavam a guardar ouro. Estavam a guardar armazéns cheios de roupa, malas, sapatos e eletrónica, artigos baratos provenientes da China que atraíam retalhistas provenientes da África do Sul e dos países vizinhos. Num dos armazéns, Tom Flang tinha sandálias retiradas de uma grande caixa por apenas 2,90 rands (cerca de 30 cêntimos [*]). Seriam expostas nas prateleiras dos armazéns do Zimbabué, do Congo e de Angola por cerca de 8 a 10 rands (um pouco mais de 1 dólar). Para muitos aldeãos, seriam os seus primeiros pares de sapatos. «São muito bem feitos», frisava ele.

Os comerciantes e os produtos chineses são visíveis por toda a África. Podemos encontrar televisores e outros utensílios baratos, mas também geradores, roupa e calçado. Vendedores ambulantes e retalhistas chineses astutos vendem lanternas para o Ramadão e tapetes de oração no Egito. Os Egípcios abanam a cabeça ao facto de comprarem estes artigos sagrados aos Chineses, mas os preços são convidativos. As motorizadas Jincheng correm pelas estradas da Nigéria. Comerciantes indianos e paquistaneses vendem artigos de cabedal, roupa e outros produtos, na zona do mercado asiático de Joanesburgo. Pode ver-se a mesma cena em El Hamiz, em Argel, Moncef Bey, na Tunísia, e em muitas outras partes de África que visitei. Podemos encontrar armazéns chineses nos lugares mais antigos e sagrados de Marrocos, à volta das áreas de mercado do Derb Ghalef e do

---

(*) De dólar norte-americano; os montantes citados no livro são sempre em dólares (N. R.)

Derb Omar, em Casablanca. À noite, os vendedores ambulantes vendem na rua sapatos, tecidos e brinquedos. Nos *souks* marroquinos, é possível comprar artigos baratos de contrafação, que vão do *software* ao vestuário. Um par de óculos Ray-Ban, que eu vira à venda por 120 dólares num mercado legal, estava à venda, contrafeito, por apenas cinco dólares nos comerciantes ilegais. Os filmes pirateados estavam à venda por um dólar.

O comércio da China com a África aumentou de 10 mil milhões de dólares, em 2000, para mais de 55 mil milhões em 2006 ([14]). (O comércio da China com a Índia, em contrapartida, era apenas metade deste montante, ou seja, 25 mil milhões de dólares, no mesmo ano de 2006.) Segundo o primeiro-ministro chinês Wen Jibao, o comércio com a África subirá para 100 mil milhões de dólares em 2010 ([15]). Embora a China se tenha tornado o segundo importador de petróleo africano, logo a seguir aos Estados Unidos, tendo ultrapassado o Japão, está muito acima destes como exportador para África. O Egito prevê que a China substitua os Estados Unidos como maior parceiro comercial em 2012 ([16]). Num relatório de 2007, «Africa's Silk Road: China and India's New Economic Frontier», Harry Broadman, economista do Banco Mundial, considerou que o comércio e os investimentos crescentes da China e da Índia em África, sobretudo nos países subsarianos, é «uma das características mais significativas dos desenvolvimentos recentes da economia global.» ([17]) Com investimentos cada vez maiores por parte da China e da Índia no continente africano, será que o Ocidente fica para trás?

O continente africano está a olhar para oriente, como se pode verificar através das rotas da Kenya Airways e de outras companhias aéreas africanas. À semelhança das redes neuronais, as rotas do transporte de passageiros e de mercadorias refletem a nova maneira de a Ásia encarar a África e vice-versa. Quando voei de Lagos para Nairobi na Kenya Airways, em julho de 2006, verifiquei que metade dos passageiros continuava a viagem em voos de ligação para a Ásia e o Médio Oriente. As rotas tradicionais dirigiam-se para a Europa, um reconhecimento do passado colonial do continente. No entanto, o futuro está nas rotas que se dirigem de Nairobi para Guangzhou, Mumbai e Banguecoque. Os painéis publicitários e os anúncios de página inteira da DHL nas publicações africanas mais importantes, a analisar a importação de telemóveis a partir da China, proclamavam: «Ninguém conhece a China como nós.»

Uma cimeira sino-africana realizada em 2006 levou representantes de quase todos os países africanos a Pequim, o que mostra o quanto a China e a África se tornaram importantes uma para a outra. Durante a cimeira, a China garantiu a África cinco mil milhões de dólares em empréstimos e créditos. O presidente chinês Hu Jintao retribuiu depois a visita, realizando uma viagem por oito países africanos, em janeiro de 2007 (visitando os Camarões, o Sudão, a Libéria, a Zâmbia, a Namíbia, a África do Sul, Moçambique e as Seicheles). A Índia organizou igualmente uma cimeira Índia-África, em Nova Deli, em abril de 2008. Companhias indianas importantes como a Tata, Mahindra, Kirloskar e Ranbaxy iniciaram as suas operações em África e estão a registar elevadas taxas de crescimento. Em maio de 2008, a Bharti Airtel, o principal operador de telemóveis indiano, apresentou uma proposta de vários milhares de milhões de dólares para obter o controlo do operador móvel sul-africano MTN.

Com tantas oportunidades no seu próprio território, por que razão estão as companhias indianas e chinesas em África? A China e a Índia reconhecem as oportunidades em África porque passaram por essa experiência. Ao falar com dirigentes das companhias indianas que estão presentes no continente africano, muitas vezes ouvi o comentário de que este mercado lhes parece familiar. Apesar de algum do interesse que a Ásia nutre pela África ter sido fomentado pelos recursos naturais abundantes do continente – sendo expressas mesmo algumas preocupações sobre uma nova vaga de colonialismo –, as empresas chinesas, indianas, japonesas e coreanas presentes em África também reconhecem o potencial do mercado. A demografia e os desafios africanos não são assim tão diferentes dos que encontram nos seus países de origem. Viram a emergência dos seus mercados e esperam que o mesmo suceda em África.

O Empreendedorismo Africano Está Vivo e Recomenda-se

Numa conferência que proferi a um grupo de empresários na Faculdade de Gestão de Lagos, em 2006, a questão voltou a aparecer: qual o papel da política no desenvolvimento da atividade empresarial? É uma questão natural: o ambiente político pode ter um impacto positivo ou negativo tremendo no desenvolvimento dos negócios. É o que podemos verificar com os distúrbios graves no Quénia por causa das eleições presidenciais, em dezembro de 2007 – estava eu a terminar este livro –, em que morreram mais de 1200 pessoas e houve mais de 300 000 deslocados. Por fim, os rivais Mwai Kibaki e Raila Odinga concordaram em pôr termo ao conflito mediante a partilha do poder. (Apesar destes problemas e do seu impacto na indústria turística, a atividade empresarial recuperou rapidamente. A planeada oferta pública de aquisição de Safaricom, em abril de 2008, desencadeou uma «febre de oferta pública de aquisição» que atraiu muitos investidores estreantes, como por exemplo donos de quiosques e motoristas de táxi.) Evidentemente, governos mais estáveis, políticas económicas adequadas e iniciativas pan-africanas como a New Partnership for Africa's Development (NEPAD) – e iniciativas privadas como o prémio de governação da Ibrahim Foundation – estão a ter efeitos benéficos.

O ambiente que rodeia a atividade empresarial em África continua a melhorar. Um relatório de 2006 da International Finance Corporation, do Banco Mundial, afirma que a África saiu do último lugar e passou para o terceiro nas melhorias destinadas a facilitar a atividade empresarial. (Apesar do grau de melhoramento ser elevado, o país mais bem classificado no continente por facilitar a atividade empresarial, a África do Sul, ficou apenas no 29º lugar mundial.) Países como a Tanzânia, o Gana, a Nigéria e o Ruanda (devastado pela guerra) foram dos que registaram melhorias mais significativas. Pelo menos dois terços dos países africanos puseram pelo menos em prática uma reforma positiva ([18]). Entre os progressos contam-se uma melhor governação, o aprofundamento da democracia, o cancelamento das dívidas de 14 países, sinais de redução das barreiras alfandegárias e intervenções positivas dos Estados africanos no Sudão, na Costa do Marfim e no Congo-Kinshasa.

Haiko Alfeld, diretor do Fórum Económico Mundial, comentava em 2006 que o continente tinha «ultrapassado enfática e irreversivelmente uma crise». Donald Kaberuka, presidente do African Development Bank, afirmou numa entrevista dada no verão de 2007 à nova publicação *African Banker* (publicação que é também um sintoma do crescimento da banca e dos investimentos) que o clima económico de África «atravessa o seu melhor período dos últimos 30 anos» ([19]).

Contudo, os empresários e os negócios de sucesso não estão à espera dos governos para se conseguirem reorganizar. Estes empresários construíram os seus negócios apesar das voltas e reviravoltas da agitada vida económica, política e militar. Isso exige uma grande flexibilidade. Quando o governo nigeriano proibiu as importações de mobiliário e de roupa, a retalhista Park n Shop entrou rapidamente no negócio do seu fabrico. Substituiu um andar inteiro de mobiliário importado no seu armazém de Lagos por produtos da sua própria manufatura. Quando o racionamento governamental da gasolina levou ao fecho de quase todos os postos de abastecimento do Zimbabué, estes converteram-se em restaurantes. Os pequenos empresários de Victoria Falls transformaram as suas casas em postos de abastecimento de gasolina, fazendo incursões pelas fronteiras dos países vizinhos em busca de latas de gasolina.

O espírito empresarial em África está vivo e recomenda-se. Os empresários resolvem problemas. Se cortarem a eletricidade, eles vendem geradores e inversores. Se abalarem um sistema financeiro estável, eles tirarão partido disso especulando com divisa estrangeira. Se acabarem com os seus empregos, eles instalarão quiosques de rua. O empreendedorismo e o desenvolvimento do mercado de consumidores podem ser impulsionadores mais transparentes, estáveis e eficazes do progresso a longo prazo do que as reformas políticas. O professor Pat Utomi, da Faculdade de Gestão de Lagos, sugeriu uma vez, meio a sério meio a brincar, que se todo o petróleo da Nigéria fosse entregue aos soldados e aos políticos, na condição de deixarem de interferir no país, este ficaria certamente melhor [20].

Os países africanos têm-se revelado extraordinariamente resilientes. O regime repressivo de Idi Amin, no Uganda, levou à saída, não só dos indianos, mas também de muitas das suas empresas, incluindo a Kakira Sugar Works, fundada por Muljibhai Prabhudas Madhvani. Chegara ao país em 1912, proveniente da Índia, e criara uma firma comercial em Jinja. O Madhvani Group foi nacionalizado e todos os asiáticos expulsos por Amin, em 5 de agosto de 1972. A produção da companhia continuou a declinar até 1983, quando foi encerrada. Após o derrube de Amin, o novo governo do Uganda convidou em 1985 o Madhvani Group a regressar ao país para uma parceria público-privada. O Madhvani Group adquiriu 100% da propriedade da Kakira Sugar Works, em 2000. Quando necessitou de mais energia, a companhia começou a construir uma central elétrica de 20 megawatts, que lhe permitiu queimar derivados do açúcar e vender energia à rede nacional. Quando este projeto de cogeração ficar concluído, em 2009, as vendas de energia elétrica ultrapassarão as de açúcar. Foi um caminho longo e difícil, mas a empresa regressou mais forte do que nunca.

O sucesso da África apesar da política não é assim tão diferente do despertar da Índia. Há alguns anos, um cartaz do Fórum Económico Mundial, em Davos, sintetizava assim o progresso do país: «Em 10 anos – três eleições, três governos derrubados –, um só rumo.» Embora salientemos frequentemente o modo como a política afeta os negócios, recordemos que os negócios também afetam a política, e que o desenvolvimento do mercado tem uma influência estabilizadora na economia. Enquanto os políticos pensam em mudanças das regulamentações e as organizações de caridade procuram colmatar deficiências, os empresários criam riqueza. Perguntam então: que oportunidades há?

Comércio Sim, Ajuda Não

A África é alvo de uma atenção sem precedentes por parte do Ocidente devido às suas crises políticas, humanitárias e no domínio da saúde. Filantropos e celebridades percorrem o continente em todas as direções, atraindo as atenções de todo o mundo para as dificuldades com que a África se depara. O músico Bono, num número especial da *Vanity Fair*, que ele coeditou em julho de 2007, escreveu que «a África é o campo de ensaio para se ficar a saber se, na verdade, acreditamos ou não na igualdade». Muitas iniciativas africanas importantes estão a desempenhar um papel vital na chamada de atenção para a situação difícil das populações mais vulneráveis de África. Mas um subproduto indesejável destas campanhas é também reforçarem a perceção de que a África não passa de um continente de guerra, doenças e malgas de pedintes. Isto contribui para se deixar passar em claro as oportunidades de negócio que não só estão presentes, mas são cada vez em maior número.

Embora a caridade seja importante, ela não basta. A África, tal como muitas outras economias emergentes, tem problemas graves que não podem ser ignorados pelas empresas que nela operam. Empresas como a Coca-Cola, Unilever, Novartis e muitas outras estão a liderar o combate às doenças, à pobreza, à corrupção e a outras dificuldades. Algumas destas atividades, como a distribuição de preservativos para evitar a sida, são o resultado de cidadania empresarial ou de interesses próprios esclarecidos. Nenhuma empresa se pode manter em atividade em lado algum durante muito tempo sem se envolver nos problemas que os seus empregados e clientes enfrentam. Este facto confere um lugar fulcral à responsabilidade social das empresas.

As dificuldades que a África enfrenta, tal como qualquer necessidade dos consumidores, também podem dar origem a oportunidades de negócio. A falta de fiabilidade do fornecimento de eletricidade em muitas partes de África gerou um mercado para geradores e baterias solares. Os sistemas financeiros instáveis conduziram a sistemas de troca de minutos de telemóvel por outros produtos, a microcrédito e a serviços bancários com base em telemóveis. Os problemas de saúde, desde a sida à malária, criaram uma procura de novos tratamentos, medicamentos genéricos, equipamentos de análises e seguros. As preocupações com o ambiente criaram oportunidades de ecoturismo. As dificuldades requerem muitas vezes cooperação entre os setores público e privado na procura de soluções mistas, levando a empresas de sucesso que procuram satisfazer as necessidades reais da sociedade, ao mesmo tempo que criam valor acrescentado sustentável a longo prazo.

Nos países africanos que conseguiram formar governos positivos e estáveis, as economias floresceram, como foi o caso do Botsuana, Moçambique, Maurícia e até do Ruanda, que é conhecido no Ocidente sobretudo devido ao caos e ao genocídio ([21]). Os líderes do Ruanda anunciaram planos audaciosos para aumentar o PIB *per capita* de 230 dólares para 900 dólares, em 2020, utilizando a tecnologia de informação para transformar o país numa «Singapura africana» ([22]). Apesar da situação terrível na província sudanesa ocidental do Darfur, o país tem uma das economias de crescimento mais rápido do continente. Torres de escritórios, hotéis e outros edifícios de muitos milhões de dólares construídos no horizonte de Cartum pedem meças ao Dubai ([23]). Num país próximo, a Somália, enquanto a capital, Mogadíscio, dilacerada pela guerra, é foco de preocupação internacional, a Somalilândia, no Norte, é próspera e estável. Tendo passado por reveses, guerras e tumultos, o desenvolvimento geral do mercado do continente seguiu apenas numa direção: a da expansão.

A Necessidade de Liderança

Mo Ibrahim, fundador da Celtel, reconheceu o poder do empreendedorismo, bem como da liderança governamental, na transformação da África. Construiu a Celtel, uma das fortunas locais que mais rapidamente se formaram, mais cresceram e maior êxito registaram, num período em que poucos reconheciam o potencial do mercado africano de telemóveis. Depois, usou a sua fortuna para criar um prémio anual de 5 milhões de dólares, mais 200 mil dólares durante toda a vida, para governantes reformados que governem bem e depois abandonam funções. Este prémio é superior ao Prémio Nobel da Paz. (Em muitos países, os governantes que se retiram não têm rendimentos, o que incentiva a corrupção para garantir a sua segurança financeira depois de saírem do governo.) O primeiro prémio foi concedido em 2007 ao ex-presidente moçambicano Joaquim Chissano, que se retirou em 2004, após ter contribuído para o fim de uma guerra civil que durara 16 anos. Ibrahim criou igualmente o Ibrahim Index of Civil Governance para classificar a qualidade da governação dos países subsarianos (ver caixa) [24]. Está a demonstrar como o êxito empresarial se pode tornar um impulsionador do desenvolvimento político e social.

Mohamed Ibrahim, fundador da Celtel, é um caso paradigmático do círculo virtuoso do investimento a fazer crescer o mundo empresarial em África e do impacto dos expatriados no reconhecimento das oportunidades no continente. «Toda a minha vida trabalhei no campo das comunicações móveis», afirmou ele numa conversa com o autor, em 2007 [25]. «Sou africano. Sempre pensei que a África tivera má imprensa – com guerras civis, desrespeito pela lei e doenças. Tem, de facto, uma má imagem, que julgo ser imerecida. É evidente que temos todos esses problemas, mas África é uma área enorme. Tem 53 países e talvez haja problemas graves em quatro ou cinco deles. Mesmo que vá a Cartum, ficará espantado por esta cidade pertencer ao Sudão.»

Por outro lado, Ibrahim acentua que esta perspetiva negativa não é de todo má do ponto de vista empresarial. «Na atividade empresarial, quando há uma diferença entre a realidade e a perceção que dela temos, há bons negócios que se pode fazer.»

O Doutor Ibrahim nasceu no Sudão e obteve o bacharelato em engenharia elétrica na Universidade de Alexandria, no Egito, o mestrado na Universidade de Bradford e o doutoramento em comunicações móveis na Universidade de Birmingham, no Reino Unido. Após ter desempenhado funções executivas na British Telecom, onde ajudou a criar a primeira rede móvel britânica, em 1989, Mo Ibrahim fundou a MSI (Mobile Systems International), uma empresa líder no planeamento, *software* e consultoria de rádio. Em 1998, lançou a Celtel International, que se tornou uma das companhias líderes de África no domínio das telecomunicações. A Celtel era uma companhia com padrões internacionais de serviço ao cliente, mas era também «uma companhia africana». Recusou pagar subornos e criou um sistema de boa governação. Teve de instalar geradores, utilizar baterias e construir a infraestrutura de comunicações, que seria tida como garantida em zonas mais desenvolvidas do mundo. Os bancos não estiveram interessados em facultar financiamento. Por isso, Ibrahim apostou sobretudo em financiar a atividade com sucessivos aumentos de capital. «Introduzimos serviços onde as telecomunicações nunca tinham existido. Oferecíamos uma boa qualidade de serviço a preços acessíveis.» Quando a Celtel foi lançada, em 1998, havia apenas 2 milhões de assinantes de telemóveis em toda a África. Atualmente, há mais de 130 milhões. O êxito da Celtel inspirou muitos concorrentes. Em 2005, a Celtel foi vendida à MTC Kuwait por 3,4 mil milhões de dólares, o que o fez dela um dos maiores negócios da África. A empresa, presente agora em mais de 15 países africanos, investiu mais de 750 milhões de dólares no continente.

Ibrahim continua a apoiar pessoalmente o continente onde fez fortuna. Além do seu prémio para a liderança pública e da sua classificação da governação, criou um fundo de capital de risco de 200 milhões de dólares para investir em empresários africanos. «A governação é a chave», afirmou Ibrahim. «Eu poderia comprar um belo iate ou um avião. Mas isto é o meu dever. Fazemos parte da família africana. Isto é dinheiro que eu ganhei em África e, na verdade, este dinheiro é deles.»

Mas estes investimentos em África não são mera caridade. Ibrahim conhece melhor do que ninguém as oportunidades que podem estar ocultas à perceção geral. A África está a despertar. «O ambiente para realizar negócios em África está a melhorar continuamente», afirmou ele. «Muitos fundos começaram agora a funcionar em África e todas as semanas se houve falar de mais um fundo para o continente. A própria África está a tentar deixar de dar tiros nos pés. Há uma sociedade civil que aqui se está a desenvolver. Há uma nova geração de jovens africanos que foi educada nas melhores escolas do Ocidente. Muitos deles estão a regressar para se dedicar aos negócios em África. As coisas estão a acontecer. Há energia. Podemos senti-la. A África está aberta à iniciativa empresarial.»

Patrick Awuah, um ganês educado nos Estados Unidos e antigo engenheiro da Microsoft, também reconheceu a necessidade de cultivar a liderança. Awuah fundou a Ashesi University para preparar futuros líderes em África. «Cheguei à conclusão de que a razão mais ponderosa para a África se encontrar na situação em que está é a escassez de liderança», disse ele numa conversa telefónica com o autor. «Se pessoas como eu não se empenharem, quem o fará?» [26] Fred Swaniker, ex-consultor da McKinsey e também ele ganês, reconheceu a mesma necessidade quando fundou a Academia de Liderança Africana para alunos das escolas secundárias na África do Sul. «As sociedades são feitas ou destruídas por um número relativamente pequeno de indivíduos destas sociedades», disse Swaniker numa entrevista com o autor, em maio de 2007, salientando o impacto positivo que Nelson Mandela e Desmond Tutu tiveram em África e os efeitos negativos doutros líderes. «Estamos a identificar as pessoas que podem servir como agentes de mudança em África.» Com um impulso similar, a ONG belga Echos Communication instituiu a competição Harubuntu (de uma palavra kirundi que significa «há valor neste lugar») para destacar os «homens e mulheres que estão a conduzir a África para diante», fomentando projetos que «promovem a esperança e criam riqueza» (*www.harubuntu.net*).

O Despertar da África: Escondido Mesmo à Nossa Frente

O despertar da África está escondido mesmo à nossa frente. Pode ser visto nas ruas e nos corredores laterais apinhados dos armazéns de retalho, como o Shoprite ou o Nakumatt. É evidente nos aeroportos cada vez maiores e nas rotas da Kenya Airways, Ethiopian Airlines, South African Airways e muitas outras companhias aéreas (para não mencionar astuciosas transportadoras globais como a Virgin Nigeria). Pode ser visto no crescimento extraordinariamente rápido do número de bancos, telemóveis, automóveis e bens de consumo. Está ali, mesmo à nossa frente, quando caminhamos pelas ruas de África, mas é preciso abrir os olhos para o vermos.

Este livro foi concebido para que abramos os nossos olhos para o despertar da África e para as oportunidades que apresenta. No capítulo 2, «A África é mais Rica do que se Pensa», veremos como a África é mais rica do que a Índia, e como uma dúzia de países africanos têm um PNB *per capita* superior ao da China. O desenvolvimento dos telemóveis e da banca está a criar uma plataforma para o crescimento futuro. É evidente que estes primeiros desenvolvimentos são apenas o princípio. Em todos os países que visitei por toda a África ouvi que o motor das oportunidades futuras do continente é o meio do mercado, a que chamei *África Dois*. No capítulo 3, «O Poder da África Dois», analisamos as oportunidades que os mais de 400 milhões de pessoas da África Dois representam, bem como as oportunidades significativas e imediatas do segmento com maior poder de compra (África Um) e do segmento de rendimentos mais reduzidos (África Três) para as companhias com os modelos adequados.

Com este contexto, dirigimos então a nossa atenção para algumas das oportunidades específicas que estão a emergir com o despertar do mercado africano, e para algumas das características deste que podem constituir uma surpresa. No capítulo 4, «Preparar a Hanouti: Oportunidades na Organização do Mercado», vemos como o mercado africano se está a organizar cada vez mais, com transformações no retalho, distribuição, transportes e outras áreas. As companhias estão a construir os seus negócios no continente liderando ou aplicando este processo de organização. No capítulo 5, «Construir uma Fábrica de Gelo para Mama Habiba: Oportunidades em Infraestruturas», veremos como as debilidades das infraestruturas de África, entre as quais a energia elétrica, a água, o saneamento e a saúde, constituem, na verdade, fonte de oportunidade e como as companhias estão a criar setores de atividade com vista a satisfazer as necessidades destes mercados.

A África tem uma das populações mais jovens do mundo – e está a ficar mais jovem a cada dia que passa –, possuindo assim uma fonte de oportunidades importante para produtos como uniformes escolares, tecidos e formação escolar, como veremos no capítulo 6, «Correr com a Geração das Chitas: Oportunidades no Mercado Africano dos Jovens». Com o crescimento de Nollywwod e outros centros de entretenimento e *media* menos visíveis por toda a África, há mais oportunidades para as empresas fazerem passar as suas mensagens ou criarem negócios nestas áreas, como será analisado no capítulo 7, «Olá Nollywood: Oportunidades nos *Media* e na Indústria do Espetáculo». Em muitas áreas, a África está a ultrapassar o Ocidente.

As oportunidades que a África oferece não se confinam estritamente a este continente, pois há milhões de africanos da diáspora global a enviar para lá milhares de milhões de dólares, bem como a contribuir com a sua experiência e conhecimentos, como se verá no capítulo 8, «Regressar a Casa: Oportunidades na Diáspora Africana». Embora a saída de profissionais africanos de talento cause preocupações devido à «fuga de cérebros», este é outro motor oculto do despertar e da crescente riqueza da África. Finalmente, na «Conclusão», perspetivaremos as futuras oportunidades do continente e como se poderão concretizar.

Um Otimismo Inexplicável

Talvez não o surpreenda que haja um sentimento de otimismo em África, embora, por outro lado, isso pareça inexplicável à primeira vista, se se tiver presente os cabeçalhos das notícias divulgados nos Estados Unidos. Um estudo de 2007 sobre 10 países da África subsariana, realizado pelo *New York Times* e pelo Pew Global Attitudes Project, concluiu que a maioria dos africanos acredita que está melhor atualmente do que há cinco anos [27]. No Senegal, 56% dos inquiridos pensam que a sua situação melhorou, enquanto 30% pensam que piorou. Na Nigéria, 53% pensa que melhorou, enquanto no Quénia essa percentagem é de 54%. Os inquiridos revelam-se otimistas quanto ao futuro. É óbvio que não prestam atenção às reportagens ocidentais sobre a África. (De facto, segundo o mesmo estudo, 71% dos Etíopes pensavam que o seu país não era objeto de uma cobertura noticiosa justa por parte da imprensa internacional.)

Um estudo da McCann sobre o otimismo dos jovens de 16 e 17 anos, realizado em 10 países, mostrou que muitos dos que pertencem aos países desenvolvidos, como o Reino Unido, se sentem aborrecidos, mas a juventude da África do Sul faz parte das pessoas mais otimistas de todo o mundo. Um estudo pan-africano realizado pela Coca-Cola, em março de 2006, encontrou este sentimento otimista nos países africanos, embora possa significar coisas um pouco diferentes em diferentes regiões. Em geral, «otimismo» significa acreditar em si mesmo e responsabilizar-se pela sua própria vida.

«O paradoxo é que a Nigéria é um dos lugares mais duros do mundo para se viver», confidenciou-me Lolu Akinwunmi, diretor geral e administrador da agência publicitária Prima Garnet Ogilvy, durante um encontro em Lagos, em 2006. «Temos geradores em casa e temos de arranjar a nossa própria água. Temos paredes com 2,5 a 3 metros de altura, com *rottweilers* e um segurança. O trânsito é terrível. Apesar de tudo isto, os nigerianos são gente bem-disposta. Não é incomum ver à noite pessoas sentadas em pequenos grupos a beber cerveja e a comer sopa de pimentão para se libertarem do *stress* do dia.»

Enquanto os que estão noutros continentes se centram nos problemas, em África há o sentimento de que nada é impossível. A Nigéria anunciou planos para enviar um nigeriano à Lua por volta de 2030. Em 2007, a Nigéria anunciou um plano que tornaria o país numa das 20 maiores economias do mundo, por volta do ano 2020, tomando Singapura como modelo para transformar a sua economia. Isto num país que não consegue fornecer com regularidade eletricidade à sua população e onde o rendimento *per capita* em 2006 era de apenas 640 dólares.

Mas se duvidarmos que isso possa suceder, recordemos que em 2007 os engenheiros chineses ajudaram a Nigéria a conceber, construir e lançar o seu primeiro satélite geoestacionário de comunicações, o Nigcomsat-1, cujo custo foi de 300 milhões de dólares. Os Chineses financiaram o projeto e a companhia aeroespacial do Estado chinês, a Great Wall Industry, vai seguindo o satélite e forma os engenheiros nigerianos para trabalhar numa estação de rastreio em Abuja. Espera-se que o satélite permita melhorar a largura de banda dos consumidores comerciais e também apoie o ensino à distância, o acesso público *on-line* aos registos estatais e os serviços bancários *on-line*. A África do Sul construiu o maior telescópio do hemisfério sul, na pequena vila de Southerland, em 2005. Apesar dos problemas no terreno, a África continua a olhar para os céus.

Como diz Matthew Barwell, diretor de marketing da Diageo para a região de África, «a maior exportação de lugares como a Nigéria é o otimismo.» Alguns veem neste sentimento otimista um resultado do facto de não terem mais nenhum lugar para onde ir, exceto para cima. Talvez a melhor explicação fosse a que me foi dada por um motorista de Lagos. Convenientemente chamado Moisés, esteve «perdido no deserto» na maior parte das viagens que fizemos pela cidade, o que me levou a faltar a alguns encontros. Apesar disso, manteve-se soberbamente autoconfiante quanto ao seu conhecimento do caminho para chegarmos ao meu destino seguinte. Quando pressionado, admitiu que na Nigéria é necessário aparentar confiança, ou então é-se cilindrado. Este otimismo também é visível nas multidões de desempregados que se arrastam com toda a espécie de produtos imagináveis nos intermináveis engarrafamentos do trânsito de Lagos: pacotes de gomas, bebidas, ferramentas, carpetes, cadeiras... É literalmente uma grande loja com pernas. Onde não há empregos as pessoas viram-se para o comércio. Este otimismo pode também detetar-se nos anúncios centrados nas crianças e na juventude (ver, por exemplo, o anúncio de Peak Milk, na imagem 2 do extratexto). Como reza a legenda, acreditam que «o futuro está à espera».

Não se trata de *wishful thinking*. Poderia ser um indicador importante. Este otimismo reflete a crença de todo o continente nas oportunidades que surgem cada vez mais em África. A África está a arregaçar as mangas para trabalhar na resolução dos seus próprios problemas. Este espírito pode detetar-se no trabalho desenvolvido por líderes de comunidade como a Dr.ª Wangari Maathai, que se tornou a primeira mulher a ganhar o Prémio Nobel da Paz, em 2004. Ela é um dos mais de 16 vencedores do Prémio Nobel, em África (mais do que a Índia e a China), incluindo sete vencedores do Prémio Nobel da Paz. Após os seus estudos nos Estados Unidos, Maathai regressou ao Quénia, onde obteve o doutoramento e fundou o Green Belt Movement, que mobilizou as mulheres para plantar mais de 100 milhões de árvores por todo o país, para evitar a erosão dos solos, e em novembro de 2007 lançou uma campanha global que atingiu o seu objetivo de plantar mil milhões de árvores. (Para saber mais sobre a sua notável história, leia a sua autobiografia, *Unbowed: One Woman's Story*, e *www.greenbeltmovement.com*) Como disse numa entrevista à CNN, após ter recebido o prémio: «De facto, não penso que os Norte-Americanos mudem o modo como veem os africanos até que os africanos mudem o modo como se veem a si mesmos... do que precisamos verdadeiramente é de ganhar coragem e de ter confiança em nós mesmos, porque temos muitos recursos» ([28]).

O otimismo da África é partilhado pelos líderes empresariais, que viram o que podem aqui realizar. Durante um encontro no Serena Hotel, em Nairobi, James Mathenge, diretor geral da Magadi Soda, no Quénia, fez uma afirmação ousada: «Penso que o futuro do mundo é a África». De casaco de cabedal e camisa aberta, sentado a uma mesa junto à piscina, no belo Serena Hotel, em Nairobi, era fácil acreditar nesta afirmação. Uma turista de fato de banho cor-de-rosa boiava na piscina de dimensões olímpicas, ao calor do sol, enquanto os pássaros soltavam os seus gorjeios entre a folhagem. Esta é a África que os turistas dos safaris vêm conhecer quando se amontoam nos seus Land Rovers, todas as manhãs, para ir para o mato.

Porém, não era ao negócio do turismo que Mathenge se referia quando me falou das oportunidades da África. O seu negócio ficava a 130 quilómetros, numa zona rural a sul de Nairobi. A Magadi Soda (agora propriedade do Tata Group, da Índia) produz carbonato de sódio, que é utilizado em vidros, detergentes e outros produtos. Exporta para todo o mundo, mas sobretudo para a Ásia. Quando não havia estradas nem caminho-de-ferro para chegar ao local, a Magadi construiu-os. Quando não havia escolas nem hospitais para os empregados, construiu-os também. Depois abriu estas infraestruturas às comunidades onde se integrava, as aldeias pobres dos Massais, pondo de parte 20% do rendimento, depois de impostos, para projetos de serviço às comunidades. Mathenge está otimista porque sabe que com estes esforços extraordinários é possível criar negócios de sucesso em África. É fácil concordar com ele quando afirma que o futuro do mundo é a África.

Oportunidades Crescentes

- Que oportunidades estão a ser criadas pelo despertar da África?
- Que estratégias serão necessárias para chegar a este mercado potencial de mais de 900 milhões de pessoas?
- Que necessidades estão a surgir no mercado e têm de ser satisfeitas?
- Com que rapidez surgirão estes mercados?
- Com que desafios se confronta o continente no seu desenvolvimento?
- Quais as oportunidades que se apresentam no diversificado continente africano?

2

A África é Mais Rica do que se Pensa

O continente africano, no seu todo, é mais rico do que a Índia, considerando o produto nacional bruto (PNB), e há uma dúzia de países africanos cujo PNB per capita é superior ao da China. Financiamentos crescentes provenientes de fundos de investimento e uma diáspora ativa estão a aumentar os investimentos e as oportunidades. As comunicações, a banca e outros impulsionadores estão a criar as infraestruturas do desenvolvimento futuro. A África é mais rica do que se pensa.

A África tem alguns dos países mais pobres a nível mundial, mas o continente como um todo é mais rico do que a Índia. O produto nacional bruto *per capita* (PNBC) do conjunto dos 53 países africanos era de cerca de 1066 dólares, em 2006, ou seja, 200 dólares acima do da Índia. Tal como a imagem 3 do extratexto e o Quadro 2-1 mostram, 12 países africanos (com mais de 100 milhões de pessoas no total) tinham um PNBC superior ao da China e 20 países (com uma população total de 269 milhões de pessoas) tinham um PNBC superior ao da Índia. Esta concentração de riqueza representa um mercado potencial enorme para as empresas de todo o mundo. É claro que servir este mercado significa ultrapassar uma miríade de dificuldades de natureza económica, política, legal, médica e social que o continente enfrenta. Contudo, as atividades empresariais por toda a África já provaram que isso é possível, satisfazendo uma procura, em rápido crescimento, de todo o tipo de produtos e serviços de consumo imagináveis, dos telemóveis aos serviços bancários, dos televisores às viagens.

QUADRO 2-1 – A África é Mais Rica do que se Pensa

País	PNB *per capita* em 2006 (dólares)
Seicheles	8650
Guiné Equatorial	8250
Líbia	7380
Botsuana	5900
Maurícia	5450
África do Sul	5390
Gabão	5000
Namíbia	3230
Argélia	3030
Tunísia	2970
Suazilândia	2430
Cabo Verde	2130
China	**2010**
Angola	1980
Marrocos	1900
Egito	1350
Camarões	1080
Djibuti	1060
Lesoto	1030
Congo-Brazzaville	950
Costa do Marfim	870
Índia	**820**
Sudão	810
São Tomé e Príncipe	780
Senegal	750
Mauritânia	740
Comores	660
Nigéria	640
Zâmbia	630
Quénia	580
Benim	540
Gana	520
Chade	480
Burquina-Faso	460
Mali	440
Guiné	410

QUADRO 2-1 – A África é Mais Rica do que se Pensa

País	PNB *per capita* em 2006 (dólares)
Rep. Centro-Africana	360
Togo	350
Tanzânia	350
Zimbabué	340
Moçambique	340
Gâmbia	310
Uganda	300
Madagáscar	280
Níger	260
Ruanda	250
Serra Leoa	240
Eritreia	200
Guiné-Bissau	190
Etiópia	180
Malawi	170
Libéria	140
Congo-Kinshasa	130
Burundi	100
Somália	nd

Fonte: Banco Mundial: http//siteresources.worldbank.org/DATASTATISTICS/Resources/GNIPC.pdf

Resposta às Objeções

Alguns poderão objetar que a África não pode ser analisada apenas com base no PNB *per capita*. É um continente destroçado por ditadores brutais, doenças devastadoras, crises ambientais, tensões culturais e religiosas, infraestruturas de má qualidade e muitos outros problemas. Há muitas objeções à ideia de que a África representa uma nova oportunidade. Em primeiro lugar, a África é vista como um conjunto de pequenos países, o que torna difícil atingir uma massa crítica. Segundo, considera-se que as oportunidades se concentram na África do Sul e no Norte. Em terceiro lugar, dizem os críticos, o continente está cheio de «Estados doentes», que ameaçam a estabilidade de todo o continente. Vamos analisar sucessivamente cada uma destas objeções.

A África é Maior do que se Pensa

Alguns objetam que a África é um continente de países pequenos, separados, o que torna difícil alcançar as economias de escala necessárias ao desenvolvimento das diferentes atividades económicas. Há países como a Nigéria (com 140 milhões de habitantes) que contrariam esta descrição. A verdade é que cerca de dois terços dos países africanos têm uma população superior à de Singapura (mais de 4 milhões de habitantes) e, à exceção de seis, todos têm população superior à de Chipre (menos de um milhão). Se não se pode deixar escapar mercados como Singapura ou Chipre, poder-se-ão ignorar os mercados africanos? Como alguns países africanos partilham a língua, a cultura ou o comércio, os pequenos podem por vezes juntar-se para formar áreas maiores (ver imagem 4 do extratexto). Há grupos de países que dão origem a mercados maiores (ver caixa, na página seguinte).

A região do Magrebe, no Norte de África, reconhece os seus laços com a França. Com 75 milhões dos 100 milhões de africanos da região com laços diretos ou indiretos com ela, a França anunciou uma parceria importante com os países do Magrebe, em março de 2007, como o reconhecimento do comércio, fluxos humanos, linguagem e história que partilham ([1]). Esta região representa cerca de um nono da população de África. Nicolas Sarkozy, então presidente francês, propôs em 2008 uma União Mediterrânea mais alargada entre os Estados-membros da UE e 10 Estados mediterrânicos. Organizações regionais como a East African Community (EAC), que engloba cinco países, e a Economic Community of West African States (ECOWAS), de 14 países, reúnem nações com vista a promover acordos comerciais e a participar noutras negociações.

As empresas de países pequenos procuram oportunidades fora das suas fronteiras. Por exemplo, muitos dos principais empresários que conheci na Tunísia, um país com cerca de 10 milhões de habitantes, acentuaram a necessidade de expandir os seus negócios aos países limítrofes e à Europa, para poderem crescer. Não estão à espera de acordos governamentais.

Outra objeção é que muitos países africanos não têm acesso ao mar. Esta é uma preocupação importante, mas o problema real é se o país dispõe das infraestruturas e dos acordos necessários para aceder aos maiores portos através de outros países. Alguns dos estados da Índia não têm acesso ao mar mas são muito produtivos. Por exemplo, o estado agrícola e industrial do Punjabe não tem acesso ao mar, mas tem muito boas infraestruturas de ligação. Na Índia, o caminho de ferro permite que se vá a qualquer parte. O desenvolvimento das linhas aéreas e dos telemóveis contribuiu para que se ultrapassassem algumas das debilidades devidas ao facto de em África nem sempre se dispor de acesso ao mar (ver caixa). Por exemplo, a Zain, que adquiriu a Celtel em 2005, serve 15 países africanos, muitos deles do interior, como se pode verificar na imagem 5 do extratexto. Mas as ligações à costa continuam a ser vitais para o crescimento. O Dr. Manu Chandaria, presidente do Comcraft Group, que iniciou a sua atividade no Quénia nos anos 30 e se expandiu para mais de 11 países, disse-me que melhores comboios e outros sistemas de transporte são fundamentais para o crescimento do interior. «O Quénia é a porta de acesso de vários países sem costa», acrescentou ele. «Prestar serviços a estes países poderia ser a atividade económica mais importante do Quénia.» É da opinião que o Quénia poderia utilizar de muitas formas as suas infraestruturas enquanto via de passagem, incluindo os transportes marítimos a partir do porto de Mombaça, o caminho de ferro e outros meios de transporte, o oleoduto (petróleo) do Quénia e o aeroporto de Nairobi ([2]).

De camisa de seda ocidental e cinto de contas africano, Titus Naikuni, administrador e diretor executivo da Kenya Airways, encontra-se na interseção de vários mundos. Durante uma reunião no seu gabinete, perto do aeroporto internacional Jomo Kenyatta, em Nairobi, em julho de 2006, um cartaz atrás da sua secretária ostentava a afirmação «A África e o mundo encontram-se em Nairobi». Na parede oposta estava um planisfério onde ele contemplava as novas oportunidades.

«A história que se deve contar acerca da África não é inteiramente compreendida», afirmou. «Há tanto ruído negativo à nossa volta que o ruído positivo se perde no meio daquele.»

Naikumi pegou num dos modelos de avião a jato alinhados no seu armário. O avião exibia o novo logótipo da companhia, «O orgulho da África», pintado na fuselagem, concebido para tirar partido da sua herança africana e pôr em prática uma estratégia pan-africana. Tirando partido da saudável atividade turística e doutras empresas do país, a Kenya Airways transformou Nairobi num dos sustentáculos da África.

Nakuni e outros pioneiros estão não só a modificar o que o mundo pensa de África, mas também o que a África pensa de si mesma. «Temos a obrigação de abrir a África, mas temos de o fazer lucrando com isso», afirmou. A Kenya Airways inaugura duas ou três novas linhas por ano. Tem prosseguido uma estratégia local, regional e pan-africana no continente e também ligou a África subsariana à Europa, ao Médio Oriente e à Ásia.

Nakuni fez notar que embora alguns países possam ser demasiado pequenos individualmente para poder ser base de serviços aéreos, é muitas vezes possível criar grupos de países afins que permitem definir mercados atrativos. Referiu-se, por exemplo, ao grupo constituído pelo Chade, os Camarões, a República Centro-Africana, o Gabão, a Guiné Equatorial, São Tomé e Príncipe e o Congo-Brazzaville. Segundo os seus números, em julho de 2006, estes países tinham uma população total de 34,8 milhões de habitantes, um ambiente económico apetecível, um clima político estável e uma língua e uma cultura comuns. Um voo para os Camarões pode ser a porta de entrada para este grupo de países.

Entre 2003 e 2006, o volume de negócios da Kenya Airways subiu de 27,46 mil milhões de xelins quenianos para 52,8 (cerca de 700 milhões de dólares). Numa indústria global de perspetivas cinzentas, as suas ações tiveram resultados superiores aos da British Airways, Lufthansa e Dow Jones Airline Index. O seu lucro após impostos passou de 1,3%, em 2003, para 9,2%, em 2006, superior a quase todas as suas concorrentes.

Embora as diferenças locais e regionais continuem a ser significativas, há oportunidades para elaborar estratégias pan-africanas, como ficou demonstrado no caso dos telemóveis e da banca. Quanto aos telemóveis, a interoperabilidade, que ignora as fronteiras nacionais, é uma vantagem, tal como o é a escala de atividade atingida. Em novembro de 2007, a Celtel lançou o seu serviço One Network, que oferece interoperabilidade a 400 milhões de pessoas em 12 países africanos ([3]). Os clientes podem carregar o seu tempo de comunicação em moeda nacional e utilizá-lo para lá das suas fronteiras. Isto concede aos clientes africanos algo que continua a ser apenas um sonho dos utilizadores europeus de telemóveis. O mesmo se pode dizer da banca, setor em que empresas como o Barclays expandiram a sua influência a todo o continente.

A África é Mais do que o Sul e o Norte

Estaremos a falar de oportunidades que apenas existem na África do Sul e nos vários países que compõem o Norte de África? O Egito e outros países do Norte oferecem uma grande parte das oportunidades africanas imediatas, tal como sucede com a África do Sul, no extremo oposto do continente. Mas é possível encontrar oportunidades muito para lá dos limites do Norte e do Sul. Como se pode verificar na imagem 3 do extra-texto, entre os 12 países mais ricos do que a China, 10 pertencem à África subsariana, e dos 20 mais ricos do que a Índia, 16 são do Sul.

A lista do ano 2006 das 500 maiores empresas de África, elaborada pelo Dr. Ayo Salami, da African Business Research Ltd, e publicada na revista *African Busines*, não se limita a apenas uma indústria, nem a um ou dois países. Embora a África do Sul e o Egito tenham a parte de leão das companhias de topo, há 16 países africanos naquela lista. As maiores empresas pertencem à indústria mineira, telecomunicações, construção, banca e bens de consumo. O valor de mercado das companhias líderes de cada um destes 16 países atinge quase 89 mil milhões de dólares, no seu conjunto. As oportunidades proporcionadas pela África estão espalhadas por muitos setores e praticamente por todo o continente.

A África do Sul não é apenas a maior economia a sul do Sara. Desempenha muitas vezes na África subsariana papel idêntico ao que Singapura teve em relação à Ásia (embora outros países disputem esta posição de porta de entrada, anunciando vir a ser também a «Singapura» do futuro). A África do Sul é o maior investidor global estrangeiro direto em África, sob a liderança do Standard Bank. A economia estável e o amplo mercado do país fazem deste a rampa de lançamento das companhias para entrarem em outras zonas da África subsariana. Centrar a atenção na África do Sul como se este país constituísse uma anomalia é não reconhecer a sua importância como plataforma para o desenvolvimento do resto da África. Em *The Bottom Billion* [*Os Milhões da Pobreza*] Paul Collier chama a atenção para o facto de os países terem um desempenho melhor se os países vizinhos também estiverem a trabalhar bem, pelo que há um efeito de contágio por parte de países de sucesso como a África do Sul ([4]).

Os Estados Doentes

Há quem objete que as oportunidades em África são desiguais, com rápidos progressos em alguns países, enquanto outros permanecem na Idade Média. A África não é homogénea, mas o mesmo acontece com a China e a Índia, embora as suas respetivas complexidades digam respeito, em cada caso, a um só país. Os países africanos vão desde Estados incapazes e Estados em conflito permanente a alguns dos que possuem as economias que crescem mais rapidamente e de maior sucesso em todo o mundo.

A situação não é muito diferente na Índia. De facto, cinco ou seis estados que somam metade da população do país são chamados *bamaru*, ou «doentes». Diz-se, por vezes, que se os estados *bamaru* fossem expulsos da Índia o PNB *per capita* subiria. Um estudo do ministério da Saúde indiano concluiu que o nível de subnutrição das crianças no Uttar Pradesh (um dos estados *bamaru*) era maior do que o da África subsariana (embora este fosse posteriormente revisto em baixa) ([5]). Todas as economias têm os seus problemas, e as oportunidades no seu conjunto não podem ser avaliadas pelos aspetos que fogem ao quadro geral.

As Dificuldades Reais

Isto não pretende minimizar de forma alguma as dificuldades reais de exercer uma atividade económica em África. A corrupção é geral e os empresários com quem falei em todo o continente salientaram que esta é uma dificuldade grave. Só a corrupção na Nigéria custou cerca de 400 mil milhões de dólares desde a independência, em 1960 ([6]). Existem outras barreiras ao comércio e ao investimento. É necessário gastar muito mais tempo na maior parte dos países africanos para registar empresas e realizar negócios do que em outros lugares. Os funcionários corruptos exigem uma parte do bolo. A situação parece estar a melhorar sucessivamente nos vários países, mas ainda não é tão simples gerir uma atividade económica como o é nos Estados Unidos ou na Europa.

Em África, as empresas têm também de cumprir regulamentos sobre emprego ou as parcerias com empresas locais, como o Broad-Based Black Economic Empowerment (BBBEE) Act, na África do Sul. O BBBEE tem exigências específicas em relação à propriedade, gestão, emprego, formação, aquisições, desenvolvimento empresarial e investimentos sociais das empresas. Imposições de produção nacional em setores como o vestuário e o mobiliário, bem como restrições às importações, podem, por vezes, deixar os retalhistas sem fornecimento de produtos para as suas lojas. Apesar de serem louváveis no seu objetivo de encorajar o empreendedorismo e a criação de riqueza a nível nacional, estes regulamentos criam mais dificuldades às empresas a operar em África.

É importante que se reconheça, no entanto, que estas mesmas objeções foram também levantadas há algumas décadas em relação ao exercício da atividade económica na Índia e na China. Os obstáculos, que pareciam insuperáveis, acabaram por ser, de certa forma, superados. O processo de desenvolvimento empresarial encoraja melhorias no sistema político. Mas o mercado africano, tal como qualquer mercado em desenvolvimento, não é para espíritos temerosos. É para empresários e empresas que reconheçam que onde há obstáculos que podem desencorajar alguns, há oportunidades para os que são capazes de perseverar.

Nalgumas áreas, os governos estão a incentivar o desenvolvimento de novas empresas. Ouvi de um dos líderes do setor de exportação de flores e vegetais da Etiópia o modo como as políticas governamentais, desde o apoio em infraestruturas até a critérios fiscais, estão a contribuir para o crescimento da atividade exportadora do país.

As Lentes de Aumentar

As oportunidades em África podem, de facto, ser mais significativas do que os números indicam. A fotografia instantânea do PNB *per capita* não conta a história toda. Os indicadores do desenvolvimento africano, de 2007, do Banco Mundial, concluíram que as economias africanas no seu conjunto cresceram mais e de forma mais sustentada entre 1995 e 2005 do que na década anterior. As taxas de crescimento, a injeção de capital dos fundos de investimento, a economia informal, bem como o espírito filantrópico e investimentos de uma grande diáspora são tudo fatores que ampliam o potencial dos mais de 900 milhões de habitantes do continente africano.

Crescimento Rápido

As taxas de crescimento em África ultrapassam em muito as dos mercados desenvolvidos, o que significa que o futuro é ainda mais promissor para nela se desenvolver a atividade económica. Tal como o Banco Mundial concluiu no seu *African Development Indicators*, de 2007: «Aparentemente, muitas economias africanas ultrapassaram a crise e passaram a enveredar por uma via de crescimento económico mais rápida e estável.» ([7]) Entre 1997 e 2007, o crescimento do PIB da África passou de 3,5% para 6%, enquanto a inflação caiu de 10,2% para 6,6%. Dos 50 países de todo o mundo com a maior taxa de crescimento do PIB, em 2005, Angola foi o segundo (atrás do Azerbaijão). Outros países africanos com taxas de crescimento elevadas foram a Guiné Equatorial, a Libéria, o Congo, Moçambique, a Serra Leoa e a Nigéria. Há 200 milhões de africanos a viver nas regiões onde o PIB cresce a mais de 6% ([8]).

A demografia em África também tem boas perspetivas. A África é um dos mercados mais jovens de todo o mundo, com mais de metade da sua população com idade inferior a 24 anos. Espera-se que a população europeia se reduza em 60 milhões de habitantes até ao ano 2050. A África terá mais 900 milhões, segundo o Population Reference Bureau, duplicando mais ou menos a população atual, embora esta taxa de crescimento tenha suscitado preocupações devido ao impacto do excesso de população. Durante este período, o Congo-Kinshasa, o Egito e o Uganda juntar-se-ão à Nigéria e à Etiópia na lista dos 15 países mais populosos, segundo o Population Reference Bureau ([9]). Com as taxas de natalidade mais elevadas do mundo, a África é um continente que fica mais jovem a cada dia que passa. Este facto cria oportunidades nas áreas da educação, do entretenimento, do desporto e da publicidade dirigida aos jovens. Por outro lado, isto significa que a África aumentará a sua parte no mercado de consumo mundial do futuro. Enquanto discutimos os países do grupo BRIC (Brasil, Rússia, Índia e China), não deveríamos igualmente dirigir a nossa atenção para os mercados NEKS (pronunciar «nekst») da Nigéria, Egito, Quénia e África do Sul?

Fundos de Investimento

O investimento direto estrangeiro (IDE) em África disparou para cerca de 39 mil milhões de dólares, em 2006, ou seja, o dobro do verificado em 2004 ([10]). Os fundos investimentos estão a afluir ao continente a taxas inéditas, um reflexo dos sucessos do passado e da avaliação positiva das oportunidades futuras. Há cerca de 200 fundos de investimento a operar em África, com cerca de 15 mil milhões de dólares para gerir ([11]). Em 2008, a África do Sul foi classificada pela primeira vez como um dos 25 destinos principais de IDE ([12]). O IDE não está apenas a dirigir-se para o Egito ou a África do Sul. Em 2006, os destinos africanos principais do IDE eram, por ordem decrescente, o Egito, a Nigéria, o Sudão, a Tunísia, Marrocos, a Argélia, a Líbia, a Guiné Equatorial, o Chade e o Gana ([13]). Em 2006, deram entrada 377 milhões de dólares na Tanzânia, 307 milhões no Uganda e 290 milhões no Burundi. Os investidores juntaram mais de 2 mil milhões de dólares só para a África subsariana, em 2006 (quase tanto como para a América Latina e as Caraíbas), segundo a Emerging Markets Private Equity Association ([14]). Os resultados são impressionantes ([15]). A rendibilidade dos capitais próprios na Nigéria, por exemplo, de 20%, é das mais elevadas do mundo e o quartil superior dos fundos na África do Sul está a ter rendimentos declarados de 40% ou mais. Do sucesso de iniciativas como o Comafin, nos anos 90, resultaram fundos como o Zephyr Kingdom (Estados Unidos), Actis (Reino Unido), Aureos Capital (Reino Unido), FMO (Holanda) e Cordiant (Canadá). Em junho de 2007, a International Finance Corporation, do Banco Mundial, divulgou um pacote de 320 milhões de dólares para investir em telemóveis na África subsariana, que foi saudado como um sinal do interesse crescente do setor privado no continente.

Com mais de mil milhões de dólares de capital para gerir, a Emerging Capital Partners (ECP) é um dos maiores gestores de fundos de investimento cujo objetivo é a África. A ECP gere um portefólio de cinco fundos, incluindo os 400 milhões do AIG African Infrastructure Fund e os 400 milhões do EMP Africa Fund II, com mais de 40 investimentos em mais de 30 países de todo o continente, em 2007.

O African Development Bank Group assumiu compromissos em África que totalizam 53 mil milhões de dólares, muitas vezes em associação com bancos locais para investir em pequenas e médias empresas. Os seus investimentos ajudaram a dar o pontapé de saída do desenvolvimento da banca da Nigéria e impulsionaram o crescimento de empresas inovadoras como o K-Rep Bank, que presta serviços aos que pertencem aos mercados de baixos rendimentos e aos mercados rurais do Quénia e não têm banco.

Jag Johal, da CBA Capital Partners Limited, de Joanesburgo, que foi para África ido de Londres, nos anos 90, ficou surpreendido com as oportunidades que encontrou. «Antes de aqui chegar, as únicas imagens que via de África eram de fome e guerras», disse ele numa entrevista em Joanesburgo. «Pretendia ficar cá dois anos, mas vi as oportunidades. Vamo-nos afeiçoando a África.»

Foram lançados ou aumentados vários fundos novos em 2007, incluindo a criação de um fundo pan-africano de 1,3 mil milhões pela Pamodzi Investment Holdings, de Joanesburgo, em agosto de 2007. A Development Partners International foi lançada com o objetivo de reunir 500 milhões de dólares. O Satya, um fundo de *private equity* apoiado por Mo Ibrahim, fundador da Celtel, reuniu 200 milhões de dólares em maio de 2007 e esperava aumentar o fundo para 600 milhões no prazo de um ano ([16]). A Renaissance Capital, tirando partido do seu conhecimento de mercados emergentes na Rússia, fez uma grande investida em África, que considera ser a «nova Rússia». As pesquisas da empresa permitem estimar que a capitalização do mercado africano subsariano ultrapassará 241 mil milhões de dólares em 2010, mais do quádruplo do verificado em 2006 ([17]). Em abril de 2008, Robert B. Zoellick, o presidente do Banco Mundial, fez um apelo aos fundos soberanos detidos pelos Estados da Ásia e do Médio Oriente para investirem 1% dos seus fundos em África. Isto significaria mais 30 mil milhões de dólares de investimento privado no continente.

«Se tem investimentos nos Estados Unidos e na Europa, faz sentido estar em África», disse Barbara James, ex-diretora da African Venture Capital Association (AVCA), numa conversa com o autor, em agosto de 2007. A AVCA é uma entidade não lucrativa, fundada para desenvolver e estimular a aplicação de *private equity* e de capital de risco em África. (James assumiu a liderança do primeiro «fundo dos fundos» em África, o Henshaw Fund, que foi lançado em 2007.) «Se se olhar para o crescimento dos diferentes países, a nível mundial, oito dos 10 países de maior crescimento são africanos. Oito das 10 bolsas de valores com melhores resultados em todo o mundo estão em África. Estes são *hot spots* que não podem ser ignorados.» Barbara James calcula que os investimentos de *private equity* em África aumentarão para 3 mil milhões de dólares dentro de cinco anos. «Costumava ser difícil levar os investidores a falar em África, mas julgo que isso agora está a mudar. O interesse pela África não se pode equiparar de forma alguma ao interesse pela China ou pela Índia. No entanto, as pessoas que procuram novas oportunidades, diversificação e investimentos em contraciclo estão a começar a ver o que está a acontecer em África. Não o podem ignorar.»

O Norte de África tem fortes ligações com o Médio Oriente. Há países como o Egito que têm laços mais fortes com o Médio Oriente do que com a África subsariana. Uma religião e uma história comuns traduzem-se em fluxos de pessoas e recursos entre o Norte de África e o mundo árabe. Por exemplo, a Dubai Holding está a investir 14 mil milhões de dólares numa parcela de 3,4 quilómetros quadrados, no lago Tunes, na Tunísia, para construir uma área que se espera que irá atrair 2500 empresas de alta tecnologia. A Dubai World investiu mais de 800 milhões de dólares no Djibuti, minúsculo país da África Oriental, para construir um grande porto, um hotel e outras infraestruturas, em suma, seguindo o plano que transformou o Dubai num importante centro financeiro, turístico e de transportes. Está também a investir no desenvolvimento do Ruanda. Na Argélia, a Emirates International Investment Company LLC fez alguns investimentos, incluindo num parque urbano de 240 hectares destinado a pôr termo à desertificação e a conservar a biodiversidade. A energia do parque será fornecida por um sistema misto fotovoltaico e eólico e inclui um centro para o desenvolvimento da energia renovável. Estes laços continuam hoje com o fluxo de emigrantes de África para o Médio Oriente. Há laços fortes entre a África e o Líbano, com muitos empresários libaneses a criar empresas no continente, sobretudo na parte ocidental.

Os investimentos de *private equity* estão a permitir transformar sucessos locais em multinacionais. Por exemplo, o Sumaria Group começou por ser uma pequena empresa comercial na Tanzânia, em 1957, e tem agora negócios que incluem produtos farmacêuticos, plásticos, detergentes e laticínios. Os investimentos da Aureos Capital ajudaram a empresa a expandir a sua atividade para o Quénia, o Congo-Kinshasa, Moçambique e o Uganda, tornando-se uma das primeira multinacionais da Tanzânia.

Como vimos no capítulo 1, «Fabricar Pão no Zimbabué», os investidores estão mesmo a afluir a áreas como o Zimbabué, onde o contexto para se investir parece ser muito pouco favorável. Outros estão a entrar em grande número em mercados que no passado pareciam sorvedouros de dinheiro, mas agora são atrativos. Angola, varrida pela guerra civil e atolada em corrupção desde a independência, em 1975, tornou-se subitamente um dos destinos mais entusiasmantes para os investimentos empresariais em África ([18]). Foram muitas vezes a fé e os esforços dos empresários locais ou dos emigrantes que evidenciaram os potenciais dos mercados. Slim Othmani, da NCA-Rouiba, engarrafadora das bebidas Coca-Cola na Argélia, é um empresário surpreendente, que ajudou a atrair o investimento da Tuninvest, após ter organizado uma conferência sobre *private equity*, em 2005. A Tunísia era um país em convulsão e declínio económico que só parecia atrativo a investidores muito corajosos ou a emigrantes que acreditaram no seu futuro. Apenas alguns anos mais tarde, quando visitei Slim, no outono de 2007, havia outros investidores a entrar no mercado em grande número.

Os mercados financeiros fora da África estão também a reconhecer o aumento da estabilidade no continente. Por exemplo, em janeiro de 2007, os principais bancos comerciais da Nigéria emitiram euro-obrigações a cinco anos no valor de 350 milhões de dólares, a uma taxa de juro de mais de 8%. Esta foi a primeira vez que uma instituição nigeriana, pública ou privada, se dirigiu aos mercados de capital internacionais desde o início dos anos 90 ([19]). No final de 2007, o Gabão conseguiu mil milhões de dólares nos mercados internacionais com uma oferta de obrigações soberanas, um indicador da sua estabilidade e gestão financeira ([20]). Acrescente-se aqui, tal como se disse no capítulo 1, que também a China e a Índia têm compromissos significativos no continente.

Porém, as oportunidades em África em geral não são reconhecidas, um «segredo» que, por um lado, tornou mais difícil a obtenção de fundos por parte do continente, mas, por outro, limitou a concorrência em relação às oportunidades de investimento. «Para cada pessoa a procurar fazer algo em África, há mil na Índia», afirmou Runa Alam, que estava na Zephyr Kingdom quando falei com ela, no final de 2005, em Washington (passou a ser depois presidente do novo fundo Development Partners International, criado por Miles Morland, que criou um dos primeiros fundos de investimento africanos.) «As pessoas estão entusiasmadas com a Índia, mas penso que as oportunidades em África não são muito diferentes.»

A Economia Informal

Outra razão para o potencial da África ser muitas vezes subestimado é o peso da economia informal, atividades económicas que ficam fora da economia regulada por instituições económicas e pelo quadro jurídico, o que significa que os números oficiais pecam muitas vezes por defeito. Runa Alam recordou que quando a Celtel abriu o seu escritório no Congo, tinha expectativas reduzidas. O país estava numa zona de guerra. O PIB *per capita* baixo fazia com que parecesse impossível ter um telemóvel. No primeiro dia, porém, tiveram de retirar a porta do gabinete, tal foi a procura. Conseguiram 2000 clientes na primeira semana e 10 000 no primeiro mês. Todos os clientes pagaram em dinheiro.

Pesquisas efetuadas por Friedrich Schneider permitiram concluir que a economia informal em África representava, em média, 42% do PIB, nos anos 1999/2000 (vd. Quadro 2-2). O Zimbabué, a Tanzânia e a Nigéria tinham mais de metade das suas economias no setor informal, enquanto a África do Sul tinha apenas 28,4% (abaixo dos 41% dos países em vias de desenvolvimento, mas ainda assim acima dos 18% dos países desenvolvidos). Devido ao peso desta economia informal em África, Schneider concluiu que ela se parece «mais com uma economia paralela» [21].

QUADRO 2-2 – Economia Sombra/Informal

África: Economia Sombra em % do PIB em 1999/2000	
Zimbabué	59,4
Tanzânia	58,3
Nigéria	57,9
Zâmbia	48,9
Benim	45,2
Senegal	43,2
Uganda	43,1
Níger	41,9
Mali	41,0
Etiópia	40,3

QUADRO 2-2 – Economia Sombra/Informal

África: Economia Sombra em % do PIB em 1999/2000	
Malawi	40,3
Moçambique	40,3
Costa do Marfim	39,9
Madagáscar	39,6
Burquina-Faso	38,4
Gana	38,4
Tunísia	38,4
Marrocos	36,4
Egito	35,1
Argélia	34,1
Botsuana	33,4
Camarões	32,8
África do Sul	28,4
Média dos países africanos analisados	**42,0**

Fonte: Friedrich Schneider, «Size and Measurement of the Informal Economy in 110 Countries Around the World», apresentado num *workshop* do Australian National Tax Centre, ANU, Camberra, Austrália, 17 de julho de 2002.

A economia informal também é responsável pela maior parte do emprego em África. A Organização Internacional do Trabalho, em Genebra, estimou que 48% do emprego não agrícola do Norte de África se insere na economia informal, elevando-se a 72% na África subsariana (e a 78% se excluirmos a África do Sul) ([22]). Quanto às áreas rurais, algumas estimativas indicam que o setor informal é responsável por 90% do emprego não agrícola ([23]).

No Egito, onde mais de 30% do PIB tem origem no setor informal, o ministro Youssef Boutros-Ghali reduziu a taxa do imposto sobre o rendimento, em 2004, de 40% para 20% para encorajar as pessoas a declarar uma maior fatia dos seus rendimentos. Boutros-Ghali foi criticado pelo Fundo Monetário Internacional (FMI)e outras entidades por ter reduzido a receita de base com um corte tão drástico da taxa. Mas a medida compensou. Os formulários para os impostos que foram distribuídos aumentaram cerca de 50% e as receitas cresceram em percentagem do PIB, apesar da redução da taxa. O Egito esperava recuperar o custo da medida no prazo de três anos, mas bastou apenas um ano. O que parece ter acontecido é que com taxas reduzidas uma parcela maior da economia informal passou a ser declarada.

A economia africana é muito maior do que a reconhecida pelas estatísticas oficiais. Quais as oportunidades para se integrar uma maior parcela da economia informal na economia formal, ao lançar produtos e serviços que possam ser competitivos?

A Economia de Ricochete: As Oportunidades em África são Maiores do que o Continente

O PNB *per capita* dos africanos que residem em África não é tudo. A África tem também laços com uma grande diáspora, que vem contribuindo para o seu êxito futuro. A Dr.ª Titilola Banjoko, fundadora do AfricaRecruit, em conversa com o autor, em 2007, disse estimar que são enviados 44 mil milhões de dólares para África pelos emigrantes, quer através de canais oficiais, quer não oficiais. Este montante equivale a 5% do PNB do continente. O total da diáspora pode atingir 100 milhões de pessoas (se incluirmos os descendentes dos emigrantes, incluindo os afro-americanos). São uma força importante para o despertar da África. Estão a ser cada vez mais relevantes, à medida que os países africanos vão abrindo mais canais para a diáspora investir no continente e os seus membros com formação superior regressam aos países de origem para trabalhar, como veremos mais em pormenor no capítulo 8, «Regressar a Casa: Oportunidades na Diáspora Africana».

Esta «economia de ricochete» (que oscila entre o mundo desenvolvido e o mundo em vias de desenvolvimento), analisada no meu livro *The 86% Solution*, está a impulsionar o crescimento em muitas partes do mundo em vias de desenvolvimento, incluindo a África. A economia de ricochete está a preencher o vazio em países instáveis política ou economicamente, a criar oportunidades de investimento direto e a fazer crescer os mercados do turismo, da hotelaria, do imobiliário, etc. Ao contrário dos emigrantes das gerações anteriores, que cortaram os laços com a pátria quando dela saíram, os novos emigrantes mantiveram-nos. Enviam dinheiro para o seu país, realizando investimentos e contribuindo para fins de beneficência. A diáspora também constitui um mercado global para os produtos africanos. A África é maior do que os mais de 900 milhões de habitantes do continente.

Aceleradores: Telemóveis e Bancos

As finanças e as comunicações constituem a base dos mercados de sucesso. O rápido crescimento dos telemóveis e da banca por toda a África, não só é um indicador do sucesso destes setores, mas também cria uma plataforma para mais crescimento. Isto é evidente nos muitos pequenos negócios que foram criados quando se colocou um telemóvel e um pequeníssimo empréstimo nas mãos de empresários industriosos. O crescimento destes dois setores em todo o continente pode impulsionar mais crescimento.

Os Telemóveis

Os consumidores querem comunicar: ligar para membros da família que estão dispersos, montar os seus negócios ou vender as suas colheitas. Há atualmente mais de 130 milhões de africanos com assinaturas de telemóvel. Constituem o mercado de telemóveis que mais cresce no mundo. Um estudo de 2007 realizado pelo Africa Media Development Initiative concluiu que o número de telemóveis está a crescer à taxa média anual composta de 85% ou mais em 10 dos 17 países africanos analisados ([24]). Dado que os seus utilizadores partilham os telemóveis, o uso destes é maior do que a taxa de assinaturas levaria a crer. Há uma base que permite maior crescimento. Mais de 60% da população subsariana tinha acesso a cobertura de rede em 2005 e esperava-se que esta percentagem atingisse 85% em 2010, segundo a GSM Association ([25]). As empresas de telecomunicações mais importantes competem para conquistar assinantes de serviços de telemóvel em toda a África e no Médio Oriente, um mercado que se calcula que valha 25 mil milhões de dólares em 2006. O líder de mercado MTN, da África do Sul, opera em 21 países africanos. A Zain (a anterior Celtel) viu aumentar os seus assinantes em 20 milhões, em mais de 15 países. A companhia anglo-sul-africana Vodacom tem mais de 25 milhões de assinantes em África. A egípcia Orascom tem aproximadamente 20 milhões de assinantes em África e mais 20 milhões no Médio Oriente (o que não é de surpreender, dadas as suas fortes ligações com a região). Espera-se que haja em África mais 184 milhões de assinantes no final de 2011 ([26]).

Embora algumas companhias que operam no mercado global se tenham mantido de início afastadas, porque estavam preocupadas com a agitação, a verdade é que estes mercados difíceis se revelaram muito lucrativos. Com efeito, uma empresa senegalesa de telemóveis disse-me que ficam por vezes embaraçados com a publicação de relatórios sobre os seus lucros num país em que os rendimentos são tão baixos. É o embaraço da riqueza. A razão do seu sucesso foi bem expressa pelo diretor executivo da Orascom, Naguib Swiris, numa entrevista ao *New York Times*: «Ricas ou pobres, as pessoas precisam de comunicar.» [27]

Nabil, um empregado do restaurante italiano da esplanada do rés do chão do Grand Hyatt e do centro comercial adjacente, no Cairo, disse que uma das primeiras coisas que fez quando conseguiu este seu emprego foi comprar telemóveis para as suas três irmãs. O meu motorista em Lagos ganhava 18 000 *naira* por mês, pouco mais de 100 dólares. No entanto, tinha telemóvel (embora nem sempre tivesse dinheiro para comprar um cartão SIM para o utilizar) e um televisor, para o qual tivera de poupar durante três meses. Pagando uma renda de 3000 *naira* por mês (cerca de 20 dólares), ele e a família vivem num pequeno apartamento, onde 16 famílias partilham duas casas de banho e uma única cozinha. Todavia, como não acabou o secundário, dá-se por feliz por ter um emprego estável. Mas, como motorista, necessita de um telemóvel. Mesmo nas novas áreas clandestinas da periferia do Soweto, na África do Sul, onde não há água canalizada nem esgotos, vi homens à porta de suas casas, feitas de alvenaria, a falar ao telemóvel. As comunicações têm a preferência, mesmo antes da água, das casas de banho com água canalizada e até da comida e bebida.

Há muitos mais africanos que usam telemóvel, mas não aparecem nas estatísticas oficiais. O exemplo óbvio são as pequenas barracas de feira em que senhoras de telemóvel cobram por chamada efetuada. Mas os utilizadores também partilham os telemóveis privados. No Senegal, ouvi dizer que é prática corrente as pessoas comprarem um cartão SIM e usá-lo no telemóvel de um amigo. O meu motorista comprou um telemóvel usado por cerca de 5 dólares, pelo que o custo das ligações é muito baixo, nomeadamente quando um só aparelho serve muita gente.

Os telemóveis são um acelerador de toda a economia. Há outros negócios que se criam com base nestas comunicações. Por exemplo, a TradeNet, com base em Acra, no Gana, criou uma plataforma de comércio livre alargada a 12 países da África Ocidental para permitir aos agricultores comprar e vender os seus produtos agrícolas. Os telemóveis proporcionam novas oportunidades para enviar mensagens de marketing. Um estudo de 2005 concluiu que o impacto económico dos telemóveis nos países em desenvolvimento pode ser duas vezes maior do que nos países desenvolvidos. O estudo de Leonard Waverman, Meloria Meschi e Melvyn Fuss concluiu que, no período 1996-2003, um aumento de 10 telemóveis por cada 100 pessoas, num país em desenvolvimento, resultava num aumento de 0,59% do PIB *per capita* ([28]). O sucesso do setor dos telemóveis poderia ser considerado uma plataforma para um maior progresso económico no futuro.

Do ponto de vista do habitante do mundo desenvolvido, será fácil deixar escapar o significado do aumento do número de telemóveis em África. Afinal, no Ocidente, os telemóveis foram mais uma novidade e um instrumento de negócio do que uma necessidade. Os consumidores já têm linhas fixas. Em África e outras regiões em desenvolvimento, os telemóveis são a primeira infraestrutura de comunicação em muitas áreas, constituindo a base de pequenos negócios, ligando as regiões rurais ao mundo e difundindo o conhecimento; em suma, são o alicerce do desenvolvimento económico.

O Sistema Bancário

Os cinco bancos africanos mais importantes – Standard Bank Group, Absa Group (integrado agora no Barclays), Netbank Group, Investec e FirstRand Banking Group – possuem um capital de mais de 17 mil milhões de dólares e ativos de 324 mil milhões de dólares. Em 2005, o Barclays fez o seu maior investimento fora do Reino Unido e o maior investimento externo da história da África do Sul ao comprar uma participação maioritária no Absa, o maior banco comercial do país, por 33 mil milhões de rands (5,4 mil milhões de dólares) ([29]). Em outubro de 2007, o Industrial & Commerce Bank of China Ltd. anunciou planos para gastar 5,5 mil milhões de dólares para adquirir 20% do Standard Bank, da África do Sul, com operações em 18 países africanos. Mas nem toda a atividade se desenvolve na África do Sul. Muitos destes bancos deslocaram-se para norte, para outros países africanos. O Barclays construiu uma rede de agências em mais de dez países africanos, incluindo o Botsuana, o Gana, o Quénia, a Maurícia, as Seicheles, a Tanzânia, o Uganda, a Zâmbia, o Zimbabué e o Egito.

Havia 28 bancos africanos incluídos na lista de 2006 dos 1000 bancos mais fortes do mundo, elaborada pela revista *The Banker*, do Reino Unido, com base na sua administração e noutros critérios. Havia instituições da África do Sul, Nigéria, Egito e Marrocos. Na África Oriental, a Maurícia tinham os dois bancos de topo (Mauritius Commercial Bank Ltd. e State Bank of Mauritius Ltd.), o que não constitui surpresa, uma vez que é uma das nações mais ricas de África, mas há bancos importantes mesmo nas regiões mais pobres. A Etiópia pode gabar-se de ter dois bancos na lista de 2007 da *African Business* dos 100 bancos mais importantes de África, o Commercial Bank of Ethiopia, em 52º lugar, e o Bank of Abyssinia, no 99º. Os bancos estão a consolidar e a aplicar políticas mais rigorosas, como a promessa do United Bank of Africa, da Nigéria, de não oferecer mais empréstimos *wahala* («problemáticos»). Bancos como o ICICI, da Índia, estão também a considerar ativamente este mercado. A próxima era dos bancos africanos pode também ser antevista com a criação da primeira edição dos African Bank Awards, em 2007, para premiar os melhores bancos e banqueiros do continente, numa cerimónia no Grand Hyatt, em Washington ([30]).

Num continente onde apenas cerca de 20% das famílias têm conta bancária, as instituições começam a centrar as suas atenções nas que não têm. Bancos inovadores como o K-Rep, do Quénia, estão na vanguarda da procura de clientes nas zonas rurais e de baixos rendimentos, mas os bancos principais não estão muito atrás nessa corrida. O Barclays está a instalar as suas próprias agências na Nairobi rural e a trabalhar no Gana com angariadores informais *susu* (o mais antigo sistema de recolha de dinheiro do país). O Standard Bank fornece dinheiro a uma filial remota do lago Vitória, no Uganda, lançando-o de avião. Passado apenas um ano sobre a criação das contas Mzansi, de baixo custo, na África do Sul, em outubro de 2004, tinham sido abertas mais de 1,5 milhões. As contas, cuja designação resulta do termo coloquial sul-africano para «sul», eram postas à disposição dos clientes pelos quatro bancos comerciais mais importantes (Absa, First National Bank, Nedbank e Standard Bank), bem como pelo Postbank. Tudo o que era preciso para abrir uma conta era um documento de identificação válido; as taxas eram baixas. A iniciativa – bem como as filiais em contentores, nas zonas rurais – foi concebida para integrar no sistema os 13 milhões de sul-africanos que não tinham conta bancária. Pretendia instalar uma caixa automática a uma distância máxima de 10 quilómetros da maioria dos sul-africanos e uma filial com todos os serviços a uma distância máxima de 15 quilómetros. Os bancos acrescentaram serviços como transferências de dinheiro a baixo custo e até seguros e produtos de investimento coletivo para atrair novos clientes e melhorar a oferta. Ao falar com o Barclays, no Egito, em 2006, fiquei a saber que havia menos de 6 milhões de pessoas – ou 1,2 milhões de famílias –, numa população total de 75 milhões, que se julgava poderem utilizar serviços bancários. Todos os bancos estão a concorrer num mercado reduzido, pelo que a expansão deste se afigura crucial.

Dada a utilização cada vez maior e mais rápida dos telemóveis e a relativamente baixa penetração da banca e dos cartões de crédito, os países africanos têm sido pioneiros em transferir os serviços bancários para dispositivos móveis. Os minutos pré-pagos tornaram-se uma espécie de moeda. Em mercados onde as transferências de dinheiro estão a aumentar e as taxas de câmbio são muito variáveis, os minutos podem ser enviados eletronicamente de telemóvel para telemóvel. Em 2005, apenas cerca de 13,5 milhões de sul-africanos tinham conta bancária, ao passo que 20 milhões tinham telemóvel. Era lógico que a MTN, o fornecedor líder de serviços de telemóvel, tivesse lançado a MTN Banking, em parceria com o Standard Bank. Os utilizadores podiam transferir dinheiro, pagar contas e comprar minutos de comunicação com os seus telemóveis. Esta medida contribuiu para a oferta bancária num continente em que muitas áreas estão desprovidas de serviços bancários básicos. O Uganda, por exemplo, em 2005 tinha apenas 100 caixas automáticas para uma população de 27 milhões de habitantes ([31]).

Para facilitar os serviços bancários seguros por telefone, a Union Bank of Cameroon concebeu um cartão de pagamentos inovador que tem um chip acústico que emite um sinal quando se pressiona um botão. O utente ativa o som antes de introduzir o PIN e iniciar as transações, como remessas de dinheiro, pagamento de faturas de serviços públicos e transferências de crédito para outros cartões. Os serviços bancários móveis colocam uma agência nas mãos de todos os indivíduos com telemóvel. Como disse ao *Financial Times* Jenny Hoffman, diretora executiva da MTN Banking, «A nossa falta de infraestruturas faz com que nos agarremos a qualquer coisa».

A África Existe?

Embora se reconheça que os mercados de África têm muito em comum, como se disse antes, não podemos ignorar as suas diferenças. Há uma disparidade enorme de condições económicas, políticas e sociais entre as 53 nações que compõem este imenso continente, tal como vim a descobrir quando comprei um cartão SIM da Celtel para o meu telemóvel, no aeroporto de Nairobi. Dei os parabéns à vendedora pelo belo anúncio na embalagem, que apresentava dois modelos sorridentes com um telemóvel. Ela fez uma careta. Quando perguntei porquê, explicou que estes modelos não eram quenianos, mas nigerianos. Não os considerava africanos. Embora o *slogan* da Celtel no anúncio fosse «o sonho africano», esse sonho significava coisas diferentes para as pessoas das diferentes partes da África. Para a mulher ao balcão do aeroporto de Nairobi, «africano» significava queniano.

Embora haja oportunidades em toda a África, são muitas vezes concretizadas apenas a nível local. «O sonho africano» da Celtel foi suplantado pela abordagem local da rival Safaricom (a começar pelo uso na sua designação da palavra suaíli *safari*, que significa «viagem»). Todavia, apesar da reação da vendedora ao anúncio, a Celtel constitui um exemplo de companhia que elaborou uma estratégia pan-africana, como já vimos neste capítulo.

As empresas ignoram este sentimento de identidade nacional em seu próprio prejuízo. A cerveja sul-africana Castle, da SABMiller, aprendeu-o à sua custa quando tentou entrar no Quénia, sendo travada pela cerveja Tusker, da East African Breweries Limited. Com o seu emblema com um elefante preto e amarelo e o *slogan* «o meu país, a minha cerveja», a Tusker apelou para o nacionalismo muito intenso que é evidente em muitas partes da África, sobretudo no Quénia. A Tusker teve um tal impacto na Castle que esta foi praticamente varrida do mercado. Na verdade, a East African Breweries Limited, fabricante da Tusker, assumiu o controlo das marcas da SABMiller no Quénia. A SABMiller é um dos mais sofisticados fabricantes de cerveja do mundo e a cerveja Castle é uma das mais conceituadas marcas africanas nos mercados globais. No entanto, não deixou de ser esmagada pelo elefante local Tusker.

As empresas nacionais, como a Société Nouvelle des Boisons Gazeuses (SNBG), na Tunísia, ou a Hamoud, na Argélia, mostraram que se podem manter face a multinacionais concorrentes como a Coca-Cola ou a Pepsi. A SNBG, fundada pelo empresário Habib Bouaziz, domina o mercado dos sumos e águas, na Tunísia. A sua presença no país permite-lhe dar resposta aos mercados locais. A designação da sua água engarrafada, Furat, é um nome de rapaz muito popular, pois a maioria das outras marcas tem nome de rapariga. Quando os meios de comunicação social locais chamaram diva à popular cantora egípcia Om Kolthoum, a SNBG usou «Diva» como designação para os seus sumos. Chega até a utilizar nomes temporários para tirar partido de modas e sentimentos dos mercados locais.

A Hamoud, fundada em 1878, é também uma das empresas mais antigas da Argélia. (Costumam dizer na brincadeira que a companhia é das poucas coisas que duraram mais tempo do que o poder francês.) A Hamoud também adaptou os seus sumos e outras bebidas ao mercado local com nomes populares como Selecto, Hamoud e Slim. Os engarrafadores das bebidas Coca-Cola na Argélia, como a Fruital (de maioria espanhola da COBEGA, S. A.), estão a repensar as suas estratégias para competir com a Hamoud.

As escolhas entre marcas locais e globais são muitas vezes muito complexas. Quando perguntei a Henrietta Enumah, hospedeira da Air France, na sala de espera do aeroporto de Lagos, sobre a sua escolha de cosméticos, disse-me que preferia os produtos africanos de plantas e champôs naturais, bem como sabonete Duduosu, feito a partir de árvores e folhas, vendido em grandes barras por 100 *naira* (cerca de 85 cêntimos). No entanto, compra produtos europeus para a pele como o champô Sunsilk, do Gana, que é vendido em frascos pequenos a 150 *naira* (cerca de 1,25 dólares). No que diz respeito aos perfumes, porém, volta-se para aromas da Arábia Saudita, como o Rufai, vendido em frascos muito pequenos por 200 *naira* (cerca de 1,70 dólares). Também gosta de batons CoverGirl, dos Estados Unidos. Tal como noutros mercados, os consumidores combinam marcas locais e globais.

Tal como não faz sentido falar de um mercado asiático, ou sequer indiano, chinês ou norte-americano, temos de tomar consciência de que analisar o mercado africano significa ter em atenção muitos fatores complexos. O mesmo se pode dizer em relação à Índia, em que a população de mais de mil milhões de habitantes possui a mesma bandeira, mas onde as diferenças ultrapassam por vezes a comunidade de linguagem, alimentação, festivais, etc.

Apesar das diferenças, os países africanos partilham muitas experiências. Tal como o jornalista Martin Meredith referiu em *The Fate of África*: «Embora a África seja um continente de grande diversidade, os Estados africanos têm muito em comum: não só as suas origens enquanto territórios, mas os riscos e dificuldades semelhantes que tiveram de enfrentar» ([32]). Apesar de se ter de levar em conta as diferenças por toda a África, os mercados de consumo estão preocupados com o que é básico e universal. Satisfazem necessidades humanas fundamentais em áreas como a saúde, alimentação, água, vestuário, abrigo, transportes, comunicações, cuidados familiares e o sentimento de bem-estar. Estas necessidades e desejos básicos têm sido a base da construção dos mercados de todas as culturas do mundo.

Diversidade e Tolerância

Cerca de um terço da população do mundo muçulmano está em África (ver imagem 6 do extratexto), mas onde quer que eu fosse neste continente não tinha dificuldade em encontrar sinais de uma enorme diversidade, como templos hindus, igrejas cristãs de muitas confissões religiosas distintas, mesquitas islâmicas ou sinagogas judaicas. O cristianismo é predominante em 19 países africanos, o islamismo em 13 e o hinduísmo num (na Maurícia, onde a população de ascendência hindu representa 60% do total). O mapa religioso continua a modificar-se. O aumento do pentecostalismo está a mudar o rosto da religião africana, com mais de 15% dos quenianos a frequentarem agora as igrejas pentecostalistas. Em 2006, uma visita do pregador americano T. D. Jakes, por exemplo, juntou um milhão de pessoas no parque Uhuru, em Nairobi ([33]).

É importante compreender as implicações destas crenças. Nos arredores do Cairo, há um elevador cilíndrico de vidro no centro do amplo átrio do Star Centre Mall, de cinco andares, na nova comunidade da classe alta de Star City. O centro comercial, construído pelo promotor saudita Adbul Rehman Al-Sharbati, poderia estar em qualquer lugar do mundo, e tem marcas como a Guess, a Diesel e a Ocean Pacific. Mas não é um centro comercial típico. Se entrarmos na loja da Nike, no quarto andar, vemos, como se esperaria, filas e filas de ténis. Um par pode custar mais de 100 dólares (629 libras egípcias). Mas não havia confusão possível com uma loja dos Estados Unidos. Não há música de fundo ocidental. E, todos os dias, das 11 horas ao meio-dia, a música era substituída com cânticos dos versos do Alcorão. Quando visitei o Carrefour de Argel, na Argélia, em 2007, estava a ouvir-se em fundo música *shabi* tradicional da Arábia Saudita.

A religião tem um impacto direto nos negócios. A Páscoa por si só representa 1% das vendas anuais da SABMiller, na África Sul. As cerimónias «depois das lágrimas», na África do Sul, um grande acontecimento social após um funeral, podem ser ocasiões em que são servidas, e por vezes dadas, bebidas da Coca-Cola. O Ramadão é a principal época de compras em Marrocos e noutras regiões do Norte de África (embora os retalhistas muitas vezes aproveitem para armazenar produtos). Em Marrocos, 40% das sobremesas são vendidas durante o Ramadão. (O impacto não deverá ser sobrestimado, porque o período de férias inclui entre quatro e cinco semanas antes e duas semanas depois do período de jejum, num total de dois a três meses.) Durante o Ramadão, a Procter & Gamble introduz um aroma especial no seu detergente Tide, o Almíscar Ramadão.

Os bancos do Quénia, Nigéria e África do Sul lançaram serviços bancários islâmicos respeitantes da xariá, entre os quais a angariação de clientes que antes não utilizavam a banca. A companhia de telemóveis egípcia MobilNil diz para se «ficar em contacto» enquanto se faz a peregrinação a Meca (*haj*) e oferece serviços de *roaming* mais baratos durante este período. Outras operadoras móveis oferecem minutos grátis «Ramadão *kareem*». (A Tunisie Telecom tentou oferecer minutos grátis durante o Ramadão, mas teve de cancelar a promoção, porque a rede ficou sobrecarregada.) Na África do Sul, a Leaf Technologies criou serviços de texto que não só transmitem resultados desportivos, mas também orações «pão nosso de cada dia» aos assinantes cristãos. No

Egito, em Marrocos, no Norte da Nigéria e noutros países com população muçulmana, a Coca-Cola distribui refeições completas ou lanches às pessoas que regressam a casa para quebrar o jejum, durante o Ramadão. (Tentou-se isto na Tunísia, mas tornou-se impopular, porque as autoridades julgaram que era sua responsabilidade alimentar as pessoas. Em substituição, a Coca-Cola apoiou a educação das crianças. Isto mostra que, mesmo nos países muçulmanos, a estratégia que funciona num país pode não ser transferível para outro.)

Imediatamente após o Ramadão, os egípcios afluem em massa aos cinemas. Este período apenas fica atrás dos meses de verão em receitas de bilheteira, contribuindo com 13 milhões de dólares (70 milhões de libras egípcias) para um total de 46 milhões de dólares (250 milhões de libras egípcias) por ano. Embora os tradicionalistas possam abanar a cabeça, as estações de televisão também se orientam pelo Ramadão. Foram filmadas mais de 10 telenovelas para o período do Ramadão, em setembro de 2006, com atores egípcios famosos. Nos programas entravam estrelas como Mervat Amin, Ilham Shaheen, Dalal Abdel Aziz, Laila Eloui, Nadia El Guindy, Fifi Abdou, Samira Ahmed e Shreen Seif El-Nasr. Estas telenovelas são declaradamente seculares, tendo o divórcio, o dinheiro e o casamento como temas principais. Os países do Norte de África de língua francesa, embora muçulmanos, vêm ganhando prémios internacionais com os seus vinhos. Nas tendas do mercado de Dacar, no Senegal (um país muçulmano), há fotografias do *rapper* americano Tupac Shakur, e muitos grupos de *rap* locais usam as mesmas *t-shirts* e bonés de basebol que os seus modelos americanos. O *rap* e o *hip-hop* são tradições musicais cuja origem se pode fazer remontar, há vários séculos, à África Ocidental, à *spoken-word music* que atravessou o oceano nos navios negreiros, e que hoje regressou ao continente donde partira, numa forma diferente ([34]).

Lenços de Cabeça e Champôs

Há também impactos menos diretos da religião. Por exemplo, qual o impacto dos lenços de cabeça muçulmanos nas vendas de champô? Um gestor da P&G, no Cairo, disse-me que o volume de champô vendido no Egito – com uma população de 70 milhões de pessoas – é mais ou menos o mesmo que é vendido no Líbano, com 4 milhões de habitantes. Os lenços de cabeça podem facultar parte da explicação. Como 87% do mercado potencial de 19 milhões de mulheres do Egito usam lenços de cabeça, há menos de 4 milhões que se apresentam de cabeça descoberta. As empresas de champôs competem em primeiro lugar por este mercado reduzido de mulheres sem véu, que são sobretudo cristãs.

A modernização não irá, provavelmente, alterar esta situação. Embora as Egípcias queiram a igualdade, são cada vez mais as que usam lenços de cabeça. Uma sondagem realizada em 22 países predominantemente muçulmanos permitiu concluir que a maioria das mulheres pensa que devem ter os mesmos direitos que os homens, *mas também* que a lei islâmica da xariá deve ser a fonte das leis nacionais. Os véus costumavam ser desprezados pelas classes altas, mas agora são usados no seu dia-a-dia até pelas mulheres com formação superior e pelas estrelas do cinema egípcio ocidentalizadas ([35]).

Mas os véus criam outras necessidades. Os véus de seda ou sintéticos não respiram e podem provocar exantemas, cheiros e queda de cabelo. Numa tentativa para chegar a esta parte do mercado, uma marca egípcia começou a publicitar que o seu champô permite que o cabelo das mulheres respire. A Pantene lançou uma campanha de um champô mais forte, que reduzia a queda de cabelo. (Uma questão desconcertante é a razão para as vendas de champô na Arábia Saudita serem ainda relevantes. Talvez porque as mulheres tendam a viver em recintos protegidos onde podem andar sem véu.)

Para além dos produtos de consumo, os consumidores muçulmanos dos mercados africanos geram também oportunidades para outros produtos e serviços, como a banca islâmica. Por exemplo, o Barclays, no Quénia, lançou uma conta bancária islâmica, a Riba, que significa «sem juros», e o banco ABSA criou uma divisão bancária islâmica na África do Sul, em 2006.

Como mostram estes exemplos, a religião e outras diferenças sociais têm implicações complexas na economia da África. As empresas necessitam de compreender estas diferenças e conceber os seus produtos e campanhas de marketing em função dos mercados locais. No entanto, devem também reconhecer que todos os mercados de grande dimensão têm complexidades semelhantes.

Para Lá dos Números

Vista de fora, a África parece ser um lugar perigoso. Quando estava a planear a minha viagem à África do Sul, os meus anfitriões de uma grande empresa ocidental sugeriram um motorista que era também guarda-costas e sabia administrar os primeiros socorros. Um guarda-costas? Estava realmente num lugar perigoso. Pensei que, desta forma, as empresas indianas e chinesas não fariam negócio em África. Contactei algumas destas empresas asiáticas e com a sua ajuda pude contratar um excelente motorista, com uma excelente viatura, mas sem guarda-costas.

Evidentemente, isto não significa negar a existência de perigos reais. Numa noite, quando regressava de um jantar-entrevista em Victoria Island, nos arredores de Lagos, o meu editor e eu próprio fomos mandados parar na berma duma autoestrada por alguns homens ainda jovens, com uniformes de polícia e armas automáticas. O nosso motorista nigeriano abriu o vidro. Um dos homens fez várias vezes a continência, esperando receber algum dinheiro, mas não soube o que fazer perante um professor indiano a falar ao telemóvel e o meu editor inglês a escrever num computador portátil, no banco de trás. Arrancámos antes que tomasse alguma decisão. Em quase todos os hotéis africanos havia controlos de segurança no portão de entrada, com espelhos para inspecionar por baixo das viaturas e cães farejadores de explosivos a fazer a vistoria antes que eu pudesse avançar. Embora na maioria das minhas viagens permanecesse numa parte de África relativamente protegida, também me detive para passar pelos mercados locais e até por áreas densamente povoadas, mas sempre com guias da região.

Contudo, a minha primeira impressão do continente, baseada na oferta de um carro com motorista que poderia servir como guarda-costas e como médico, foi que ele representava um perigo enorme. Apesar de os perigos existirem, o que é mais impressionante no que respeita a África são, na verdade, as oportunidades. Talvez aquilo de que eu necessitava não fosse um guarda-costas, mas um banco de investimento. Os sinais do desenvolvimento do mercado africano estão por toda a parte.

Os sinais do despertar da África são detetáveis com todo o tipo de indicadores: PNB *per capita*, PNB total, melhoria das condições da atividade económica, taxas de crescimento elevadas e níveis crescentes de investimento. Todavia, os números contam apenas uma parte da história. Por vezes, uma fotografia pode dizer mais sobre o desenvolvimento de um mercado do que um quadro cheio de estatísticas. Neste caso, uma imagem vale por mil palavras. Veja-se, por exemplo, a fotografia do Quénia (imagem 7 do extratexto) que Richard Ponsford, da Unilever, partilhou comigo pouco depois da minha visita ali. É de uma mulher da África Oriental com um pacote de detergente Omo na, sua casa tradicional.

Penetrar neste mercado significa dispor dos produtos certos; um pacote de detergente grande e caro não serviria aqui. Com o produto certo ao preço certo, abre-se um mercado muito atrativo em África. Há poucas zonas de África aonde o comércio ainda não chegou e a divulgação dos telemóveis significa que os sistemas de comunicação mais sofisticados do mundo chegaram às aldeias mais primitivas. A banca chega a toda a parte. O crescimento é rápido e os rendimentos estão a aumentar. A África é um continente com um potencial enorme. Possui mercados de consumidores em crescimento, sobretudo nos níveis intermédios, tal como veremos no próximo capítulo. A África é mais rica do que se pensa.

Oportunidades Crescentes

- Dada a atração relativa do mercado africano, estará o leitor a dedicar-lhe atenção suficiente?
- Como é que a sua estratégia em África se pode comparar com as suas estratégias na China ou na Índia?
- Como pode penetrar no mercado informal para identificar formas de criar oportunidades de negócio legais?
- Que oportunidades são geradas pelo desenvolvimento dos telemóveis e da banca?

3

O Poder da África Dois

Abundam hoje oportunidades importantes em vários segmentos do mercado africano, desde os centros comerciais de elite à aldeia rural mais pobre. No centro das oportunidades africanas está a África Dois, que representa cerca de 400 milhões de consumidores, um mercado enorme à espera de se concretizar.

Em quase todos os países africanos que visitei, as empresas repartiam o mercado em cinco segmentos (A, B, C, D e E), com base no rendimento e noutros indicadores, como é prática corrente noutras regiões do mundo. As definições exatas destes segmentos variavam de país para país e a sua repartição percentual divergia um pouco, mas o quadro geral era idêntico. O interesse inicial dominante neste mercado, sobretudo por parte das empresas com atividade global, incidia nas classes A e B, ou seja, a África Um, de rendimento disponível mais elevado e cujo comportamento se aproxima muito dos segmentos de elite dos outros mercados globais. Este era o fruto mais à mão no mercado africano. No entanto, estes segmentos representam talvez entre 50 e 150 milhões de pessoas em todo o continente (vd. Quadro 3-1).

QUADRO 3-1 – O Potencial da África Dois

Segmento	Percentagem de Mercado	População Estimada em África
África Um	de 5% a 15%	50-150 milhões
África Dois	de 35% a 50%	350-500 milhões
África Três	de 50% a 60%	500-600 milhões

Em contraste, a classe C (África Dois) representa entre 350 e 500 milhões de pessoas em todo o continente. É semelhante aos respetivos segmentos da Índia e da China, onde há grande interesse em obter ganhos com esta futura classe média. (As empresas chinesas e indianas, que se moldaram a esta oportunidade nos respetivos países, acorrem rapidamente a África com produtos apelativos destinados a este segmento, como veremos mais à frente neste capítulo.) O resto do mercado, os segmentos D e E (África Três), apresenta as suas próprias oportunidades, como analisaremos mais adiante.

Os elementos da África Dois aspiram a um melhor padrão de vida e evidenciam mobilidade ascendente: estão a proporcionar educação aos seus filhos e compram bens de consumo. Serão a elite do futuro. Ou seja, são o futuro do mercado africano. As empresas que visam a África Dois estão a tomar contacto com o despertar do mercado. Podemos encontrá-los a fazer compras no Edgars e no Woolworths, na África do Sul, ou a aproveitar os saldos de roupa infantil nas Pep Stores. Compram televisores e frigoríficos de fabrico chinês e são a razão do sucesso das companhias de telemóveis em toda a África. Podemos reconhecê-los nas multidões que se acotovelam a revolver os cestos de artigos com desconto no Carrefour que está instalado num centro comercial dirigido sobretudo aos segmentos superiores (A e B), nos arredores do Cairo. Na Tunísia, ouvi dizer que ir ao Carrefour era como ir a França, mas sem necessidade de visto, era ter a experiência de uma viagem internacional por parte de clientes para quem viajar realmente até à Europa ainda estava fora do alcance da sua bolsa. (Como é evidente, este supermercado francês também vende carne de camelo e de cavalo, pelo que não constitui apenas uma experiência europeia.)

Conheça a África Dois

O meu motorista de Nairobi, de 55 anos de idade, um massai, é um exemplo deste segmento. Reformou-se há cinco anos de motorista da função pública e dedicou-se à atividade privada. Ganha cerca de 15 000 xelins quenianos por mês (cerca de 200 dólares), a que acrescem a sua reforma e as gorjetas. No entanto, ele e a mulher conseguiram ajudar três filhas a viver em Nairobi, pagando-lhe a educação e tendo comprado telemóveis às duas mais velhas. Também enviaram o filho mais novo para um internato no interior do Quénia.

A mulher é professora primária na terra natal, no distrito de Nyeri, e ganha cerca de 12 000 xelins (180 dólares) por mês. A isso junta o rendimento de um terreno alodial com mais de um hectare, onde cultiva milho e feijão. Vende a uma cooperativa o leite de duas vacas. Ambos têm telemóvel, embora ele limite a 1000 xelins (15 dólares) por mês os minutos do seu Motorola, que comprou por 5000 xelins (cerca de 75 euros). De 15 em 15 dias, passa na terra um fim de semana de três dias, viajando durante cinco horas num *matatu* (miniautocarro).

Vive com muita simplicidade num apartamento em Nairobi e paga de renda 7000 xelins (100 dólares) por mês. Tem um quarto, uma pequena cozinha e casa de banho. Por vezes, vai às compras ao supermercado Nakumatt (ver caixa), de estilo ocidental, aberto no Quénia e que analisaremos adiante neste livro, mas habitualmente faz as compras nos quiosques locais. Tem um rádio portátil, que comprou por cerca de 2000 xelins (30 dólares), a pilhas que adquire uma vez por mês. Tem eletricidade, que nos últimos anos até tem sido bastante fiável.

> No supermercado Nakamatt Thikaroad, o meu motorista do Quénia vai pelos corredores e aponta para alguns dos produtos que costuma comprar. Estes incluem sacos de 2 kg de milho Mother's Choice, por 54 xelins (80 cêntimos). Poderá comprar arroz por 130 a 170 xelins (cerca de 2 dólares) a embalagem de 2 kg, embora seja mais provável que o junte e pese, em menores quantidades, no quiosque local, ou na *duka* (loja, em suaíli), que é mais ampla do que este. Embora habitualmente beba água, por vezes também compra uma garrafa de meio litro de coca-cola por 25 xelins (40 cêntimos). Junta leite ao chá, e por isso compra um pacote triangular de leite fresco Tuzo, de meio litro, por 28 xelins (menos de 40 cêntimos). Uma vez que não tem frigorífico, bebe o leite com o seu chá da manhã e à noite. Por fim, tem de comprar pilhas para o rádio, adquirindo uma embalagem de duas por 55 xelins (80 cêntimos). (Só tem de usar uma pilha de cada vez.) Por vezes compra uma lata de Kiwi, um produto para polir os sapatos, por 95 xelins (um dólar e 40 cêntimos).

O seu maior investimento é no apoio e na educação das suas três filhas, que vivem e estudam em Nairobi, e cuja despesa totaliza 15 000 xelins (225 dólares) por mês. A mais velha estuda gestão de motéis, e espera encontrar emprego no setor hoteleiro em expansão. Paga todos os meses cerca de 200 xelins (3 dólares) de impostos, já para não mencionar o IVA nas compras. A mulher tem televisor, embora não tenha eletricidade. Contraíram um empréstimo junto da cooperativa da aldeia para adquirir um painel solar de 40 000 xelins (600 dólares) a fim de gerar eletricidade suficiente para a casa própria, com três assoalhadas. Pode assim manter o televisor ligado durante algumas horas por dia.

Esta é uma família de seis elementos, que tem duas habitações e filhos na escola privada, recebe 27 000 xelins (400 dólares) por mês, mais gorjetas e pensão de reforma. Trabalham muito duramente. Têm a sorte de possuir terra própria no interior e empregos fixos. Aparentemente, todavia, os seus rendimentos não seriam suficientes para sustentar uma família de seis elementos, e muito menos enquadrar-se num segmento consumidor tão atrativo. No entanto, conseguem fazer face à alimentação e à educação dos filhos, além de possuírem vários telemóveis, televisor e painéis solares. Esta é uma ótima oportunidade que é praticamente indetetável por uma análise económica realizada a 10 000 metros de altitude. Porém, muitas empresas no terreno estão atentas a este potencial da África Dois e estão a tomar medidas para tirar partido dele.

O meu motorista em Tunes é um exemplo mais jovem da África Dois: está no terceiro ano de ciências da computação, na Universidade de Tunes. Os seus pais são professores que trabalham arduamente para garantir aos filhos uma boa educação. A irmã é médica (a educação aqui é praticamente gratuita) e possui um Ford Fiesta que comprou a prestações. Outro irmão é engenheiro. Vivem num subúrbio de Tunes. Quando lhe perguntei se pertenciam à classe média, respondeu-me que «não, estamos a *aproximar-nos* da classe média». Explicou-me que o mercado se divide entre «pessoas que podem comprar e pessoas que não podem comprar». Esta é, talvez, a melhor descrição de África Dois. São pessoas que podem comprar.

O Alvo Principal do Mercado Africano

A Índia tem uma estrutura de mercado semelhante, e as empresas indianas descobriram que necessitam de abordagens diferentes para chegar a este segmento. Kishore Biyani, que criou a maior empresa retalhista da Índia, a Pantaloon Retail (India) Ltd., divide de facto este mercado em três segmentos. O segmento Índia Um, que representa cerca de 14% do mercado, é a elite (segmentos A e B). A atividade de Biyani concentra-se, todavia, no Índia Dois (segmento C): os motoristas, as empregadas domésticas e as amas que trabalham para a Índia Um. Representa mais ou menos 55% do mercado, ou seja, 550 milhões de pessoas. O segmento Índia Três é o resto do país (segmentos D e E) ([1]).

Ao tomar como alvo o segmento Índia Dois, Biyani descobriu que tinha de repensar o seu negócio. Os clientes deste segmento afastavam-se ao verem os corredores limpos e organizados, tal como se encontram no retalho dos mercados desenvolvidos. Em vez disto, pretendiam o caos atulhado de um mercado informal. Biyani abriu um grande estabelecimento que parecia estar cheio e com pouco espaço, com os produtos cobertos de pó, mas que aos clientes dava uma imagem de frescura. Na verdade, gastou 50 000 dólares para transformar um dos seus estabelecimentos, originalmente imaculado, ao estilo ocidental, em Mumbai, num mercado caótico. Demonstrou assim que a fórmula do sucesso pode estar muito afastada das que se aplicam no Ocidente. Utilizando esta fórmula com a Índia Dois, conseguiu um negócio de 600 milhões de dólares em meados de 2007.

Em África, o que necessitam os retalhistas e os outros empresários de fazer para reformular a sua oferta de modo a atrair este segmento? Deverão pôr de parte os modelos concebidos para os mercados desenvolvidos e para os consumidores de elite da África Um e adotar, talvez, os modelos mais caóticos, tal como fez Biyani na Índia, com enorme sucesso?

O segmento África Dois está a crescer rapidamente em riqueza e influência ([2]). As empresas que podem criar produtos dirigidos a estes consumidores e crescer com eles estão a posicionar-se para desenvolver negócios importantes em África. Dado que as suas aspirações estão acima dos seus rendimentos, a África Dois já está a começar a consumir produtos que foram originalmente concebidos para a África Um.

As empresas presentes no continente estão a tomar consciência de que o futuro é a África Dois. O meu encontro com Ferid Ben Tanfous, do Arab Tunisian Bank (ATB), na Tunísia, é exemplo disso. Disse-me que a concorrência pelos 4% a 10% da população da África Um é muito apertada, pelo que concentrou mais a sua atenção nos 30% a 40% da África Dois. Enquanto os clientes de África Um podem saltar de banco para banco, os da África Dois são muito mais fiéis. O banco está a ganhar reputação como banco dos jovens, oferecendo produtos adequados a este mercado e expandindo as suas redes de caixas automáticas. «O futuro da Tunísia é a classe C [África Dois]», afirmou ele.

Oportunidades na África Dois

Em meados de 2007, ao mesmo tempo que o setor do crédito hipotecário americano desabava, um projeto-piloto de habitação na Zâmbia oferecia casas e financiamento aos residentes locais. Este projeto de desenvolvimento de 3700 habitações, chamado Lilayi Housing Estate e localizado nos subúrbios de Lusaca, na Zâmbia, era apoiado pela Overseas Private Investment Corporation, com sede nos Estados Unidos, que financiava também a habitação no Quénia e no Gana ([3]). A Helios Investment Funds criou um fundo de 300 milhões de dólares para ser aplicado em empresas dedicadas ao mercado de habitação. O desenvolvimento de mercados de hipotecas por toda a África é um reflexo da oportunidade proporcionada pela África Dois. Os bancos estão a começar a facultar cartões de crédito, empréstimos ao consumo e hipotecas, enquanto outras empresas estão a prestar serviços como viagens aéreas, hotelaria e serviços financeiros destinados a este segmento. As empresas estão a criar produtos, desde lojas de retalho a jornais e detergentes para a roupa, que satisfaçam este segmento. Vejamos alguns deles.

Os Bons Velhos Tempos

Para compreender o potencial deste mercado, consideremos as experiências de uma companhia ao passar dos mercados de elite da África Um para os mercados maiores da África Dois. Embora se passe no Egito, é uma história típica de desenvolvimento de mercado que ouvi muitas vezes em conversas mantidas em todo o continente. O Mansour Group, um dos grupos privados mais importantes do Médio Oriente, centrou-se de início nos consumidores A e B, com os supermercados Metro, lançados no Egito em 1998, de qualidade superior e que alcançaram grande êxito. Como os executivos iniciais da companhia haviam sido gestores da Tesco, ela seguiu o modelo da cadeia do Reino Unido. O negócio registou um grande sucesso, mas os diretores do Mansour verificaram que com 25 supermercados e uma área de influência confinada originalmente a locais urbanos de elite, havia um limite para o crescimento dos mercados dos Metro. Na melhor das hipóteses, poderiam conquistar 10% do mercado.

Em junho de 2006, o Mansour Group lançou o seu primeiro supermercado de produtos a preços reduzidos, chamado *Kheir Zaman* («Os Bons Velhos Tempos»), dirigido em primeiro lugar aos clientes da África Dois (ver imagem 8). O supermercado vende produtos manufaturados localmente (incluindo os de marcas internacionais). Embora os supermercados sejam mais pequenos e ligeiramente menos lucrativos do que os Metro, o mercado potencial é muito mais amplo. Em julho de 2006, os seus três supermercados tinham cerca de 5000 clientes por dia. Estavam prestes a alcançar um total de 36 milhões de libras egípcias (6 milhões de dólares) de vendas por ano. Em 2007, o Mansour Group estimava possuir 20 supermercados e depois mais 10 por ano. Enquanto num supermercado Metro que visitei se ouvia Whitney Houston, apelando assim aos sentimentos da elite, os supermercados Kheir Zamn que também visitei tocavam música árabe. E embora «Os Bons Velhos Tempos» possa parecer um nome estranho para um supermercado em África, conhecida que é a história complexa desta nova cadeia de supermercados de produtos a preços reduzidos apela, não só para a nostalgia, mas também ao segmento de mercado mais significativo que emerge no continente.

Montar o Telhado

A aspiração a melhores lares significa procura de telhados da Mabati Rolling, que faz parte do ComCraft Group, e esta procura transformou a companhia de uma pequena nova empresa queniana na maior companhia do setor metálico do país. As suas vendas de *mabati*, palavra suaíli que designa os telhados de metal laminado que fabrica, representam 100 milhões dos 180 milhões de dólares do mercado queniano deste produto.

Quatro quintos das suas vendas são realizados na África Dois e na África Três. Estes aldeãos abandonam as suas coberturas de colmo, substituindo-as por telhados de aço laminado. Um aldeão do Quénia pode comprar de cada vez um ou dois dos 20 ou 30 elementos de um telhado necessários para cobrir uma casa média, e leva-os no tejadilho de um autocarro. Deste modo, sem utilizar crédito, pode ir comprando ao longo do tempo um telhado de 200 dólares (15 000 a 20 000 xelins quenianos). Por vezes, estas casas são construídas divisão a divisão, começando com um quarto de cerca de 9 metros quadrados e uma cozinha exterior.

Quem possua um telhado *mabati* pode sonhar com um telhado colorido ou um que imite um telhado de telhas. Quem já tenha um telhado *mabati* caro pode pensar num telhado de telhas ou numa casa maior. A Mabati Rolling continuou a produzir laminados para todos os segmentos do mercado. Além do telhado básico de aço galvanizado, passou a oferecer telhados melhores feitos de zinco ou alumínio, telhados coloridos e telhados de metal que imitam telhados de telhas, para clientes mais abastados. A Mabati construiu centros de serviços de apoio ao cliente nas grandes cidades para os ajudar no planeamento. Em 2006, a companhia introduziu uma nova tecnologia chamada ZARS, que prolonga até quatro vezes a vida útil e diminui o desgaste. A tecnologia foi promovida por «extraterrestres» *high-tech*, com fatos espaciais, que percorreram o país a camelo e outros meios de transporte para a divulgar e dar ênfase à sua elevada qualidade.

A Mabati também exporta produtos metálicos para cerca de 50 países de todo o mundo, incluindo 25 da África subsariana. Só metade dos seus rendimentos provêm do Quénia. Continua a crescer prestando serviços à África Dois.

Todas as casas financiadas e em construção em África têm de ser pintadas, o que é bom para a SCIB Paints, no Egito. Desde que foi adquirida pela Asian Paints, da Índia, no final de 2002, a SCIB quadruplicou as suas vendas todos os anos, durante quatro anos, tornando-se a quarta maior companhia do setor egípcio das tintas e uma das maiores do Médio Oriente e da África.

Quando me encontrei com A. S. Sundaresan, em setembro de 2006, que nessa altura era seu director executivo, disse-me que tinham sido muito eficazes na conceção dos produtos destinados ao mercado egípcio. Com a sua própria equipa de desenvolvimento no Egito, lançou sete ou oito novos produtos por ano. Entre estes havia produtos de grande sucesso, como uma tinta resistente às manchas e outra de acabamento com efeitos decorativos metálicos ou marmóreos. Enquanto a tinta mais barata da empresa custava apenas 1,5 libras egípcias por litro (cerca de 25 cêntimos), a sua tinta resistente às manchas tinha um preço 10 vezes superior e as tintas de acabamento metálicas 70 vezes. Apesar do preço, estes novos produtos registaram um rápido crescimento das vendas. A companhia conseguiu demonstrar o seu valor aos clientes. O Egito tornou-se o líder da tecnologia de desenvolvimento destas tintas de acabamento na Asian Paints, com negócios em mais de 22 países.

Os jovens egípcios não podem casar até terem uma casa para a noiva, por isso, possuir casa é um ponto de honra. Os Egípcios estão dispostos a investir no embelezamento das suas casas. A SCIB vende tintas a todas as categorias demográficas, desde os mercados sofisticados como Zamalek, onde faz demonstrações com aplicação computorizada de tintas, até às lojas das áreas densamente povoadas como Inbaba, Warra e Shoudra. Nas zonas rurais, os clientes estão dispostos a pagar mais para ter maior durabilidade. Enquanto a Asian Paints promove o seu produto na Índia com uma mensagem que sugere um determinado estilo de vida («Celebre com Asian Paints»), o apelo da SCIB no Egito é muito mais prático, com a frase «A tinta SCIB dura». Embora a empresa esteja atualmente presente apenas no Egito, há mercados potenciais atrativos na África do Sul, no Quénia, na Nigéria, na Argélia e no Sudão.

Produtos de Higiene e Beleza Pessoal

Há duas décadas, na África do Sul, a Unilever vendia sobretudo produtos básicos como detergentes para máquina de lavar, sabão e margarina. Atualmente, uma percentagem cada vez maior das vendas é feita em produtos de higiene e beleza pessoal como o champô Sunsilk, o creme para o rosto Ponds, desodorizantes e perfumaria. Estes produtos, dirigidos à África Dois, registam taxas de crescimento de dois dígitos. Os retalhistas estão também a reservar mais espaço nas suas prateleiras para produtos africanos para o cabelo, como os de alisamento, em vez de produtos europeus ou norte-americanos, um sintoma do poder de compra crescente dos consumidores Diamante Negro (considerados no capítulo 1, «Fabricar Pão no Zimbabué») e outros negros sul-africanos.

Porém, nas conversas que mantive descobri que, na Nigéria e noutras partes da África subsariana, a maior parte do champô é vendido nos salões dos cabeleireiros. Quem não os pode frequentar arranja o cabelo na rua. Mas a maior parte do champô não é vendido a retalho. Isto é uma grande dificuldade de distribuição para as marcas que pretendem conquistar mercado distribuindo os seus produtos através dos canais de retalho tradicionais.

Uma Máquina de Lavar de 20 Dólares

Tal como o retalhista indiano Biyani percebeu que tinha de atulhar os seus estabelecimentos para atrair os clientes da Índia Dois, outras empresas tiveram de reconhecer que este segmento é muito diferente em África. Por exemplo, ao vender detergentes para máquinas de lavar no Egito, a Procter & Gamble teve de admitir que a máquina de lavar típica do Egito poderia não ser nenhuma das vendidas pelos fabricantes do mercado global. Embora as empresas europeias e coreanas de equipamentos domésticos a operar no Egito vendam máquinas de lavar e secadoras, muitos egípcios de baixos rendimentos usam máquinas de lavar semiautomáticas, feitas a partir de bidões velhos por fabricantes locais (ver imagem 9 do extratexto). São vendidas a 20 dólares e construídas com motores velhos e restos de ferro. Uma empresa que venda detergentes no Egito tem de saber que eles se destinam a máquinas como estas.

No entanto, isto levanta outra questão: há mercado no Egito e noutras regiões de África para uma máquina de lavar muito barata? Se uma empresa local pode oferecer uma máquina a este preço, porque não o poderia fazer um fabricante de marca? Os televisores, os CD e os equipamentos domésticos de baixo custo chineses já registam crescimento dos seus mercados em África. Pode ser apenas uma questão de tempo até que surja uma marca a competir com estas máquinas. Talvez já haja uma empresa a pensar nisto, muito provavelmente da China ou da Índia. Esta máquina de marca, mas barata, poderia penetrar no mercado da África Dois e até em segmentos de rendimentos mais baixos.

As grandes marcas de vestuário estão também a deslocar-se para o continente africano, tendo em vista os consumidores da África Dois e até da África Um (porque estas empresas têm em geral uma imagem mais sofisticada no mundo em vias de desenvolvimento). No final de 2007, a Zara abriu três lojas de roupa em Marrocos e uma na Tunísia. A Mango tinha uma loja em Tunes, no mesmo centro comercial que o Carrefour. A Benetton tinha oito lojas na Tunísia, uma em Marrocos, duas no Egito e uma na Líbia. Em Joanesburgo, na África do Sul, a Woolworths que visitei apresentava um luxo moderado, com um café e um espaço de venda sofisticado, vendendo casacos de cabedal que podiam custar 800 rands (120 dólares).

Oportunidades a Todos os Níveis

Embora a África Dois possa ser a maior oportunidade do continente africano, não é de modo algum a única. Há excelentes oportunidades nos mercados de elite da África Um, como se pode depreender dos centros comerciais sofisticados e das marcas de qualidade presentes em todas as cidades africanas importantes. Também há oportunidades lucrativas a vender os modelos apropriados à África Três.

Em Nairobi, por exemplo, Catherine Ngahu, da SFO Research, apresentou-me um quadro com produtos que poderiam ser vendidos na zona densamente povoada de Kibera (habitada sobretudo por consumidores da África Três), outros para os consumidores de nível intermédio de Buru-Buru (na sua maioria, pertencentes à África Dois) e ainda outros de primeira qualidade para as ricas Westlands (na sua maioria consumidores da África Um). O quadro 3-2 é um excerto do que me foi apresentado. Mostra que há oportunidades em todos os segmentos do mercado. Apesar de os produtos diferirem significativamente entre os segmentos, há mais sobreposição do que se poderia pensar.

QUADRO 3-2 – Marcas de Produtos e Serviços Usados pelos Consumidores em Três Zonas

Produtos e Serviços	Kibera	Buru-Buru	Westlands
Detergente	Sabão em barra: Jamaa, Kipande	Omo	Toss, Omo e Sunlight
Pasta dentífrica	Colgate pequena	Close-Up, Aquafresh, Colgate	Aquafresh Herbal, Colgate, Close-Up
Transportes	A pé, bicicleta, *matatu* (miniautocarro)	Miniautocarro – Citi Hoppa e ligações Double M	Viatura própria, por vezes com motorista
Vestuário	*Mitumba* (segunda mão) dos mercados Gikomba e Toi	Loja de vestuário (exposições) e segunda mão	Lojas de marca, Woolworths e roupa importada
Serviços bancários	Postbank	Banco cooperativo	Barclays, Stanchart, NIC, CBA
Produtos antimosquito	Repelentes para mosquitos, mosquiteiros	Mosquiteiros, Doom	Chips Mosqui, Odourless Doom
Cosméticos	Solea, vaselina	Fair and Lovely	Nivea, Clarins
Rádio	SONY (contrafação)	National Star	LG, Sony
TV	National Star, a preto e branco	Sony	LG, Sony, LCD/plasma

Fonte: Catherine Ngahu, SBO Research, Nairobi, Quénia

África Um: Vender em Sandton

Na zona Sandton de Joanesburgo, uma estátua de bronze de Nelson Mandela, com 6 metros, ergue-se na praça baptizada em sua honra (não muito longe da quinta onde foi preso em 1960). A estátua está rodeada de lojas resplandecentes da Gucci, Lorenzi e mais meia dúzia de joalheiros, ficando em frente do comprido centro comercial Sandton City. Ali perto, concessionários da Alfa Romeo, Mercedes, BMW e Ferrari bordejam as ruas. A primeira reação ao chegar a Sandton City pode ser esta: isto não é a África. Mas é de facto a África, só que é a África Um.

Visitei centros comerciais chiques em Lagos, Nairobi, Cairo e outras partes da África onde a África Um se pode abastecer. Têm restaurantes elegantes e cinemas que estão fora do alcance da maioria da população. Vi stands de automóveis caros onde quer que me deslocasse em África, como por exemplo o concessionário da Mercedes em Harare (imagem 10 do extratexto). Na Tunísia, a rede Mabrouk, de vestuário de alta qualidade, pertencente ao Maille Club, com as suas 14 lojas atrai os clientes da África Um. Está a desenvolver marcas para criança e outros segmentos, enquanto aguarda que os clientes da África Dois concretizem a sua aspiração de subir na escala de consumo.

O número de super-ricos em África está a aumentar a uma taxa bastante elevada, representando uma oportunidade importante, sobretudo a curto prazo. Um estudo de Merrill Lynch e da Capgemini conclui que os ativos dos super-ricos de África cresceram 14% em 2006 (tendo crescido 11,4% em todo o mundo). Estes africanos abastados têm uma riqueza de cerca de 900 mil milhões de dólares ([4]). Em África, os indivíduos com riqueza líquida elevada (IRLE) representam apenas um quarto dos da América Latina e um terço dos do Médio Oriente, mas estão a crescer mais rapidamente em número e riqueza do que em qualquer outra região do mundo, à exceção da América Latina (como se pode ver no quadro 3-3).

Quadro 3-3 – Taxas de Crescimento de IRLE – 2005-2006, em %

Região	População	Riqueza Total
África	12,5	14
Médio Oriente	11,9	11,7
América Latina	10,2	23,2
Ásia-Pacífico	8,6	10,5
Europa	6,4	7,8
América do Norte	9,2	10,3

Fonte: World Wealth Report, Capgemini and Merrill Lynch, 2007

Há nove africanos na lista da *Forbes* de 2008 para indivíduos com milhares de milhões de dólares. São da África do Sul, do Egito e, pela primeira vez, da Nigéria. Dela constam os dois primeiros africanos negros, Patrice Motsepe, da África do Sul, que entrou para o setor mineiro após o fim do *apartheid* e se tornou o primeiro negro multimilionário, e Aliko Dangote, o primeiro nigeriano da lista, que começou como negociante com um empréstimo do tio e construiu um grupo empresarial florescente em setores como o açúcar, moagem de farinha, cimento e transformação de sal. Quando visitei a sua companhia em Lagos, em julho de 2006, circulavam rumores de que era um dos homens mais ricos do mundo, mas levou algum tempo para que a *Forbes* o confirmasse. Pode ser que haja outros africanos com uma riqueza de milhares de milhões de dólares ainda por descobrir e haverá por certo ainda outros a trabalhar arduamente para construir as suas fortunas, tirando partido do despertar da África.

África Três: Estratégias da Moeda Mais Pequena

Por último, há oportunidades na África Três (segmentos D e E). Estas oportunidades resultam da criação de mercados a partir do nada. Tal como um investidor as descreveu, é como levar consumidores de pé descalço a comprar sandálias de plástico ou sapatos de gel baratos. É passar de produtos sem marca como barras de sabão sem embalagem e substituí-las por barras com a marca impressa, que podem ser cortadas pelos vendedores ou compradas inteiras pelos clientes, e, mais tarde, substituir ainda estas últimas por produtos de marca. Esta é a estratégia que a Unilever está a seguir ao colocar o detergente para a roupa em saquetas pequenas e ao instalar redes inovadoras de distribuição para conseguir vender em zonas do mercado onde é difícil chegar. Muitas estratégias de mercado que podem ser usadas para chegar à África Três são apresentadas em detalhe no meu livro anterior, *The 86% Solution*, mas aqui vamos analisar brevemente a importância de conceber produtos com o preço adequado para satisfazer este mercado africano e de outras regiões em desenvolvimento.

Nesta parte do mercado, o preço é absolutamente crucial. Em particular, as empresas de bens de consumo estão a criar produtos com o preço correspondente à moeda mais baixa em cada mercado. O tradicional desenvolvimento do produto começa com o próprio produto e termina com fazer aceitar o seu preço, mas a marcação do preço para a África Três começa de maneira inversa, com a moeda mais baixa possível (alguns cêntimos) e procura então o produto que pode ser vendido por esse preço. Na Nigéria, muitas empresas estão a vender água engarrafada em sacos de plástico por 5 *naira* (cerca de 4 cêntimos), a moeda mais pequena do país, como se pode ver na imagem 11 do extratexto. O mais perto deste conceito que as maiores empresas parecem ter chegado foi uma garrafa pequena com a forma de um limão, fabricada pela Nestlé, com a marca Pure Life, que tive a oportunidade de ver em Lagos, em 2006. Com tampa de metal, pode ser aberta e bebida de alguns goles. Era vendida por 16 *naira* (cerca de 13 cêntimos) numa loja Shoprite local, ou seja, um preço três vezes mais elevado do que a água em sacos, embora contenha apenas 33 cl, e não os 50 cl dos sacos vendidos na rua. Apesar disso, a marca global pode trazer consigo mais credibilidade, o que justifica o seu preço mais elevado. As companhias mais importantes, como a Coca-Cola e a Nestlé, vendem garrafas de água grandes, aos que as podem comprar, evidentemente, mas a água em sacos é a solução adequada para a África Três.

No Egito, a *halvah* (sobremesa de sésamo) da marca Rashidi, vendida numa embalagem pequena por 15 piastras (mais ou menos 3 cêntimos-cêntimos), conquistou cerca de 85% do mercado dos produtos de marca branca. No Egito, a P&G está a lançar tamanhos mais pequenos de Tide e Bonnex para conquistar os 70% da população que constituem os mercados da África Dois e África Três. No mercado da pastilha elástica, em Nairobi, vi empresas a vender uma unidade por apenas um xelim queniano (cerca de um cêntimo), o que lançou um desafio às empresas globais, como a Wrigley's, para colocarem os seus produtos com base no valor.

Ao usar sacos, bem como sistemas de distribuição e conceção de produto imaginativos, as empresas podem descobrir outras maneiras de obter lucro ao expandir-se no mercado da África Três. Para chegar ao ponto em que o preço é o mais baixo possível, as empresas estão também a criar canais de distribuição e modelos de negócio diferentes, como fez a East África Breweries Limited, ao vender a sua cerveja Senator em barril nas zonas rurais do Quénia. A cerveja não só dura mais tempo sem refrigeração, o que é um bem raro onde o fornecimento de eletricidade não está garantido, mas também pode ser vendida a copo por um preço baixo sem ter de se reduzir excessivamente o preço da cerveja engarrafada.

Mesmo o dado frequentemente citado de que cerca de metade da população da África subsariana vive com menos de um dólar por dia tem de ser seriamente reconsiderado. Famílias de cinco a oito elementos podem partilhar um só lar numa área densamente povoada. Isto significa que estas famílias podem ganhar entre 5 e 8 dólares por dia, isto é, 180 dólares por mês. Explica também os mercados florescentes e até as empresas de retalho organizadas nestas áreas, como por exemplo os supermercados que visitei na zona densamente povoada de Tafara, no Zimbabué, onde se vendem produtos de marca dos fabricantes globais, como a Unilever. A chave do sucesso, como a Unilever e outras empresas descobriram, é o desenvolvimento de produtos lucrativos, com preços fixados ao nível certo e que conseguem chegar a pontos de venda difusos como os mercados rurais ([5]).

Isto constitui também o «efeito empregada doméstica e motorista», que analisei no meu livro *The 86% Solution*. Fatima Alimohamed, directora de marketing da Bideo, no Quénia, afirma que muitos dos membros da África Dois e da África Três (segmentos C e D) trabalham como empregados da África Um. Isto significa que os trabalhadores têm acesso a produtos e serviços que podem parecer estar fora de alcance dos seus rendimentos. Por exemplo, um patrão pode dar um telemóvel ao seu motorista para que possa falar com ele em caso de necessidade. Uma empregada doméstica pode receber roupa ou um telemóvel, ou ter até a escola e os cuidados de saúde pagos pelo patrão. Assim, os recursos destes trabalhadores podem ser mais significativos do que em teoria se poderia esperar. As empresas precisam de fazer o seu marketing dirigido aos empregados com os produtos e serviços utilizados pelas famílias que os contratam.

Um Continente de Aspirações: Continuem a Andar

Ter aspirações significa que os consumidores da África Três compram, por vezes, produtos concebidos para a África Dois, e os consumidores de África Dois fazem parte, por vezes, da África Um. Ao segmentar o mercado, a Bidco faz uma distinção entre os «pobres que lutam» e os «pobres que se resignam». Uma das diferenças-chave é a aspiração. A aspiração é um dos temas comuns em toda a África, isto é, alcançar sucesso pessoal contra todas as expectativas. O desenvolvimento de um mercado consumidor em África consiste, em grande parte, numa passagem do coletivismo para o individualismo. Nas sociedades coletivistas, a identidade é a do grupo de cada um. Nas sociedades individualistas, os sinais de estatuto baseiam-se no progresso pessoal e nas aquisições, o que representa uma mudança na identificação. O coletivismo não desaparece, mas há um sentimento mais forte de iniciativa individual e de ligação ao mercado.

As aspirações crescentes e o individualismo ajudaram a impulsionar o grande crescimento na África do Sul da marca Johnnie Walker, da Diageo, que anunciou taxas de crescimento de 25% ao ano nos três últimos anos. O slogan da marca, «Keep Walking» [Continua a andar], embora utilizado a nível mundial, parece ter sido feito à medida do mercado africano, onde a imagem do homem a caminhar a passos largos estimula as pessoas a continuar, independentemente dos obstáculos encontrados (ver imagem 12 do extratexto). Isto explica por que razão os sul-africanos estão dispostos a pagar 200 rands (cerca de 25 dólares) por garrafa, quando marcas de menor qualidade como a J&B são vendidas a 80 rands (10 dólares) ou um brandy de qualidade pode ser vendido por 70 rands (menos de 9 dólares). Continuar a andar [*keep walking*] encontra eco nas aspirações dos compradores.

«O desejo das pessoas de todos os níveis de exibirem estatuto e riqueza, como um telemóvel ou uma bebida especial, é o que irá impulsionar decisivamente a procura dos consumidores em todos os países africanos», afirmou Matthew Barwell, diretor de marketing da Diageo Africa, numa conversa com o autor, em agosto de 2007. Recordou uma visita surpreendente feita recentemente a Angola: «Se se olhar para a riqueza que ali aparece e para o desejo de comprar marcas de qualidade, parece o Brasil ou a Venezuela.»

Para satisfazer estas aspirações cada vez maiores, a SABMiller, na África do Sul (South African Breweries), abandonou a cerveja mais barata e em garrafas castanhas, lançou cervejas de melhor qualidade em garrafas verdes. A Coca-Cola e outros produtores de bebidas abandonaram as garrafas de vidro com depósito (vendidas a baixo preço) e substituíram-nas por garrafas de PET [politereftalato de etileno] sem depósito, a um preço muito mais elevado. Entre 2000 e 2006, as vendas de cerveja em garrafa verde, como a Castle Light e a Heineken, na África do Sul, aumentaram 57%, passando de 4% para 11% do mercado. A SAB, que dominava o mercado da cerveja, respondeu à procura com a introdução da Miller Genuine Draft, da Pilsner Urquell, da Castle Lite e da Peroni. Os consumidores estão a abandonar as garrafas castanhas a favor das verdes, um sintoma do rápido crescimento do segmento África Dois e do crescimento ainda mais rápido da aspiração a progredir na vida.

Quando visitei a bairro do Soweto, na África do Sul, pela porta aberta de um bar duma rua lateral saía música aos berros, emitida por umas colunas enormes. Havia uma arca frigorífica cheia de garrafas de cerveja castanhas de marcas baratas como a Castle. No entanto, uma segunda arca estava cheia de garras verdes das cervejas de melhor qualidade. Ainda que um grupo de amigos só pudesse pagar uma garrafa de cerveja verde, muitas vezes preferiam pô-la no centro da mesa e partilhá-la a mandar servir maior quantidade de outra de qualidade mais ordinária. Os amigos que compram Coca-Cola preferem muitas vezes partilhar uma garrafa de plástico, do que comprar bebidas em latas ou em garrafas de vidro com depósito.

Tal como em muitas partes do mundo em vias de desenvolvimento, até a *fast food* reflete as aspirações de ascensão. Aos fins de semana e em ocasiões festivas, as famílias vão ao restaurante Mr. Biggs, na Nigéria. Os restaurantes de serviço rápido como o Mr. Biggs tinham de início ementas ocidentais, mas alargaram-nas para pratos africanos quando as preocupações crescentes com a saúde alimentar fizeram aumentar a procura. Atualmente, os restaurantes servem pratos quenianos como inhame triturado *amala*, *eba*, feijão com banana-da-terra, arroz e feijão, arroz com banana-da-terra, arroz *ofada* e sopa de inhame. Só o Mr. Biggs representa metade dos 39 mil milhões de *naira* (300 milhões de dólares) do negócio de restauração na Nigéria.

Conclusão: Uma Porta Aberta

Os mercados africanos constituem um caso de estudo sobre os extremos. O custo de uma noite no Sheraton Lagos, na Nigéria, em meados de 2006, quando lá fiquei, era de 500 dólares, isto é, superior ao PIB *per capita* do país. Os executivos e os funcionários do Estado podiam pagar mais apenas por uma noite do que o cidadão médio ganha por ano. Num dos extremos está uma elite com amplos recursos para gastar nos centros comerciais de luxo que surgem por todo o continente. No outro extremo estão os muitos africanos que lutam pela sobrevivência. O que os números da economia ignoram, todavia, é a vitalidade e o dinamismo dos mercados africanos. Nas ruas de Nairobi, Argel ou Lagos, os mercados fervilham com a venda de produtos.

As portas dos vendedores estão abertas a qualquer um. No Zimbabué, vi uma mulher que usava sandálias de plástico e com uma criança atada às costas a caminhar pelos corredores do Supermarket OK, na 5ª Avenida de Harare. Na mão tinha apenas 400 000 dólares do Zimbabué, que na altura valiam apenas 80 cêntimos (com base na taxa de câmbio de julho de 2006, que se valorizou pouco depois de eu lá ter estado). Mesmo assim, andava às compras. Pegou num saco de sal que lhe custou 200 000 dólares do Zimbabué, olhou em seguida para uma garrafa de 375 ml de óleo de cozinha, que custava um pouco mais do que os mesmos 200 000 dólares zimbabueanos, e dirigiu-se depois para o corredor dos detergentes. Após ter examinado por breves instantes o detergente em pó Omo, que era mais caro, escolheu uma barra de «Price Breaker», de 200 000 dólares do Zimbabué (cerca de 40 cêntimos). Por fim, regressando ao seu ponto de partida, deixou o sabão e levou o óleo. Estava a sacrificar a lavagem da roupa para poder cozinhar.

Esta mulher era uma consumidora. O supermercado tinha a porta aberta e ela entrou. Uma conjugação de reformas políticas, importações e empreendedorismo colocara bens de alta qualidade, mas baratos, ao alcance da mão, se não da carteira, de quase toda a gente.

Há oportunidades para produtos de qualidade no topo do mercado e para produtos selecionados em função de preços mínimos no outro extremo. No entanto, os clientes de topo podem, por vezes, comprar em função do preço e os de baixo rendimento aspiram por vezes a bens de elevada qualidade, pelo que estas categorias nem sempre são claras. O creme para a pele Fair and Lovely, da Unilever, que é de primeira qualidade, é agora apresentado em saquinhos pequenos, na Nigéria. O quadro que se desenha é de um mercado dinâmico, com oportunidades, quer para produtos de luxo quer para os bens de primeira necessidade. Mas, devido às suas aspirações, estes segmentos de mercado estão a melhorar. À medida que crescem, a África cresce com eles. E bem no centro desta oportunidade do mercado africano está a África Dois.

Oportunidades Crescentes

- Que estratégias será necessário implementar para cada um dos segmentos do mercado africano?
- Quais as oportunidades para desenvolver o mercado e satisfazer as necessidades da África Dois?
- Que oportunidades há para satisfazer o segmento de elite da África Um?
- Como é possível utilizar estratégias da moeda mais pequena e outras para servir com lucro o segmento da África Três?
- Como é que as aspirações dos clientes podem orientar o crescimento de um dado negócio?

II PARTE

PERCEBER A OPORTUNIDADE

Capítulo 4 – Preparar a Hanouti: Oportunidades na Organização do Mercado
Capítulo 5 – Construir uma Fábrica de Gelo para Mama Habiba: Oportunidades em Infraestruturas
Capítulo 6 – Correr com a Geração das Chitas: Oportunidades no Mercado Africano dos Jovens
Capítulo 7 – Olá Nollywood: Oportunidades nos *Media* e na Indústria do Espetáculo
Capítulo 8 – Regressar a Casa: Oportunidades na Diáspora Africana

4

Preparar a Hanouti: Oportunidades na Organização do Mercado

O mercado africano é informal e desorganizado e por isso criar oportunidades significa muitas vezes procurar formas de o organizar. Ao passar da venda informal a retalho para estabelecimentos mais formais e organizados, transformando os mercados informais e ilegais em mercados formais, e organizando mercados de segunda mão, as empresas estão a descobrir oportunidades. Estão também a dar marcas a produtos que as não têm e a organizar os transportes e a distribuição.

Em Marrocos, a maioria das vendas são realizadas através de 80 000 lojas de bairro pequenas, conhecidas como *hanout*. Algo que parece tornar estas lojas familiares impenetráveis à concorrência das cadeias de retalho organizadas é o crédito e as relações de proximidade que criam com os seus clientes. Este crédito permite-lhes manter clientes com pouco dinheiro, que não têm acesso ao sistema bancário. Quando os trabalhadores vão comprar bebidas e outros artigos no seu regresso a casa, dizem ao lojista para pôr a despesa na conta. Este crédito está à disposição de qualquer membro da família. Não são cobrados juros. Um lojista convencional dum mercado desenvolvido, habituado a lidar com vendas a dinheiro ou com um crédito contratualizado, não poderia oferecer esta venda a fiado. Poderia parecer que uma cadeia formal de lojas de conveniência teria de esperar que se desenvolvessem o sistema bancário, o crédito e outros aspetos da economia para se instalar no mercado marroquino.

Todavia, o empresário Moncef Belkhayat, um antigo executivo de marketing da P&G e da Méditel, optou por não esperar. Decidiu organizar o mercado. Concebeu a ideia de uma cadeia de *hanout* com uma marca, a Hanouti. Em parceria com o banco BCME (que detém 20% do investimento no projeto), planeou fornecer crédito aos clientes das lojas. A Hanouti começou por lançar a primeira de 3000 lojas em 2006 e regista um crescimento rápido. A marca transmite uma noção de modernidade, transparência e segurança. O crédito que costumava ser concedido informalmente pelos proprietários da *hanout* tradicional é agora fornecido pelo banco – uma ideia atual para uma prática antiga. O informal torna-se formal. A *hanout* sem marca transformou-se na marca Hanouti. O mercado foi organizado.

Para o BCME, a Hanouti permite-lhe chegar a muita gente que não tinha acesso aos bancos. Apenas 20% das pessoas das áreas urbanas de Marrocos têm conta aberta, sendo ainda em menor número nas áreas rurais. Depois de os clientes terem contraído o crédito na Hanouti, o banco pode oferecer-lhes cartões de crédito, contas, pagamento de faturas e seguros na RMA Watanya. Muitos destes serviços são oferecidos diretamente no balcão da Hanouti ou por folhetos disponíveis nas lojas, permitindo que o banco disponha de agências *de facto* por todo o Marrocos. Esta prática está a criar um mercado dirigido aos clientes da África Dois e da África Três (ver capítulo 3, «O Poder da África Dois»).

À semelhança do que sucedeu ao oferecer crédito aos clientes, a Hanouti também organizou a parte final do sistema de distribuição das lojas. Criou um sistema central de *merchandising* sofisticado que permitiu à companhia ser competitiva com os retalhistas marroquinos mais importantes.

Organizar o Mercado

Para transformar a *hanout* desorganizada e informal numa loja moderna, a Hanouti teve de apresentar os seus próprios sistemas bancário e de distribuição. Reconheceu que era necessário organizar o mercado. A solução requereu que pensasse em mais do que na mera venda a retalho, criando assim um negócio viável. Outras lojas de conveniência podiam ter aguardado que o mercado se desenvolvesse até ao ponto em que um número suficiente de clientes já dispusesse de crédito, mas quando estes retardatários chegassem, já pioneiros como a Hanouti estavam firmemente implantados.

O mercado africano é informal e desorganizado. Em 2006, os 30 retalhistas mais importantes da África e do Médio Oriente representavam apenas 29% das vendas dos artigos de mercearia modernos, quando na Europa Ocidental essa percentagem era de 59% ([1]). A maior parte das vendas a retalho em África é parecida com o mercado informal que se pode ver na imagem 13 do extratexto. Em Lagos, os homens de negócios transportam consigo montes de dinheiro, pois aí os sistemas de crédito não só estão insuficientemente desenvolvidos, como estão infiltrados pela fraude. Embora já haja cartões de crédito, mesmo para compras avultadas como, por exemplo, um grande ecrã plano de televisão ou um automóvel, uma mala cheia de milhões de *naira* é o método de pagamento habitualmente preferido. Grande parte da economia funciona de maneira subterrânea ou informal. Em Nairobi, um gestor pode pagar ao mecânico em minutos de telemóvel, transação que nunca se tornará monetária.

Como a Hanouti descobriu, ao pensar de modo mais amplo no negócio em que estava envolvida, as empresas podem criar oportunidades ao organizar os mercados. As empresas estão a reestruturar o retalho e a organizar o marketing e as comunicações. Estão a transformar os mercados informais e ilegais em mercados formais. Estão a seguir os passos dos produtos em segunda mão e das apresentações de produtos sem marca. Estão a desenvolver estratégias público-privadas e a usar as empresas como canais de venda organizados. Os empresários reconhecem que os mercados africanos não chegam já feitos. Têm de ser organizados.

Organizar o Retalho: Comprar em Alexandra

Era uma manhã soalheira de domingo e o meu motorista conduzia-me pelas ruas dos subúrbios extensos e irregulares de Alexandra, um bairro negro nos arredores de Joanesburgo (tal como o Soweto, que fica próximo e onde os negros eram obrigados a viver durante o *apartheid*). Uma torrente de pessoas havia saído das filas cerradas de casas feitas de alvenaria, inundando as ruas. Debaixo de pequenas tendas que protegiam do sol nascente, as bancas de venda estavam cheias de legumes e de roupa. Quando passámos, uma mulher jovem saiu da porta aberta de um contentor pequeno, pintado de vermelho, com uma fila de telemóveis comunitários, onde quem falasse podia pagar menos de um rand (cerca de 15 cêntimos) por uma chamada. As ruas eram poeirentas e estavam apinhadas.

Na 2ª Avenida, Caven Ndou trabalhava atrás das barras negras de metal de uma loja tradicional *spaza* (vd. imagem 14 do extratexto). Esta loja é literalmente um buraco feito na parede de alvenaria de uma casa particular, onde se vende artigos básicos como pão, refeições leves e velas. Retirou um penso rápido de uma caixa branca enquanto uma mulher esperava à porta. Podia vender uma ligadura ou um cigarro por um rand. Até há bem pouco tempo, era isto a venda a retalho nos bairros e nas zonas rurais. Deixou de o ser.

Alguns quarteirões mais à frente havia um centro comercial novo. Sair das ruas poeirentas e entrar no supermercado Shoprite era como passar do terceiro mundo para o primeiro. O chão estava imaculado e não havia escassez de comida, como se pode ver na imagem 15. Os preços estavam afixados nas prateleiras bem abastecidas dos corredores amplos e bem polidos que se estendiam em todas as direções. Em pano de fundo, a voz de Christina Aguilera. Este supermercado podia ser em qualquer lugar do mundo desenvolvido, no entanto todas as saídas estavam apinhadas com gente da terra a encher os seus carrinhos com produtos básicos ou a comprar com espalhafato um dos micro-ondas empilhados no corredor, que custavam apenas 400 rands (cerca de 65 dólares).

O Shoprite Group of Companies, lançado na Cidade do Cabo, em 1979, tornou-se o maior retalhista do ramo alimentar em África. Opera 825 *outlets* do grupo em 18 países africanos, saltando até sobre o Sara para o Egito (sem sucesso, como eu descobriria mais tarde) e para leste, para as ilhas do oceano Índico e o Sul da Ásia. Com vendas de 5,6 mil milhões de dólares em 2006, o Shoprite ficaria em 408º lugar na lista *Fortune 500*, logo a seguir ao retalhista Bed, Bath & Beyond (5,8 mil milhões de dólares) e acima da Barnes & Noble (5,3 mil milhões de dólares).

No mesmo centro comercial de Alexandra, uma loja PEP, especialista em roupa de criança, vendia casacos para bebés que começam a andar por menos de 7 rands (cerca de um dólar), como se pode ver na imagem 16. A Pepkor (casa-mãe da PEP) tem por lema «Tornamos o desejável acessível». Começou a sua atividade em 1965, com Renier van Rooyen, como uma pequena loja de produtos a preços reduzidos, dirigida aos pobres da sua terra natal, uma aldeia remota do Cabo Norte, na África do Sul. Foi uma das primeiras lojas a servirem clientes negros pobres e que permitia que examinassem e tocassem na mercadoria. (Os produtos eram habitualmente guardados atrás do balcão.) Há mais de 1300 lojas PEP na África do Sul, Namíbia, Lesoto, Botsuana, Suazilândia, Malawi, Moçambique, Zâmbia e Gana. Embora sirvam clientes de baixos rendimentos, não se trata de caridade. Em 2008, a PEP era o retalhista mais importante da África do Sul com uma só marca, empregando 14 000 trabalhadores. Vendia cerca de 400 milhões de produtos por ano, alguns dos quais fabricados na sua empresa de vestuário, a maior do ramo na África Austral ([2]).

Em Nairobi, uma mulher sorridente estava sentada a uma mesa na entrada do Nakumatt Thikaroad (na Thika Road) a fazer demonstrações de produtos para a pele Beauty 3, provenientes de Londres. Estamos muito longe de Londres e isto não era decerto o balcão de perfumaria do Macy's. Mas entrar no supermercado era um salto enorme em relação aos humildes quiosques de telhado de metal do retalho tradicional de Nairobi. No Nakumatt, havia corredores brilhantes para comida, marcas nacionais e internacionais, uma padaria e um balcão onde se serviam pratos cozinhados. A loja média tem mais de 90 000 metros quadrados, com produtos que vão dos alimentos ao mobiliário, provenientes de 175 países diferentes. As novas superlojas da Nakumatt são tão grandes quanto as suas ambições para o Quénia e países limítrofes. Desde a sua fundação, em 1991, a Nakumatt passou de um para 17 estabelecimentos. O seu volume de negócios em 2006-2007 foi de 280 milhões de dólares. A Nakumatt estava apenas a começar. Planeava abrir mais oito sucursais em 2007, indo depois para o Uganda, Ruanda e Tanzânia, e esperava atingir 400 milhões de dólares antes da sua colocação em bolsa prevista.

Numa reunião no Quénia na sede da companhia, Thiagarajan Ramamurthy, diretor de operações, salientou que a taxa de lucro de 3% os colocava a par da Wal-Mart. As comparações não ficam por aqui. A Nakumatt foi buscar o nome ao seu produto original (colchões) e à localização do seu primeiro estabelecimento, a vila de Naku – que é talvez um lugar ainda mais obscuro do que Bentonville, no Arkansas. Embora muito mais pequena do que o seu modelo americano, a Nakumatt tem um formato e uma sofisticação semelhantes. O retalhista introduziu cartões inteligentes e em 2007 já tinha 210 000 utilizadores entre os seus 1,5 milhões de clientes. Lançou um cartão de crédito juntamente com o Barclays, em 2007. O fundador Atul (Haku) Shah é o seu Sam Walton (*).

Numa economia em que o dinheiro é escasso, a expansão da Nakumatt foi facilitada por uma estrutura ligeira. Arrenda as suas localizações aos proprietários dos terrenos, com a promessa de que recuperarão o seu investimento com o produto das rendas no prazo de oito anos e ficarão milionários com um contrato de arrendamento de 11 anos. A Nakumatt também armazena alguns dos seus produtos à consignação. Esta parceria permite-lhe organizar o mercado ao mesmo tempo que reduz os riscos em caso de quebra de preços.

A Nakumatt é perspicaz a entender os clientes e a tirar proveito da diáspora global. Estendeu as aspirações dos pais ao permitir-lhes que usem os seus Smart Points, resultantes das compras, para pagarem as propinas dos filhos. O retalhista faz uma verificação com as escolas, adicionando 10% ao valor ganho. Também oferece um programa *on-line* aos quenianos que estão no estrangeiro para que possam enviar um certificado de oferta para compras na Nakumatt a utilizar pela família que ficou.

Na Tunísia, onde apenas 15% do mercado de retalho está organizado e onde existem 40 000 lojas de retalho, o mercado está também a ser organizado. O Bayahi Group, com um parceiro, comprou 52 lojas Magasin Général. Enquanto acionista do BIAT, o maior banco da Tunísia, o Groupe Mabrouk está a organizar o mercado para os serviços financeiros. Está também a diversificar a sua atividade entrando no retalho, tendo adquirido o hipermercado MonoPrix.

Por toda a África, empresas como o Shoprite, PEP e Nakumatt estão a organizar os mercados. Na lista global de 2006 dos 250 maiores retalhistas aparecem três retalhistas sul-africanos, incluindo Pick'n Pay (122º), Shoprite (123º) e Massmart (140º). Os consumidores que entram nas suas lojas podem comparar os preços e a qualidade com o que podem encontrar na loja ou no quiosque da terra. Muitas vezes ficam surpreendidos com o que descobrem. Os preços estão afixados nas prateleiras ou em placards grandes no fim de corredores a promover as vendas, concebidos para convidar à comparação de preços. O informal tornou-se formal.

(*) Fundador da maior rede de retalho do mundo, a Wal-Mart. (N. T.)

A maior parte do mercado é constituída ainda por lojas *spaza* desorganizadas e outras pequenas operações (mas isto não difere do que se passa na Índia e noutros países em desenvolvimento). Uma das mais famosas destas lojas era dirigida por Winnie Mandela, no outro lado da rua onde se situava a sua casa no Soweto (ver imagem 17 do extratexto). A casa é agora um museu. Os Mandelas divorciaram-se, mas a loja ainda está aberta. Ajudou a manter a família enquanto Nelson Mandela se empenhava na sua longa luta para que fossem introduzidas reformas na África do Sul. O desenvolvimento político e o desenvolvimento económico caminham a par.

Enquanto centros comerciais simples como o de Alexandra estão a surgir por toda a África, o mesmo acontece com os centros comerciais mais requintados. Em Lagos, logo a seguir às bancas de venda desorganizadas alinhadas junto à estrada, quando ali passei em 2006, foi construído o centro comercial The Palms. O The Palms foi inaugurado em dezembro de 2005, sendo um de mais de duas dezenas de centros comerciais previstos para todo o país e com as lojas do Shoprite e da Game como chamarizes. No pátio central situava-se o restaurante Nandos, que vende frango de churrasco (propriedade da Innscor, do Zimbabué, de que falámos no capítulo 1, «Fabricar Pão no Zimbabué»). No fim de semana em que lá passei, estava a abarrotar de gente, com todas as mesas do restaurante ocupadas e gente até ao átrio soalheiro. Um cinema no piso superior exibia êxitos de bilheteira dos Estados Unidos. O preço dos bilhetes era de 1250 *naira* (cerca de nove dólares). Estavam também à venda coca-colas por 200 *naira* (cerca de 1,75 dólares) a garrafa, mais do dobro do preço cobrado no Shoprite do piso de baixo.

Só a África Um se pode dar a tais luxos, mas The Palms, anunciado como um «supercentro comercial ultramoderno», está aberto para a África Dois e até para a África Três, como o casal que conheci nos corredores do Shoprite, que viajara uma hora de autocarro para comprar alguns produtos básicos nos corredores limpos e brilhantes. A mulher ficou surpreendida por a coca-cola numa garrafa de plástico custar apenas 80 *naira* (70 cêntimos) no supermercado, pois na rua custava 100 *naira* (86 cêntimos). Uma visita a estas lojas é uma lição sobre preços e consumo.

A cena tem-se repetido por toda a África, e há mais centros comerciais a caminho. Em 2006, o CDC (Capital for Development, o extinto fundo do governo do Reino Unido para o mundo em desenvolvimento) deu um contributo para se alcançarem os 100 milhões de dólares do Actis Real Estate Investment Fund, cujo alvo eram os centros comerciais e outros projetos comerciais em países tradicionalmente ignorados pelos investidores internacionais, como o Gana, a Nigéria, o Malawi e Moçambique. O retalho é apenas uma das formas por que o mercado africano se está a organizar.

Oportunidades ao Transformar o Informal em Formal

Há oportunidades para usar até a procura de cópias de contrafação como base de um negócio legítimo. Por exemplo, foi quando andavam no meio dos *faracha* (vendedores ambulantes) de Marrocos que os fundadores da Azbane Cosmetics reconheceram a existência de um mercado para a vaselina. Viram produtos sem marca e contrafações por toda a parte, um sinal claro de que havia procura no mercado.

Com base nesta descoberta, lançaram um produto de marca que se tornou líder de mercado. Ofereceram os seus produtos por metade do preço das marcas globais, mantendo custos baixos ao absterem-se de publicidade e de promoções na televisão e apelando a clientes que de outro modo poderiam ter adquirido contrafações. Um frasco de 275 ml de loção para o corpo Azbane é vendido por cerca de 8 *dirhams* (mais ou menos 8 cêntimos), ou seja, aproximadamente metade do preço de uma marca europeia. A empresa utilizou este sucesso inicial para passar a cosméticos e perfumes de melhor qualidade. Expandiu-se para Espanha, África Ocidental, Tunísia e outras partes do mundo, tendo inclusivamente em vista o mercado dos Estados Unidos. A Azbane tirou igualmente partido do crescimento do turismo para vender champôs e produtos de higiene pessoal a cadeias de hotéis.

Um estudo sobre os telemóveis no Uganda permitiu estimar que são vendidos todos os anos 100 000 *kits* de mãos livres falsos ou roubados, o que custa ao Estado cerca de 9 milhões de dólares só em impostos (15 mil milhões de *ushs*) ([3]). A penetração da televisão por satélite no Egito disparou de 19%, em janeiro de 2004, para 68%, em maio de 2006 ([4]). Como é possível que 68% dos Egípcios tenham acesso a televisão por satélite num país em que o PNB *per capita* foi de apenas 1350 dólares em 2006? Mais de metade destes espectadores não aparece nas listas de clientes dos fornecedores de televisão por satélite. Eles não pagam pelo serviço que usam. Pirateiam o sinal com a prática generalizada da *wasla* (ou derivação). Por vezes, uma só antena parabólica pode servir todo um círculo de vizinhos. Em Alexandria, no Egito, 62% dos lares recebem emissões *wasla*, o que é mais frequente nos segmentos populacionais mais pobres.

Em Marrocos, na Tunísia e noutras regiões da África, fiquei a saber como os empreendedores estão a ter um negócio bastante dinâmico a vender códigos para as emissões europeias por satélite. Os clientes podem comprar um cartão a um destes empreendedores e ter acesso aos canais *premium* que pretendem (os mais populares são os que transmitem jogos de futebol). Quando a empresa do satélite muda o código, o mercado informal obtém rapidamente novos códigos pirateados para venda.

A pirataria de sinais de satélite é, por um lado, um enorme problema e, por outro, uma enorme oportunidade. Por um lado, os fornecedores de sinal de satélite estão a perder verbas enormes em assinaturas – se pensarem que estes espectadores poderiam realmente ser assinantes. Por outro lado, a existência destes espectadores ilegais significa que a publicidade tem uma audiência muito maior do que se julgaria a partir dos números oficiais. Muitos dos que pirateiam o sinal pertencem aos segmentos mais elevados, os consumidores da África Dois e até da África Um (vd. capítulo 3), pelo que constituem um mercado que tem poder de compra. Deste modo, as perturbações do sinal para impedir a sua receção ilegal podem, na verdade, reduzir o impacto da publicidade internacional.

Perante a pirataria galopante, a Microsoft lidou com a pirataria e a ameaça do *software* livre na China tornando o seu *software* livre para o Estado. Isto aumentou a base instalada e alinhou o governo com os interesses da empresa. A Microsoft está também a lidar com a pirataria através da mudanças nos preços. Por exemplo, a empresa anunciou em julho de 2007 um plano de assinaturas periódicas do *software* do seu Office, na África do Sul, onde se julga que 35% de todo o *software* seja pirateado (sendo essa percentagem de 90% na China e de 22% nos Estados Unidos). Em vez de pagarem uma licença de 700 dólares pela versão profissional do conjunto de programas do Office, os utilizadores podem pagar 30 dólares por três meses de utilização ([5]). Que outras estratégias poderão ser usadas para organizar o mercado informal e o transformar em formal?

Tokunbo: Organizar o Mercado de Segunda Mão

O *tokunbo*, ou mercado de segunda mão de viaturas, roupa, pneus, eletrónica e artigos para o lar, atinge 100 mil milhões de *naira* (mais de 800 milhões de dólares) só na Nigéria. É um mercado enorme que não tem reflexo na folha de resultados dos fabricantes de automóveis ou de vestuário. Saberá a BMW quantos clientes fiéis tem em África, mas que nunca foram a um salão de exposições? Admitirá a Christian Dior a existência do mercado africano de roupa usada de marca?

A roupa em segunda mão proveniente dos Estados Unidos deu origem a uma oportunidade cada vez maior em África. Os Norte-Americanos dão ou deitam fora cerca de 30 kg de roupa e outros têxteis por pessoa por ano. Grande parte acaba em África. Nestes «descartes» há roupa de marca como Bon Jovi, Calvin Klein e Ralph Lauren. Negociantes de artigos em segunda mão como a Global Clothing Industries, de Atlanta, na Geórgia, fundada por um imigrante da Serra Leoa, compram a roupa por entre 20 e 30 cêntimos o quilo. O vestuário é separado e comprimido em fardos de cerca de 450 kg, a 22 cêntimos o quilo. Calcula-se que as transações de roupa em segunda mão atinjam mil milhões de dólares por ano. O setor emprega centenas de milhares de africanos no manuseamento, distribuição, limpeza e arranjo da roupa ([6]).

Quando os Indianapolis Colts usaram os seus bonés e camisolas comemorativos do campeonato, após terem vencido o Super Bowl, em fevereiro de 2007, o material preparado antecipadamente para os Chicago Bears, que perderam, foi empacotado e enviado para África. Foi distribuído pela WorldVision no Uganda, Níger, Serra Leoa e noutros países em guerra ([7]). A equipa que perdeu o campeonato nos Estados Unidos tornou-se vencedora em África.

Encontrei mercados de roupa em segunda mão em Nairobi. Também os vi na Tunísia e na Argélia, onde a roupa em segunda mão é chamada *fripe* e as lojas que a vendem *friperies* (ver imagem 18 do extratexto).

Na estrada de Apapa, em Lagos, na Nigéria, parei junto a um enorme parque de viaturas em que mais de 1000 automóveis e camiões usados se espalhavam pela encosta. Era um dos 27 parques organizados pela United Berger Motor Dealers, cada um deles com mais de 1000 veículos usados. A maioria dos carros era importada da Europa; daí o seu nome popular: «Belgas». Na verdade, vinham de toda a Europa e até dos Estados Unidos. Um dos carros do parque ainda tinha a placa de matrícula do meu Estado, o Texas (vd. imagem 19). São comprados pelos Nigerianos de todas as camadas sociais, desde a elite aos que só com muita dificuldade conseguem juntar o dinheiro necessário para comprar o seu primeiro carro.

Os carros deste parque iam desde modelos antigos e muito usados da Nissan por 350 000 *naira* (2800 dólares), até um modelo recente Toyota Tuareg com apenas 23 000 km por 7,5 milhões de *naira* (60 000 dólares). Um BMW X5 novinho tinha o preço de 5,5 milhões de *naira* (45 000 dólares). Dado que a maioria das vendas é feita com malas cheias de dinheiro, era necessário um carro do mesmo tamanho só para o transportar.

Entrar no parque poeirento era como mexer num monte de formigas, porque os vendedores afluíam em massa, ansiosos por vender um dos sete carros pelos quais cada um deles era responsável. Eram vagamente vigiados por Forster Agu e Donald Anthony. Os vendedores recebiam do dono uma comissão por cada venda, mas se conseguissem adicionar alguns milhares de *naira* ao valor pedido pelo dono, poderiam ficar com a diferença. No Leste do Quénia, os carros são importados das ruas de Tóquio e de outros países asiáticos, mas o conceito é o mesmo que para os Belgas da Europa, na Nigéria.

O comércio automóvel formal está também a crescer rapidamente em África. O comércio automóvel egípcio cresceu 60%, em 2005, atingindo 150 000 veículos novos vendidos, dos quais 75% foram automóveis de passageiros. A Hyundai era a marca que dominava as vendas. Devido aos direitos de importação elevados, muitas empresas montam os veículos no país. É o caso da Mercedes e da BMW, que vendem cerca de 2000 carros por ano para o mercado mais sofisticado. O serviço pós-venda é um aspeto crucial da venda.

Embora os vendedores não aceitem carros usados, há um mercado informal muito bem organizado no Egito, com parques patrocinados pelo Estado, onde os vendedores pagam 10 libras egípcias (menos de dois dólares) para expor o seu carro e os compradores podem ir negociar. À sexta-feira, há milhares de carros nos parques de Nassar City. Há também alguns stands de compra e venda e outros de pequenos carros usados como o Alwassit («O Intermediário»).

Como me disse um vendedor da Mercedes no Senegal, embora as vendas possam ser inferiores às da Europa, as margens são mais elevadas. Um vendedor em Paris pode dar-se por satisfeito com 2% ou 3% de margem, enquanto um vendedor em Dacar pode ter 10% ou 15%, além de fazer mais dinheiro com os serviços de pós-venda. O mercado está também a crescer a cerca de 15% por ano, muito mais rapidamente, portanto, do que nos mercados desenvolvidos. Alguma da concorrência mais importante vem do mercado paralelo. Não são poucos os compradores de Mercedes que chegam a um vendedor e verificam que o seu carro importado fora roubado na Europa ou subtraído ao pagamento dos direitos alfandegários.

O florescente mercado de segunda mão apresenta algumas oportunidades. Por exemplo, há a possibilidade de organizar o mercado de segunda mão, como fizeram os vendedores dos Estados Unidos com carros «usados» certificados ou empresas como a CarMax ao criar um negócio formal de carros usados. O mercado de segunda mão também destaca a oportunidade de criar produtos novos mais baratos. Por exemplo, o engenheiro egípcio Tadesse Tessema, que importava carros usados europeus para o país, criou a sua própria empresa com o auxílio de investidores holandeses para fabricar um automóvel barato baseado no Fiat 131 dos anos 70 (redesenhado com maior distância ao solo para poder andar em estradas irregulares). Dado que o carro é fabricado na Etiópia, o que evita pesados direitos alfandegários e outros custos, pode vender os automóveis a metade do preço de um Toyota Corolla. E embora os carros sejam feitos na Etiópia, deu à nova marca o nome «Holland». É uma indicação de que o «made in Ethiopia» não faz vender como as marcas europeias mais conceituadas ([8]).

A nova marca etíope enfrenta uma dura concorrência das empresas da China. As empresas chinesas, como a Great Wall, a Chery Automobile Co. e o Geely Group Ltd. estão a vender automóveis em África a preços que concorrem com os dos carros usados. A Great Wall planeou ter 30 concessionários na África do Sul em 2008. Em 2008, o Uganda anunciou planos para montar 3000 automóveis Geely por ano numa nova fábrica nos arredores de Kampala, com o objetivo de servir o mercado da África Oriental ([9]). A Chery começou a fabricar automóveis no Egito, em 2006. Em 2007, a Chery apresentou um automóvel básico por apenas 12 000 dólares, mais ou menos o preço de um Toyota usado, e com financiamento sem juros. Também encontrei automóveis Chery à venda na Argélia por cerca de 6000 dólares (e Mercedes por mais de 90 000 dólares).

As empresas indianas estão também a vender no mercado africano, como, por exemplo, a Tata Motors e a Maruti, na Argélia e noutros países do Norte de África. Também vi a Tata, a Mahindra e outras empresas na África do Sul, a par de outros fabricantes asiáticos como a coreana Hyundai e as japonesas Toyota e Honda. À medida que as importações de automóveis novos aumentaram no Senegal, as de carros usados europeus começaram a baixar ([10]). Acordos de financiamento, como os que vi num concessionário da Mahindra e da Fiat, nos arredores de Pretória, na África do Sul (ver imagem 20 do extratexto), põem estes automóveis ao alcance de mais gente. Em julho de 2006, era possível comprar os Fiats mostrados na fotografia em prestações mensais de apenas 999 rands (cerca de 150 dólares).

Sintomático do interesse cada vez maior pelo mercado automóvel em África e noutras partes do mundo em vias de desenvolvimento foi o facto de Carlos Ghosn, diretor geral da Renault-Nissan, ter ido em setembro de 2007 a Tânger, em Marrocos, para anunciar o projeto de construir uma das maiores fábricas de montagem do continente africano, que fabricaria 400 000 automóveis por ano, em laboração normal, tendo inicialmente por alvo os mercados fora de África. Está também a desenvolver planos com a empresa indiana Bajaj Auto Ltd. para a construção de um automóvel cujo preço será de 3000 dólares ([11]). A Tata Motors, que acaba de lançar um automóvel próprio que custa 2500 dólares, está a expandir-se rapidamente a partir da sua base na África do Sul. Estas empresas, bem como as chinesas, estão a redefinir o segmento mais baixo do mercado de forma semelhante à que as transportadoras aéreas como a Southwest utilizaram para redefinir as viagens aéreas nos Estados Unidos.

O mercado formal está a substituir os mercados informais de segunda mão. Mas em resultado da exposição a marcas globais nestes mercados *tokunbo*, as expectativas dos consumidores podem ser muito elevadas. Por exemplo, um gestor em Lagos disse-me que preferia ter um BMW usado do que um Mitsubishi novo, embora os preços fossem aproximados.

Por toda a África, os mercados de segunda mão estão a satisfazer a necessidade de bens de elevada qualidade a preços reduzidos. Estes mercados de segunda mão poderiam ser organizados, como no caso da Goodwill ou as lojas de segunda mão particulares nos Estados Unidos. O mercado *tokunbo* também evidencia a enorme procura de produtos baratos com um nível adequado de qualidade e reputação.

Organizar a Distribuição

No Cairo, Yasser El Sayyad, presidente e diretor geral da Multi Service for Trade, explicou como construiu o seu negócio resolvendo o problema da distribuição de chocolate, bolos, compotas, leite de soja e uma série de outros produtos. Em cima da sua mesa estavam bolos de coco e chocolates. No frigorífico havia leite de soja e iogurte. Para vender barras Mars Galaxy teve de pensar numa solução para a distribuição a 40 000 estabelecimentos, desde supermercados até pequenos quiosques, espalhados por todo o Egito. O chocolate é particularmente exigente, porque requer refrigeração. Por isso, tiveram de fornecer frigoríficos aos retalhistas que mais vendiam. Muitos lojistas desligavam os frigoríficos durante a noite para poupar na eletricidade. Os lojistas também os utilizavam para guardar bebidas, produtos da concorrência e até peixe. O problema da distribuição, afirmou ele, é «que o mercado não está preparado.»

Por que razão não criam as empresas os seus próprios sistemas de distribuição? O ex-executivo da PriceWaterhouse respondeu que ganhou contratos com empresas ocidentais importantes porque conhecia o mercado local. A sua empresa conhece os consumidores locais e os pequenos retalhistas não organizados. Recorre à informática para determinar a rota, encontrando assim o melhor caminho numa rede retalhista complexa e fragmentada. Para chegar ao mercado, entrega as mercadorias em camiões, e até em bicicletas e burros.

Na África do Sul, a Coca-Cola usa uma combinação de camiões, bicicletas e carretas de vendedores ambulantes para transportar as suas bebidas das ruas largas das grandes cidades para as ruas estreitas das regiões densamente povoadas e para as aldeias rurais. Na Nigéria, a Guinness utiliza pequenos carrinhos de empurrar *pousse-pousse* para vender a Malta, sem álcool. Na Zâmbia, a Gillette utilizou 18 000 rapazes de bicicleta para vender pequenos cartões com cinco unidades baratas de duas lâminas. Foi assim que levaram o seu produto a todo o país e as vendas subiram de 5000 para 750 000 unidades, em 2004. No Malawi, os produtos da Colgate e outras marcas eram distribuídos por camião, fazendo um circuito de 965 km todos os meses. No Zimbabué, o popular *snack* de milho ZapMax, fabricado por um pequeno empresário e vendido originalmente na fábrica, passou a ser vendido na traseira de camiões que percorriam as zonas densamente povoadas. A empresa leva o produto às pessoas em vez de aguardar que as pessoas venham até ele.

Apesar de os canais retalhistas formais estarem ainda a emergir, as empresas utilizam canais informais para chegar até aos consumidores. O Gana é um país com um produto nacional bruto (PNB) *per capita* de apenas 500 dólares, bem como uma rede de retalho e uma infraestrutura pouco desenvolvidas. No entanto, a Unilever tem sido capaz de pôr em prática no país um negócio de muitos milhões de dólares utilizando pequenas embalagens. A empresa criou uma rede de pequenos retalhistas, alguns deles com lojas minúsculas, o que lhe permitiu chegar a 80% da população. Depois, em 2003, para reforçar isto, a Unilever acrescentou vendedores nas zonas rurais para distribuir os produtos em aldeias remotas com mercados intermitentes (dias de mercado) que são difíceis de integrar num plano geral. O sistema pode parecer muito afastado do que se passa noutras partes do mundo, mas permitiu à Unilever montar um negócio lucrativo no país.

Inicialmente, a distribuição de cerveja sul-africana dependia de *pubs* situados em pátios interiores, chamados *shebeens*, que vendiam as suas próprias cervejas fermentadas ilegalmente, servidas em velhas latas de compota. Até 1962, os negros sul-africanos estavam proibidos de comprar cerveja fermentada comercial. Quando a proibição acabou, a South African Breweries (SAB) utilizou os *shebeens* locais e outras pequenas lojas para construir o seu negócio, fornecendo quase toda a cerveja que nelas era vendida. A SAB desenvolveu uma rede de motoristas que poderiam entregar os produtos por estradas rurais de mau piso, muitas vezes ajudando os seus antigos empregados a estabelecer-se com os seus negócios de transporte por camião. Não deixando nada ao acaso, a empresa necessitou também de se assegurar que os seus distribuidores rurais tinham frigoríficos e até geradores para os manter a funcionar.

Há também mercados temporários como os *souks* de Marrocos, que aparecem durante algum tempo e depois são desmontados. Os mercados africanos são fragmentados, sendo dominados por lojas onde mãe e pai vão fazer as compras, como os *hanouti*, em Marrocos, e as lojas *spaza*, na África do Sul. Isto torna a distribuição difícil, mas as empresas que conseguem organizá-la têm uma enorme vantagem em levar os seus produtos aos cantos mais recônditos.

Nas cidades populosas, a entrega é essencial aos negócios, desde comida rápida a artigos de mercearia. As ruas estão congestionadas e é impossível estacionar. A entrega ao domicílio surgiu como o canal de venda mais importante. A McDonald's e outros restaurantes de comida rápida transportam as refeições em motoretas através do trânsito do Cairo. Estas entregas representam 27% das vendas da McDonald's no Egito e 80% das de alguns concorrentes ([12]). Metade das vendas dos restaurantes egípcios da Americana (ver destaque) é feita fora dos estabelecimentos, não nas janelas que servem os automobilistas, mas por entrega ao domicílio. Para desenvolver a sua capacidade de distribuição, a Americana estudou as melhores práticas da Domino's e outras empresas nos Estados Unidos, na Austrália e em Singapura, tendo-as depois aperfeiçoado. Atualmente, os seus sistemas de entrega são os melhores do mundo e os outros concessionários aprenderam com eles. O sofisticado sistema integra *call centers*, uma base de dados sobre a rota a seguir, desenvolvida a muito custo a partir de dados governamentais, e uma rede de «pilotos» de mota com uma caixa para manter os alimentos quentes ou frescos.

> Nos 40 anos que decorreram desde a sua fundação, a Americana criou um negócio de mil milhões de dólares de comida rápida, mercearias e bens de consumo de rotação rápida, no Egito e no Médio Oriente, procurando servir sobretudo a parte do mercado com maior poder de compra. A empresa possui 800 restaurantes para marcas como a KFC, Pizza Hut (Yum! Brands), Hardees (Carl's Jr.), Krispy Kreme, TGI Fridy's, Costa cafés e o seu conceito local, Chicken Tikka. A Americana foi fundada pelo Sr. Nasser Al Kharafi, do Kuwait, considerado nas

listas da *Forbes* uma das pessoas mais ricas do mundo. A companhia é chefiada pelo diretor geral Moatz Al-Alfi, um respeitado empresário egípcio.

Os segmentos de topo do mercado egípcio (a África Um, como vimos no capítulo 3) representam apenas 6% da população, mas num país de mais 70 milhões de habitantes, estes 6% totalizam mais pessoas do que todo o Kuwait. Além disso, se a empresa conseguir penetrar no nível seguinte (a África Dois), que se pode dar ao luxo de ir ao restaurante de dois em dois meses, isso representará mais 30% do mercado, como vimos no capítulo 3. A frequência deste segmento está a aumentar. As marcas da Americana seduzem também a juventude, pelo que a demografia do Egito também joga a seu favor, pois 50% da população tem menos de 25 anos. A atração das marcas tem menos a ver com determinada classe de rendimento, é mais o reflexo de determinado estilo de vida. Mesmo assim, o Egito é um dos mercados mais difíceis do Médio Oriente. Não há grande tradição de ir comer fora, embora a tendência se esteja a alterar. Os custos são superiores no Egito e os preços de venda são cerca de 50% inferiores aos dos países do Médio Oriente ricos em petróleo. Encontrar imóveis e fontes de financiamento fiáveis tem sido igualmente difícil. No entanto, vale a pena tentar ultrapassar estas dificuldades. «Tem-se a oportunidade de liderar o mercado», afirmou Borhan El Kilany, o diretor de marketing da empresa. «Se se for para os Estados Unidos, todos se esfolam por uma quota de mercado de 2%.»

Para ter êxito no Egito, a empresa teve de construir a sua própria infraestrutura, o que em parte explica ter-se dedicado a produtos de rotação rápida. Para apoiar os restaurantes, criou empresas que produzem frango congelado e batatas fritas, e tornou-se o fabricante dos produtos da Heinz no Médio Oriente. A sua primeira incursão na comida congelada, nos anos 70, foi um fracasso, porque não havia congeladores em número suficiente, quer nas casas quer nos vendedores. A fábrica foi convertida para preparação de conservas. Todavia, a empresa regressou mais tarde com êxito à comida congelada, fornecendo milhares de congeladores aos retalhistas para guardar os seus produtos (e afinal também os dos seus concorrentes...). Para realçar o valor da comida congelada, por comparação com a fresca, lançou uma campanha publicitária.

> Trabalhar no Egito exige um grande investimento e muito empenho. «Não se apresse. Opte por um compromisso a longo prazo. Nada de fazer incursões relâmpago», como disse o diretor executivo da Americana, Amgad El Mofty. Encontrar uma liderança forte é também um problema e um fator crítico de sucesso. Mofty veio do Citybank e outros gestores de topo vieram de empresas como o Hilton e a Procter & Gamble. «Cada porta para um mercado tem a sua chave própria», afirmou Borhan El Kilany, o diretor de marketing.

As Empresas enquanto Mercados

Em muitos mercados, as multinacionais e as outras grandes empresas são a sua parte mais bem organizada. Os funcionários das grandes empresas instaladas em África dispõem de emprego e acesso à informação, o que faz deles segmentos de mercado de primordial importância. Em regiões com marketing e canais de distribuição limitados, estas grandes empresas podem ser um canal-chave para a distribuição dos produtos. Os empregadores possuem a sua própria infraestrutura e pretendem melhorar a vida dos seus empregados. Por exemplo, a Novartis desenvolveu um kit para a malária destinado aos empregados da Shell na Nigéria, como se pode ver na imagem 21 do extratexto, com informação sobre a prevenção, testes e comprimidos. Este é um recurso vital para os trabalhadores e a Shell lidarem com a doença, mas é também um mercado que já foi organizado pela própria companhia.

As empresas estão também a fornecer canais para iniciativas bancárias, pois os empregados são pagos com cartões de valor ou depósitos realizados diretamente nas suas contas. Esta prática pode muito bem ser a sua primeira utilização dos serviços bancários. A debilidade das infraestruturas também proporciona uma oportunidade para as firmas que prestam serviço a outras empresas. Por exemplo, o Ahmed and Maher Bouchamaoui Group, na Tunísia (Al Majd Holding), e a RedMed Company, na Argélia, criaram algumas das maiores empresas do Norte de África ao fornecerem habitações, transportes, centros de formação e outras infraestruturas à indústria petrolífera.

Estratégias Públicas e Privadas em Paralelo

Por vezes, o mercado, sobretudo quando está relacionado com uma questão de saúde ou social, pode ser organizado mediante o efeito sinergético de iniciativas públicas e privadas. Cerca de 80% dos casos de malária ocorrem em África. Trata-se de um enorme problema e de uma grande oportunidade. O medicamento Coartem, para a malária, desenvolvido pela Novartis, representa um avanço na luta contra a doença, com um tratamento de três dias altamente eficaz. Os maiores obstáculos, no entanto, são o custo, a distribuição, a perceção do problema e a informação. A Novartis enfrentou estas dificuldades com uma estratégia simultaneamente pública e privada. Forneceu o medicamento quase a preço de custo ao Fundo Global e à Organização Mundial de Saúde, que o distribuíram gratuitamente às crianças e cidadãos carenciados da Nigéria e outras partes de África. Ao mesmo tempo, instalou o seu próprio negócio comercial para servir os clientes mais ricos através das farmácias e dos médicos.

Colocar apenas os instrumentos nas mãos das pessoas não é suficiente. Noelle Jude, gestora de ligação da Malaria Initiative com a Novartis, lembra-se de ter visto um pescador no Senegal a usar um mosquiteiro para pescar. Avisou-o da necessidade de proteger a sua família contra a malária e da contaminação potencial da água com a rede, infestada de pesticidas. A resposta foi: «Prefere morrer de fome em vez de malária?» Para o Coartem, a Novartis criou muitos materiais de informação e embalagens com ilustrações a encorajar o uso adequado dos medicamentos. A empresa publicou até livros de banda desenhada em várias línguas, destinados às crianças, para informar acerca da malária e debater a sua prevenção e tratamento.

Este tipo de informação é claramente necessário. Numa enfermaria para doentes de malária, num hospital dos arredores de Lagos que visitei em julho de 2006, um bebé enrolado num cobertor com desenhos castanhos estava ligado a um tubo intravenoso com um medicamento para a doença. Havia outras crianças de várias idades em camas de hospital metálicas, com as mães ao lado. Apenas uma de mais de meia dúzia de crianças estava a ser medicada com Coartem, embora o medicamento fosse fornecido gratuitamente por estes departamentos hospitalares. A rapariguinha estava a receber uma dose errada. Muitas estavam a ser objeto de tratamentos que se tinham tornado menos eficazes porque a resistência a eles tinha aumentado. Na passagem coberta entre os edifícios havia filas de doentes alinhados em bancos. O hospital atendia cerca de 150 doentes por dia. Nas regiões costeiras, durante a estação das chuvas a malária representava entre 80% e 90% dos casos à espera de ser vistos pelos médicos.

O diretor clínico do hospital, que estudara na Rússia antes de regressar à Nigéria, reconhecia que havia um caminho que ia da caridade ao comércio. «A Nigéria não é um país pobre», disse ele enquanto fazíamos uma visita aos executivos da Novartis. «Somos ricos em petróleo. Apenas somos pobres em gestão. Mas estamos a melhorar. Sabemos que os doadores nem sempre poderão distribuir medicamentos. Quando a empresa já não os puder dar, iremos nós mesmos adquiri-los.»

Dado que a malária é um problema que afeta quase todos num país como a Nigéria – independentemente do rendimento e da informação –, há, por um lado, um mercado comercial muito ativo de medicamentos eficazes, enquanto, por outro, se sente a necessidade imperiosa de distribuição subsidiada aos pobres. Esta estratégia dualista ajuda a lidar com ambos os problemas.

O Coartem também enfrentou desafios da concorrência. O mercado foi invadido por produtos baratos e menos eficazes, incluindo monoterapias. Painéis publicitários nas bermas das estradas e cartazes e calendários nas farmácias dos hospitais chamam a atenção para estes medicamentos e salientam que são *made in Nigeria*. Numa farmácia de Lagos, um cartaz dizia: «O amargor dos medicamentos de baixa qualidade permanece muito depois de ter passado a doçura do seu preço baixo». No entanto, nas prateleiras, lado a lado com produtos farmacêuticos de marca, muitos deles com os números de registo do Infarmed nigeriano, estavam tónicos para o sangue e outros remédios populares como os antigripe do Dr. Meyer. Dora Akunyili, diretora geral da NAFDAC (National Agency for Food and Drug Administration and Control) nigeriana, lançou o que foi designado como «Outra Guerra às Drogas» para reprimir uma epidemia de medicamentos ilegais. Uma análise feita em 2001 permitiu saber que 60% dos medicamentos não estavam registados na NAFDAC e que os Nigerianos eram das vítimas mais frequentes em todo o mundo em relação aos falsos medicamentos ([13]). Muitos destes falsos medicamentos são também provenientes da China e doutras partes do mundo.

A distribuição pelas farmácias, na Nigéria, tem também muitos circuitos intrincados. Muitas vendas, mesmo de medicamentos sujeitos a receita médica, eram feitos diretamente nas farmácias sem essa receita. Quando visitei uma farmácia pequena e desorganizada numa rua secundária suja, ela vendia um tratamento de três dias com Coartem por cerca de 1100 *naira* (cerca de nove dólares). Alguns quarteirões mais à frente, numa farmácia maior e um pouco melhor, o custo do mesmo tratamento eram 1590 *naira* (cerca de 13 dólares). Na farmácia do Hospital Universitário de Lagos custava 1310 *naira* (cerca de 11 dólares), embora houvesse um departamento que fornecia de graça o tratamento aos pobres. A rede de distribuição para as farmácias não organizadas tinha quatro intervenientes, ao passo que o hospital universitário recebia os medicamentos diretamente do importador. Apesar disso, as farmácias não organizadas eram mais baratas. Como já se disse antes, reformular estes sistemas de distribuição fornece uma oportunidade para organizar o mercado.

Como se pode ver pelos livros de banda desenhada e outros materiais informativos da Novartis, a informação é um aspeto crítico para organizar o mercado. A Unilever está a trabalhar com o Banco Mundial numa campanha para promover a lavagem das mãos no Uganda, país onde um estudo de 2006 permitiu concluir que apenas 14% dos adultos lavam as mãos depois de ter ido à casa de banho. Ao colaborar com o Banco Mundial na promoção da higiene, a Unilever pode não só melhorar a saúde, mas também construir um mercado futuro para o seu sabonete Lifebouy ([14]).

As estratégias público-privadas são sempre importantes quando se trata de construir infraestruturas como estradas e portos, mas nos mercados africanos esta abordagem é importante, a um nível mais profundo. Dados os problemas sociais existentes, surgem oportunidades de colaborar com o Estado, as ONG e outros intervenientes no sentido de criar infraestruturas que constituam a base de atividades económicas, como pude verificar nos países que tive ocasião de visitar por toda a África.

Organizar o Mercado Farmacêutico

Além dos produtos farmacêuticos de marca de empresas como a Novartis, o mercado dos genéricos está a crescer rapidamente. Em 2001, a firma farmacêutica indiana Cipla introduziu no mercado uma combinação genérica inovadora de três medicamentos antirretrovirais em apenas um comprimido, que mudou radicalmente o tratamento do VIH/SIDA e o seu preço. O novo tratamento triplo era fornecido inicialmente pelo preço inaudito de apenas 350 dólares por ano e depois disso continuou a baixar ([15]). Em 2006, o mercado africano de produtos farmacêuticos valia cerca de 9 mil milhões de dólares, sendo na Índia entre 6 e 7 mil milhões e na China talvez de 12 a 15 mil milhões. A empresa de genéricos sul-africana Aspen Pharmacare foi fundada numa casa particular de Durban, em 1997, e fabrica medicamentos para tratar o VIH/SIDA. Foi crescendo ao ritmo de 40% ao ano, tornando-se o maior fabricante de medicamentos da África do Sul, tendo anunciado vendas de mais de 4 mil milhões de rands (aproximadamente 600 milhões de dólares) em 2007 ([16]). No Egito, os genéricos são responsáveis por cerca de 55% de um mercado de medicamentos que chega aos mil milhões de dólares. Um terço deste valor é de medicamentos vendidos sem receita médica. Mais de metade das vendas é de produtos de empresas nacionais, e são os consumidores abastados que realizam a maior parte da despesa (África Um, como se viu no capítulo 3).

Os contrabandistas introduzem produtos mais baratos nos países vizinhos a partir do Egito. Para contribuir para o controlo desta situação, a Novartis desenvolveu os seus próprios sistemas de dados para manter sob vigilância os medicamentos numa rede de 23 000 farmácias e definiu limites às vendas realizadas por cada um dos distribuidores sem a autorização de um gestor. A maioria destas farmácias não dispõe de sistema de informação próprio para controlar tal informação. A indústria tem igualmente de controlar os prazos de validade. Os retalhistas alteram-nas, por vezes, pelo que a empresa tem também de vigiar o problema de muito perto. A Novartis teve de organizar o mercado.

As oportunidades no mercado farmacêutico de África atraíram o interesse de muitas empresas globais, sobretudo das que tiveram êxito no fornecimento de produtos farmacêuticos baratos aos países em desenvolvimento. «Penso que a África tem tendência para crescer», afirmou o diretor regional da Ranbaxy para a África e a América Latina, Ranjan Chakravarti, numa entrevista de maio de 2006. As vendas no mercado sul-africano, onde está sedeada, cresceram 15 vezes nos últimos quatro anos, sucesso que atribui a uma estratégia de localização, a um portefólio de produtos que se centra nos mercados emergentes e à «paciência». São necessários dois anos e meio para registar um produto na África do Sul. A Ranbaxy iniciou a sua atividade na Nigéria há 20 anos, tornando-se a segunda empresa de medicamentos mais importante do país. Mesmo assim, a concorrência era um pouco menos intensa do que no país de origem, com 175 empresas farmacêuticas na África do Sul, enquanto na Índia eram entre 400 e 500.

Os graves problemas de saúde nos países africanos e noutros países em desenvolvimento estão a encorajar algumas inovações nos cuidados de saúde. Um produto novo interessante é a tecnologia «laboratório num microprocessador», desenvolvida pela empresa LabNow, Inc., de Austin, nos Estados Unidos. O microprocessador permite que o VIH/SIDA seja testado por técnicos relativamente não especializados sem terem de enviar as amostras para o laboratório.

Organizar os Transportes

Visitei a praça de táxis de Germiston, nos arredores de Joanesburgo, onde os motoristas de «táxi» fazem bicha logo às duas da manhã para conseguir transportar os clientes, que só chegarão algumas horas depois, e dar início à sua longa viagem desde os subúrbios até aos empregos de baixos salários nas cidades. Grupos de cerca de 20 trabalhadores eram enfiados num monovolume concebido para nove pessoas apenas, e muitos destes monovolumes nem deveriam sequer andar na estrada. A praça era uma área irregular e desordenada, apinhada de gente, frustração e crime. O meu motorista disse-me que o melhor era não andar por ali depois das seis da tarde.

Na Nigéria, as motocicletas chamadas *okada* fazem a vez dos táxis, tornando-se a forma mais comum de transporte informal devido ao seu baixo custo e à flexibilidade para passar pelas ruas congestionadas das cidades e pelos caminhos das aldeias. Os empresários que os conduzem, amiúde à doida, podem adquiri-las por 55 000 a 70 000 *naira* (450 a 500 dólares), mas muitas são alugadas ao dia. O fabricante chinês Jincheng possui a maior quota de mercado: quase 50%. Devido a preocupações com a segurança, a Nigéria proibiu as motocicletas-táxi em Abuja e noutras cidades. A África do Sul também está a trabalhar para eliminar os seus miniautocarros-táxi.

Estão a surgir alternativas aos táxis. O consórcio malaio Neweye anunciou planos para começar a construir em setembro de 2007 um sistema ferroviário ligeiro privado, para fazer a ligação entre o bairro do Soweto e Joanesburgo. Destinar-se-ia a substituir os comboios públicos ineficientes e os táxis informais, lentos e sobrelotados.

Há em toda a África uma oportunidade enorme para efetuar transportes a preços baixos aberta a quem saiba organizar o mercado. Todas as pessoas que precisam de se deslocar a algum lado têm de dispor de sistemas organizados que o permitam fazer. Isso cria oportunidades para autocarros e táxis, que estão a ser aproveitadas por empresas como a Tata Motors, a qual está a conceber veículos destinados aos mercados africanos. Mas onde estão os táxis normais? O Campeonato do Mundo de Futebol de 2010 acentuou a pressão sobre o governo sul-africano para fortalecer e melhorar as infraestruturas antes de milhares de turistas afluírem ao país.

Há ainda muitos pontos fracos em África. Por exemplo, Argel é uma cidade praticamente sem semáforos. Uma imensidão de polícias faz as vezes destes sinais de trânsito, que são comuns em qualquer grande cidade. Tal como em muitas partes deste continente, falta a infraestrutura. Todavia, este tipo de lacuna pode criar oportunidades para se dar um salto em frente. Na Índia e noutras partes do mundo em desenvolvimento, por exemplo, os governos estão a passar diretamente para luzes LED a energia solar, que tiram partido da tecnologia mais atual e evitam os problemas do fornecimento imprevisível da eletricidade pública.

Organizar as Marcas e o Marketing

Embora só tenha chegado aos mercados africanos na década passada, o fabricante coreano LG Electronics registou um progresso rápido ao organizar ativamente o mercado. As experiências da LG em Marrocos são um exemplo do seu uso astuto de promoções e comunicações para organizar o mercado. Quando a LG chegou a Marrocos, em 2000, a Sony já era a marca dominante, mas apenas vendia através de comerciantes, em vez de concessionários. Desde 2000, a LG tem registado uma taxa de crescimento anual de quase 50% em Marrocos, impulsionada em grande parte pelas suas promoções centradas nos dias santos muçulmanos. A empresa organizou promoções de frigoríficos durante o Eid-al-Kebir, o Festival do Sacrifício, quando os muçulmanos devotos sacrificam um cordeiro no décimo dia do último mês do calendário muçulmano. Em 2007, a LG vendeu 30% dos seus frigoríficos durante este período.

A LG percebeu que o Ramadão é um período importante para vender televisões, porque é nesta altura que são apresentados muitos novos programas de televisão. A LG fez promoções para o Ramadão e em 2007 este período santo representou 25% das suas vendas de televisões e de outros equipamentos. A LG também se introduziu no mercado da diáspora que regressa a casa. No verão, os Marroquinos que vivem e trabalham no estrangeiro regressam em massa ao seu país, com os bolsos cheios de dinheiro, pelo que a LG organizou grandes promoções destinadas a estes trabalhadores que regressam, aos membros das suas famílias e a outros visitantes. O turismo em Marrocos está também a aumentar a procura de televisões de ecrã plano nos hotéis, aeroportos e linhas aéreas. Atualmente, a LG faz 12% das suas vendas durante o mês turístico de junho. A empresa também organiza anualmente um dia da mulher.

Em conversas com Ali Lakhdar, da LGE, em Marrocos, em 2007, fiquei a saber que além das promoções, a LG organizou o mercado através de comunicações e de dar a conhecer a marca. Foi a primeira empresa a fazer investimentos substanciais nos meios de comunicação para aumentar o conhecimento da marca, incluindo painéis publicitários exteriores e patrocínio de concertos e eventos desportivos. A LG tornou-se um dos anunciantes mais importantes da televisão, em Marrocos. Em 2001, lançou a Taça de Futebol LG. Isto contribuiu para posicionar a marca como um objeto de desejo, visando alcançar o segmento mais alto do mercado e os que aspiravam a integrá-lo. Em 2003, lançou o programa LG Esperança, em Marroco, com a equipa de voluntários médicos da Universidade da Coreia, oferecendo cirurgias grátis aos jovens marroquinos com lábio leporino. Construiu também 100 minilojas da marca dentro de lojas de eletrónica e um salão de exposições para a gama alta, em Casablanca.

Segundo estudos da Nielsen, o conhecimento da marca LG obtido sem promoção, em Marrocos, alcançou 71% em 2006. No mesmo ano de 2006, a LG tinha conquistado mais de um terço do mercado dos ecrãs digitais e 40% do mercado de equipamentos digitais, bem como 15% do mercado de telemóveis.

A companhia também teve êxito no desenvolvimento da marca noutras regiões da África. Na África do Sul, a LG era a marca de artigos eletrónicos mais conhecida, segundo a sondagem Markinor sobre o valor das marcas, ultrapassando outras mais implantadas como a Sony e a Philips, e ficando entre as 10 melhores marcas de bens de consumo. Apesar de só em 2004 ter entrado na Nigéria, dois anos depois já dominava 40% do mercado em eletrodomésticos. O seu sucesso foi atribuído a fortes laços com os negociantes locais, à sua própria força de venda e à capacidade de comunicação do seu marketing: 60% dos consumidores nigerianos conheciam a marca. No Sudão, a empresa abriu o maior salão de exposições de equipamentos digitais de toda a África, em 2006 ([17]).

Todavia, o problema de ser pioneiro na organização do mercado é tornar mais fácil à concorrência enveredar pelo mesmo caminho. Para além da concorrência, a LG enfrentava as ameaças dos contrabandistas, que não pagam impostos sobre as importações, e dos artigos contrafeitos provenientes da China. Marcas mais recentes de produtos baratos como a Goldvision, fabricados em Marrocos para evitar os impostos sobre as importações, destinavam-se ao mercado intermédio. (No início de 2007, a LG importava os seus produtos e não tinha fábrica em Marrocos.)

A LG teve de continuar a organizar o mercado para se manter na liderança. Mais recentemente, a empresa dedicou-se em Marrocos aos serviços pós-venda. Construiu 30 centros de serviços por todo o país, organizando o respetivo mercado e começando a satisfazer assim uma promessa feita aos consumidores de que, se trouxessem um equipamento, seria reparado num prazo de 24 a 36 horas. Fora da cidade, o prazo seriam 36 a 48 horas. Ao organizar o mercado e as comunicações, a LG construiu um negócio e uma presença importantes em África.

Os mercados africanos são dominados por negociantes que estão interessados em vender produtos e não em consolidar marcas. Esta situação dá uma oportunidade às empresas para fazerem investimentos que desenvolvam as marcas nos mercados africanos, tal como sucedeu com a LG. Algumas empresas podem pensar que os mercados não são suficientemente apelativos. Mas a experiência da LG revela que há grandes oportunidades para organizar o mercado, utilizando as comunicações do marketing, a distribuição, a prestação de serviço e o conhecimento sobre os hábitos de consumo.

Criar Marcas a partir de Produtos

Produtos como o açúcar e o arroz são habitualmente vendidos a peso em quiosques e outros pontos de venda por toda a África. O sabão para a roupa é vendido pelos donos das lojas depois de cortadas as respetivas barras. Outra forma de organizar o mercado é transformar estes produtos sem marca em artigos de marca. Por exemplo, a Dangote, empresa com sede na Nigéria, uma das maiores empresas comerciais da África, dedicou-se a construir marcas para o seu açúcar e o seu cimento. Em vez dos sacos de 50 kg de açúcar que vendia ao cliente final e pequenos retalhistas, que o dividiriam ainda mais, a empresa empacotava o seu açúcar em cubos e pacotes mais pequenos para venda a retalho. Dado que o mercado é muito sensível ao preço, a empresa enfatizava a superior qualidade adoçante do seu açúcar: uma colher dele equivalia a duas da concorrência.

A Dangote também começou a introduzir a sua marca no retalho, oferecendo aos retalhistas chapéus de chuva de cores laranja e amarela (na Nigéria, a estação das chuvas dura cinco meses) e pólos com o logótipo da Dangote, como se pode ver na imagem 22 do extratexto. Os pequenos lojistas tornaram-se cartazes ambulantes. Estas promoções destinam-se à África Dois e à África Três (os segmentos médio e baixo do mercado, como vimos no capítulo 3). A empresa estava a proceder do mesmo modo com o cimento. Esta estratégia contribuiu para passar de produtos indiferenciados para produtos de marca, construindo desta maneira um mercado.

Apesar de a Unilever há muito vender o detergente Omo na Nigéria e noutros mercados africanos, apresentou na Nigéria a sua nova barra Key para lavar a roupa e assim criar um produto que fosse atrativo para a África Três. Estes clientes compram habitualmente barras sem marca para lavar a roupa, nos quiosques locais, como alternativa mais barata aos detergentes em pó. A barra Key era uma versão de marca destas barras para lavar a roupa, com secções marcadas para que os vendedores ou os consumidores as pudessem cortar. No entanto, cada uma das secções tinha a marca Key. Os clientes também utilizavam estas barras de modo livre, tanto para lavar a roupa como para higiene pessoal, pelo que a empresa ensaiou diversas cores, passando das tradicionais barras verdes para barras aromáticas cor-de-rosa. Isto permitiu que a empresa criasse um mercado de barras de marca para competir com as alternativas sem marca.

Os mercados africanos, tal como a maioria dos mercados emergentes, começam por ser mercados genéricos. Para introduzir as suas marcas, as empresas necessitam de organizar estes mercados indiferenciados. Na África do Sul, o retalho atingiu um ponto em que os artigos genéricos de marca começam a surgir. Por exemplo, na África do Sul, o retalhista Pick'n Pay tem uma marca genérica popular simplesmente chamada «Sem Nome», tendo como alvo a África Dois e a África Três. Mas na maioria das secções do mercado, o uso de marcas está ainda a criar raízes. Parte da tarefa de organizar um mercado consiste em passar de produtos sem marca para produtos de marca.

Organizar a Educação e a Formação

Numa tarde de sexta-feira, quando visitei Suresh Chellaram no seu gabinete em Lagos, ele tinha uma almofada na cadeira que dizia: «Sem stress a minha vida seria vazia». Como diretor executivo da empresa Chellarams Group Plc, uma das suas maiores causas de stress eram os recursos humanos. O sistema de ensino nacional é de fraca qualidade. Isto significava que era difícil encontrar empregados, a todos os níveis, que possuíssem as qualificações necessárias. Por outro lado, era difícil atrair para o país gestores e pessoal qualificado emigrantes. Os melhores destes iam trabalhar para bancos e empresas multinacionais com salários mais elevados. A empresa, que fora fundada em 1923, na Nigéria, pelo bisavô de Chellaram, que viera de Sindh (no que é atualmente o Paquistão), importa e fabrica diversos produtos, incluindo químicos industriais, colchões de espuma, cosméticos, leite e queijo, motocicletas, geradores e roupas. A empresa passou mesmo aos serviços como *catering* para companhias aéreas e a gestão de salas de espera de aeroportos.

Para satisfazer a necessidade de educação e formação, a Chellarams teve de criar o seu próprio instituto. A empresa instalou um centro de formação num complexo de armazéns perto do aeroporto. Tem mais de 100 cursos de formação, desde tarefas tão simples como introduzir um parafuso numa porca até estratégia empresarial. Como o mercado não dispõe de empregados qualificados, a empresa teve de organizar o seu próprio sistema de formação para colmatar o défice.

Em Marrocos, a Coca-Cola patrocinou a sua própria universidade, ensinando os lojistas a usar folhas de Excel e formando pessoal de vendas. Muitas empresas têm de enfrentar dificuldades idênticas, embora, como se viu no capítulo 8, «Regressar a Casa: Oportunidades na Diáspora Africana», a diáspora esteja a satisfazer de algum modo a procura de gestores com experiência.

O Poder de Organizar Mercados

Os mercados africanos não são de acesso imediato. Falta quase sempre uma peça para que se possa completar o *puzzle*. No caso da Hanouti, era a possibilidade de oferecer crédito. Para a LG, foi a promoção e a publicidade. Para empresas como a Novartis, Unilever e Dangote, foi a promoção da marca. Por vezes, os sistemas de distribuição estão num caos. Muitas destas dificuldades com as infraestruturas criam oportunidades específicas para satisfazer as necessidades de energia, água potável e outros bens essenciais, como veremos no próximo capítulo. Todavia, as empresas também podem encontrar oportunidades pensando criativamente na forma de organizar as partes do mercado informais e desorganizadas.

Oportunidades Crescentes

- Como criar ou tirar partido das oportunidades em África organizando o mercado?
- Como se poderá organizar a distribuição?
- Como se poderão organizar as comunicações de marketing?
- Que oportunidades existem nos mercados de segunda mão?

- Como será possível transformar produtos sem marca em produtos de marca?
- Como será necessário organizar a educação?
- Como se poderão utilizar os canais existentes, como, por exemplo, os empregados da empresa?
- Como se poderão utilizar as parcerias com o Estado e outros agentes para organizar o mercado?

5

Construir uma Fábrica de Gelo para Mama Habiba: Oportunidades em Infraestruturas

As muitas fraquezas das infraestruturas e outras dificuldades que os países africanos enfrentam – como, por exemplo, em água potável, eletricidade ou serviços médicos – dão origem a oportunidades para iniciativas económicas que satisfaçam de forma lucrativa as necessidades sociais.

A África, tal como muitos outros mercados emergentes, é um continente cheio de necessidades. Tem escassez de água potável, eletricidade e medicamentos. As suas infraestruturas são fracas ou, em muitas áreas, inexistentes. Isto talvez faça da África o lugar que mais necessita de caridade em todo o mundo. Ou, pensando de outro modo, pode fazer dela o maior mercado potencial. As empresas que veem estes problemas como «oportunidades de trabalho» têm sido capazes de construir negócios de sucesso, ao mesmo tempo que apoiam os empresários locais. Muitas das nuvens negras de África deixam antever um conjunto de oportunidades.

Fornecer Energia e Gelo

Com um vestido estampado e *gele* castanho, o toucado tradicional nigeriano, Mama Habiba estava sentada numa cadeira à porta da sua pequena loja, num dia quente de julho de 2006. A sua loja estava situada no meio de uma fila de pequenas lojas no mercado POWA (nome que provém da Police Officers Wives Association), que se estendia de ambos os lados da rua, em Falomo, no setor Ikoyi de Lagos. Era o tipo de dia que nos faz desejar ter à mão uma garrafa fresca de coca-cola. Os seus registos mostravam que vendera 265 caixas de refrigerantes da coca-cola, em junho, ou seja, cerca de 5000 garrafas, acrescentando que as vendas eram muito superiores em dezembro, quando à estação seca se somava o feriado do Natal.

Uma garrafa de vidro de 35 cl com depósito era vendida por 35 *naira* (cerca de 25 cêntimos) e uma garrafa nova de plástico de meio litro era-o por quase o triplo do preço, 90 *naira* (mesmo assim com um desconto sobre os 100 *naira* gravados na tampa). Estes pequenos retalhistas representam cerca de 70% das vendas deste tipo de bebidas na Nigéria.

É claro que o seu frigorífico para as coca-colas, que ia do chão ao teto, e que é oferecido pela empresa como recompensa às lojas que vendem mais de 30 caixas por semana, apenas funcionava quando havia energia elétrica. Mama Habiba contou que por vezes não havia eletricidade durante dois dias. Quando não havia, os clientes tinham de tomar as bebidas mornas, mas a Coca-Cola estava a construir a sua própria fábrica de gelo para abastecer estas pequenas lojas durante os cortes de energia. Alguns dos lojistas mais prósperos do mercado POWA têm geradores na cave, o que lhes permite vender bebidas frescas quando falha o abastecimento de energia, o que é inevitável. Outros têm pequenos geradores à porta, no passeio, com a mesma finalidade, embora seja menos elegante. À porta de uma das lojas do mercado, um gerador vermelho Tigmax, de fabrico chinês, estava colocado sobre um pneu velho de automóvel para amortecer as vibrações, como se pode ver na imagem 23. (Os geradores constituem outra grande oportunidade de mercado, e talvez haja algum produto inovador que possa substituir o expediente do pneu para reduzir as vibrações.)

Os cerca de 700 milhões de pessoas da África subsariana, excluindo a África do Sul, têm tanto acesso a eletricidade como os 38 milhões de Polacos ([1]). Os edifícios de escritórios e as casas particulares mais abastadas da Nigéria têm em geral pelo menos um grande gerador. Até nos hotéis mais caros as luzes baixam ou tremeluzem momentaneamente quando os geradores se ligam. No ginásio do Sheraton de Lagos, quando não há produção de energia as luzes apagam-se e as passadeiras desligam-se por instantes até que um grupo de geradores quase tão grande quanto o pequeno ginásio se ligue ruidosamente. Alguns escritórios têm dois geradores, porque são tão utilizados que é necessário ter uma reserva para a reserva.

No Quénia, a Kirloskar, da Índia, fabrica geradores maiores, como o de 20 kW, cujo preço pode atingir cerca de 500 000 xelins quenianos (cerca de 7000 dólares). Concorrentes como a Honda, a Yamaha ou as empresas chinesas fabricam geradores mais pequenos para lojas e casas mais modestas, podendo custar algumas centenas de dólares. Nalgumas zonas rurais, contudo, a Kirloskar vende os seus maiores geradores a grupos de 30 famílias que se juntam para comprar um gerador mais potente com a ajuda financeira de uma ONG. Um gerador de potência média permite aos aldeãos ter a sua própria «central elétrica comunitária».

Quando visitei um executivo duma grande empresa da Tunísia, que é conhecida pela regularidade do seu fornecimento de energia elétrica, ouvi uma explosão. O gabinete ficou sem eletricidade e o gerador de reserva começou a funcionar. O computador dele nem sequer se desligou. Explicou que tinha um inversor que fornecia eletricidade em contínuo ao computador entre a perda de energia e o gerador começar a trabalhar.

Até países com infraestruturas mais estáveis, como a África do Sul, viram ameaçado o seu crescimento devido às limitações da eletricidade. Após uma série de apagões, no início de 2008, a África do Sul instituiu um programa de racionamento para os utilizadores industriais. Os cortes interromperam temporariamente as explorações mineiras, e pararam ou abrandaram outras atividades económicas num país que está habituado a um fornecimento regular de energia. O rápido crescimento e os atrasos na construção das infraestruturas necessárias conduziram a tais interrupções ([2]). Além da expansão da Eskom, estatal, o governo tem encorajado o desenvolvimento privado, incluindo um projeto liderado pela empresa norte-americana AES, que está a construir duas centrais que irão produzir 1000 megawatts ([3]). No entanto, tudo isto irá demorar vários anos.

Isso pode significar que enquanto estas centrais elétricas não estiverem acabadas, aumentará o mercado de geradores e de alternativas como os painéis solares. Por exemplo, após os apagões terem perturbado o tráfego em Joanesburgo, os funcionários do trânsito instalaram equipamentos solares de reserva nos semáforos para evitar o caos do sistema de circulação. Os painéis solares também fornecem energia elétrica em áreas que estão fora da rede. Com uma série de painéis solares, uma pessoa numa aldeia rural pode obter energia para o televisor ou para carregar um telemóvel. No Uganda, quatro aldeias remotas perto de Ford Portal utilizam uma combinação de computadores a energia solar, redes móveis e telemóveis para se ligarem ao mundo, quando o telefone fixo mais próximo está a mais de seis quilómetros. Embora ainda seja cara até nos países desenvolvidos, a energia solar regista um rápido crescimento em todo o mundo, o que irá contribuir para o seu embaratecimento. Entre 2004 e 2007, o mercado mundial das empresas dedicadas à energia solar aumentou de mil milhões de dólares para mais de 70 mil milhões.

A energia eólica é outra possibilidade. A African Wind Energy Association chama a atenção para o facto de a localização equatorial não permitir à África tão grandes recursos eólicos quanto latitudes mais elevadas, mas o rápido crescimento da energia eólica na Índia é um sintoma do potencial existente (*www.afriwea.org*). As montanhas do Atlas, em Marrocos, já estão cobertas com filas de geradores eólicos, parte de um plano para obter desta fonte 10% da eletricidade do país a partir de 2011. A África possui uma das reservas mais vastas de urânio, pelo que a energia nuclear pode vir a ser uma fonte importante de energia no futuro.

Existem outras soluções criativas. Magara Bagayogo, o presidente da câmara de Kelea, no Norte do Mali, converteu a sua aldeia ao óleo de jatrofa, produzido localmente como parte de uma iniciativa para se obter energia verde ([4]). No Quénia, a empresa TechnoServe criou uma tecnologia que utiliza borras de café, processando-as para obter gás metano, ao mesmo tempo que limpa a água extremamente ácida, que pode contaminar o solo.

A disseminação de outras tecnologias, como o telemóvel, pode por vezes ajudar a colmatar as carências de energia. Para manter a sua rede telefónica a funcionar na Nigéria, a empresa de telecomunicações Multi-Links instalou geradores em quase todas as suas torres. Onde não havia linhas instaladas no solo, a empresa necessitou de satélites. As operadoras de telemóveis tiveram também de se preocupar com a segurança das torres. No Quénia, a Celtel permitiu aos aldeãos usar a eletricidade das suas torres instaladas nas zonas rurais para carregar os telemóveis. É uma dádiva à comunidade, mas também lhe dá uma razão para proteger as torres do vandalismo. Nas zonas rurais, os empresários realmente empreendedores também instalam baterias de automóveis para carregar telemóveis e outros equipamentos elétricos, mediante pagamento. A ASSAD, na Tunísia, montou um negócio florescente de venda de baterias de substituição para a indústria automóvel em crescimento, além de outras baterias industriais.

Outras inovações, como a substituição de lâmpadas incandescentes por LEDS, reduziu as necessidades de energia. Na África do Sul, a Coca-Cola oferece refrigeradores a parafina que não têm fios elétricos. Para segmentos mais ricos (apenas 6% dos residentes de Tunes, por exemplo, possuem ar condicionado, embora 90% tenham televisor), o aparelho de ar condicionado é um artigo popular. Há uma enorme necessidade de inovações e de novas fontes de energia elétrica.

O Banco Mundial aumentou o financiamento dos projetos energéticos na África subsariana, passando de 250 milhões de dólares, em 2002, para mil milhões de dólares em 2007. A África do Sul planeia gastar mais de 20 mil milhões de dólares em melhoramentos, e a China e a Índia financiaram grande parte dos 1,2 mil milhões de dólares para as melhorias planeadas para a Zâmbia ([5]). A maior barragem hidroelétrica mundial foi proposta para o rio Congo, no Congo-Kinshasa. A barragem Grand Inga custaria 80 mil milhões de dólares e teria duas vezes a capacidade da barragem das Três Gargantas, na China. Poderia produzir energia elétrica para servir 500 milhões de africanos, que agora não dispõem de eletricidade. Em 2008, a Nigéria desenvolveu um plano para investir mais de 20 mil milhões de dólares para desviar a sua abundante oferta de gás natural líquido, uma exportação fundamental, para produzir energia internamente. O plano pretendia que se dedicasse entre 25% e 30% do gás para fazer face à crise energética do país, que é considerada um fator limitativo do seu crescimento.

No outro extremo, estão a ser desenvolvidas soluções em pequena escala. Por exemplo, a empresa suíça Solar 3, que em 2007 ganhou o prémio da Companhia Europeia de Energia Renovável do Ano, desenvolveu uma solução três-em-um para satisfazer a necessidade de energia, água e formação nos mercados dos países em vias de desenvolvimento. O aparelho produz eletricidade a partir do sol e do vento, água a partir da humidade do ar e está equipado com um computador portátil simples e resistente com *software* educativo. A empresa está a testar a sua «Pequena Casa do Vento» em África e noutras regiões do mundo em vias de desenvolvimento. O Davis and Shirtliff Group criou um equipamento semelhante no Quénia, uma bomba de água que pode ser alimentada com painéis solares, turbinas eólicas ou ambas em simultâneo.

A energia é uma preocupação crucial em África. Segundo o Banco Mundial, a ausência de garantia de fornecimento contínuo de energia já reduziu as taxas anuais de crescimento em mais de 2% nos países onde se registam os cortes mais severos. Embora o agravamento dos cortes de energia esteja a prejudicar o crescimento e a agravar a poluição, a necessidade energética também contribui para definir os mercados. A procura de energia está a impulsionar novos investimentos em projetos de grande escala neste setor, além de criar mercados para geradores mais pequenos: solares, eólicos e outras soluções.

Bombas de Água

Fornecer a infraestrutura para extrair água do solo e distribuí-la constitui também uma enorme oportunidade. No Egito, um país onde a pressão da água é baixa, a empresa italiana Calpeda tornou-se líder do mercado das bombas de água para casas particulares, embora os seus produtos sejam duas ou três vezes mais caros do que os dos concorrentes chineses e indianos. Por ano são vendidas no Egito mais de 100 000 destas bombas, o que representa um mercado de mais de 7 milhões de dólares.

Uma das soluções mais inovadoras para o problema de bombear água num mundo em que há escassez de eletricidade foi a desenvolvida pela Roundabout, uma organização sem fins lucrativos. Criou uma *playpump*, que usa rodas de carrossel com que brincam as crianças para bombear água para aldeias rurais em África. Este projeto permitiu fornecer água potável a centenas de milhares de africanos. A norte-americana KickStart, outra organização sem fins lucrativos, criou ferramentas acessíveis, como uma bomba de irrigação barata. A bomba ajudou a criar mais de 50 000 novos negócios até novembro de 2007, e calcula-se que estes geraram 54 milhões de dólares por ano em lucros e salários [6]. As bombas estão a ajudar os agricultores a ser mais produtivos e a criar pequenas empresas que têm contribuído para que milhares de africanos saíssem da pobreza.

Também existe um mercado para bombas maiores. Além dos geradores de que já falámos, a Kirloskar fabrica bombas de água, máquinas, geradores e equipamento de perfuração utilizados em atividades como o cultivo de flores, a exploração mineira e a moagem de milho. Em conversas com

Mwangi Mathai, A. M. Kelkar e R. S. Patil, da Kirloskar Kenya Limited, fiquei a saber que o mercado total de pequenas máquinas para acionar os moinhos de milho no Quénia é de cerca de 800 000 dólares por ano. O mercado de bombas utilizadas em fábricas de sal na costa e de compressores para a indústria dos acabamentos é de cerca de 2 milhões de dólares, e o mercado de bombas centrifugadoras para irrigação é de cerca de 10 milhões de dólares, só no Quénia. Há nitidamente um mercado importante em África para encontrar água e distribuí-la.

Água, Ar e Saneamento

Não há talvez necessidade mais básica do que o simples saneamento, mas a oferta é insuficiente em toda a África. Os sistemas sépticos estão pouco desenvolvidos, sobretudo nas áreas rurais e de grande densidade populacional, que são a base natural da África Três. Esta situação causa doenças e degrada a qualidade de vida. Os empresários preencheram a lacuna ao fornecer sanitários móveis.

Isaac Durojaiye fundou a Dignified Mobile Toilets, em Lagos, em 1992, quando verificou que a Nigéria tinha apenas cerca de 500 sanitários públicos a funcionar, quando o país tem atualmente uma população de mais de 140 milhões de habitantes ([7]). Havia claramente uma necessidade enorme destes equipamentos. Colocou os seus sanitários de plástico em áreas densamente ocupadas como as paragens de autocarro e os parques de estacionamento das cidades mais importantes. Cada sanitário serve cerca de 100 pessoas por dia, que pagam 20 *naira* (cerca de 15 cêntimos) cada, proporcionando assim um rendimento diário de 15 dólares. Durojaiye pôs os empresários locais a gerir os sanitários, dando-lhes 60% das receitas. A Dignified Mobile Toilets também permitiu que se pusesse publicidade nas portas dos sanitários, o que representa cerca de 25% da receita. Por outro lado, está a elaborar um plano de aproveitamento dos dejetos para produzir biogás, eletricidade e adubo. Esta é apenas uma de várias iniciativas do género para enfrentar este problema em vários países africanos.

Um terço da população mundial não tem acesso a saneamento moderno. A World Toilet Organization, criada em 2001, mostrou na sua cimeira de 2007, que teve lugar na Índia, inovações recentes para enfrentar este desafio, incluindo um sanitário incinerador, que consome um kilowatt de eletricidade para produzir uma colher de cinzas, poupando água ([8]). Outras inovações convertem os dejetos em biogás, que pode ser utilizado para cozinhar e produzir energia. Este sistema, concebido pelo movimento indiano de saneamento Sulabb, de Bindeshwar Pathak, foi adotado por 15 países da África Austral.

A escassez de água potável é uma preocupação vital em toda a África, o que leva a encontrar soluções criativas. A Plan International, uma organização de auxílio, verificou que podia esterilizar a água colocando-a em garrafas no telhado das casas, em vez de a aquecer utilizando madeira. Esta esterilização solar poupa lenha, que é valiosa, sendo uma solução que pode ser posta em prática em toda a África. Os países costeiros estão a construir instalações de dessalinização para extrair água potável a partir da água do mar. A Namíbia contratou a empresa sul-africana Keyplan para construir uma fábrica que custará 140 milhões de dólares para produzir 45 milhões de metros cúbicos de água por ano ([9]).

O ar limpo é também uma preocupação crescente devido ao aumento da população e da urbanização. Os sistemas básicos para cozinhar e para aquecimento são um risco sério para a saúde nos países em vias de desenvolvimento. Os fogões tradicionais enchem as residências de fumo. A Shell Foundation, trabalhando em parceria com a Envirofit International, na Colorado State University, fabricou um fogão que é mais eficiente em termos energéticos e mais limpo do que os que já existiam. Em 2008, a equipa anunciou planos para distribuir 10 milhões de fogões no Uganda, no Quénia, na Índia e no Brasil, no espaço de cinco anos. Isto irá satisfazer em parte a necessidade de fogões, contribuindo também para reduzir o número de 1,6 milhões de mortes que ocorrem devido aos efeitos nocivos da poluição do ar tóxico no interior das casas ([10]).

O saneamento deficiente e a escassez de água potável e de ar limpo não são apenas necessidades sociais, são também oportunidades de mercado. Onde estão os inovadores globais em matéria de saneamento? Onde estão as empresas que têm consciência destas necessidades prementes e têm capacidade para as satisfazer?

As Companhias Aéreas

Em todo o continente, a construção de infraestruturas destinadas às companhias aéreas cria canais para movimentar pessoas e produtos entre a África e o resto do mundo, promovendo o comércio e o turismo. O crescimento das companhias aéreas é vital para as ligações mundiais dos países africanos e para fazer entrar bens e serviços da China, da Índia, etc. As companhias aéreas são um reflexo do crescimento registado em muitas regiões do continente. A Kenya Airways, a Ethiopian Airlines, a South African Airways, a AirMaroc, a Egypt Air e muitas outras transportadoras organizaram serviços de sucesso, depois de criarem infraestruturas que constituem uma rede que liga as diferentes regiões do continente, e este com o resto do mundo. A Emirates Airlines criou um eixo importante, que vai do Dubai, liga o Norte de África e outras regiões do continente à Ásia e a outras partes do mundo. As transportadoras aéreas importantes revelam um interesse cada vez maior pelo continente. A Virgin Nigeria, que iniciou a sua atividade em 2006, tem serviços entre o Reino Unido, os Estados Unidos e a Nigéria, bem como entre o interior do país e os países vizinhos. A Delta inaugurou em dezembro de 2007 uma linha entre Atlanta, na Geórgia, e Lagos, na Nigéria, tendo anunciado planos para outras linhas entre os Estados Unidos e o Egito, o Quénia, o Senegal e a África do Sul.

Os países africanos estão a começar a abrir os seus transportes aéreos a uma concorrência crescente, encorajando a criação de novas rotas em África e incentivando o aumento das companhias *low-cost*. Estas, imitando a Southwest Airlines e outros serviços básicos, estão a começar a desenvolver-se, o que é um indicador da atração e da maturidade do mercado. Transportadoras como a Kulula.com, fundada na África do Sul, em 2001, e a Lonrho, com base no Quénia, expandiram as suas operações. A marroquina Jet4U tem voos de Casablanca para Paris por pouco mais de 30 dólares (140 dirhams). A Hapagfly, uma das companhias aéreas *low-cost* mais importantes da Europa, começou a realizar quatro voos por semana entre o Cairo e Munique, na Alemanha, por 1500 libras egípcias (cerca de 270 dólares), ou seja, mais ou menos metade do preço cobrado pelas transportadoras anteriores. Outra transportadora *low-cost*, a Jet Only, começou a realizar voos regulares entre o Cairo e Bruxelas.

A Zambian Airways criou um serviço *low-cost* para Joanesburgo para transportar trabalhadores emigrantes para a África do Sul por cerca de 20 dólares, menos do que o custo do bilhete de autocarro.

A Ethiopian Airlines está a investir num novo terminal de carga para facilitar o comércio com a Índia, a China, o Médio Oriente e a Europa. Do terminal aéreo e dos terminais marítimos de Adis-Abeba exporta-se carne para o Golfo. A Ethiopian Airlines transporta passageiros para a China, para onde voa desde 1972, trazendo no regresso produtos chineses baratos. A companhia aérea tem também um negócio próprio de transporte de flores para a Europa, regressando com medicamentos e peças sobressalentes. Em 2006, a Ethiopian Airlines transportava 70 toneladas de flores por dia para os mercados da Holanda, e tem planos para passar a 100 toneladas diárias. Considerando que as flores pesam pouco, isto representa uma quantidade enorme. O novo terminal será apetrechado com áreas refrigeradas para manter frescas as flores em trânsito. Antes foi inaugurado um dos primeiros terminais modernos de passageiros do continente num dos países africanos mais pobres, o que contribuiu para que a Ethiopian Airlines ganhasse em 2006 o prémio da companhia aérea do ano (uma nomeação do *African Aviation Journal*). A companhia está no centro da estratégia da Etiópia para aumentar o fluxo turístico de 250 000 para mais de um milhão de visitantes.

Em conversa com o autor, em 2006, o diretor geral da Ethiopian Airlines, Girma Wake, explicou o círculo virtuoso criado entre a produção de flores e a companhia. «Os agricultores pobres, que de outro modo não teriam emprego, passaram a tê-lo», afirmou. «Por terem emprego, enviarão os filhos para a escola. Amanhã os seus filhos serão melhores cidadãos e poderão dar o seu contributo ao país. Provavelmente, também viajarão por via aérea.»

A Etiópia é um país sem acesso ao mar com 75 milhões de habitantes, 85% dos quais vivem em zonas rurais. Com uma companhia aérea forte e instalações de armazenamento, está todavia ligada aos mercados globais.

Wake apresentou-me a alguns dos empresários do país que utilizam as redes de transporte para instalar empresas prósperas na agricultura, têxteis, café e outras indústrias. Tsegaye Abebe, que tem três propriedades de produção de flores e vegetais na Etiópia, tem sido uma força impulsionadora da transformação do país no segundo maior exportador africano de flores, a seguir ao Quénia. O país exporta agora 120 milhões de dólares de flores por ano para a Europa. O sucesso baseia-se numa combinação de apoio governamental, companhias aéreas e instalações frigoríficas, além dos dias naturalmente soalheiros da região. Com um crescimento de 200% ao ano, a Etiópia espera ter neste setor, dentro de cinco anos, o mesmo desempenho que o Quénia. A indústria emprega 50 000 pessoas diretamente e mais de 240 000 indiretamente. Embora não consumam as colheitas que cultivam e que se destinam aos mercados europeus, utilizam o seu rendimento para adquirir outros produtos vitais. «Exportamos morangos, maracujá e feijão verde, e compramos medicamentos para o nosso povo», afirmou Abebe numa conversa com o autor.

Nos têxteis, o empresária etíope Zewde Worku está a utilizar o transporte aéreo de carga para exportar um milhão de peças de vestuário para diferentes cadeias de lojas de desporto, nos Estados Unidos, empregando 600 pessoas. Imigrante e quiroprático na Califórnia, regressou à Etiópia devido às políticas cada vez mais progressivas do governo. Acrescentou que muitos outros estão a regressar. Estes produtos seguem o caminho das exportações tradicionais, como o café, que ainda são responsáveis por cerca de metade daquilo que o país exporta.

As companhias aéreas transportam turistas, executivos, empresários e produtos que representam uma força poderosa de transformação do continente. Trazem visitantes e investidores, além de prestarem serviços aos segmentos da África Um e da África Dois (vd. capítulo 3, «O Poder da África Dois»), com novas transportadoras a conquistarem uma fatia crescente do mercado com as suas tarifas reduzidas. Como se pode verificar pelo crescimento dos setores agrícola e têxtil da Etiópia, as infraestruras aeroportuárias são a base do crescimento futuro.

Oportunidades para Saltar Etapas

Quando Greg Wyler, de Boston, fundou a Terracom, fornecedor de serviços de Internet, no Ruanda, tinha a expectativa de fazer deste o primeiro país africano totalmente coberto pela rede global ([11]). Em 2006, o serviço de Internet da Terracom custava cerca de 60 dólares por mês, mais ou menos um terço do rendimento anual médio do país. A maior parte do território não dispunha de energia fornecida regularmente, pois estava em reconstrução após o genocídio que aconteceu há mais de uma década, quando os Hutus, no poder, mataram mais de 800 000 Tutsis.

A Terracom investiu mais de 15 milhões de dólares para instalar mais de 320 km de fibra, em 2006, planeando colocar outros 1100 km nos dois anos seguintes. Wyler teve de transportar a pé toneladas de equipamento para as torres instaladas no cimo de montanhas escarpadas, pois o ar é muito pouco denso para se poder utilizar helicópteros. Numa época em que a France Telecom e a Vivendi SA estavam a reduzir as suas operações no mercado ruandês, a Terracom aumentou o seu investimento. Em outubro de 2005, Wyler gastou 20 milhões de dólares na aquisição da Rwandtel, o monopólio de telecomunicações do Ruanda, o que lhe permitiu aceder às redes móveis e alargar a sua cobertura a mais de 60% da população. A Terracom também presta serviços de telemóvel por cerca de um terço do preço da sua rival MTN. Após a sua fusão com a GV Telecom, em julho de 2006, a companhia pensava exportar o seu modelo para a Nigéria, Quénia e Congo.

A Ascensão da Internet

Considerando os obstáculos, a penetração da Internet é ainda muito baixa em África: menos de 5% (ou seja, 44 milhões de utilizadores), em dezembro de 2007. É um número inferior aos 60 milhões da Índia e aos 210 milhões da China, embora mais do que os 34 milhões da Coreia do Sul e quase 20 vezes o número de Singapura. As ligações *on-line* da África estão a crescer mais rapidamente do que em qualquer outra parte do mundo, à exceção do Médio Oriente. Entre 2000 e 2007, a utilização da Internet cresceu mais de 880% em toda a África, quando na Ásia foi de 347% e na América do Norte de 120%. Os países africanos com maior número de utilizadores eram a Nigéria, Marrocos, Egito, África do Sul, Sudão e Quénia ([12]).

A primeira ligação da África à Internet fez-se através de um cabo submarino de fibra ótica, que se estendia desde Portugal até à costa ocidental, mas empresas europeias e indianas lançaram vários projetos para fazer a ligação à África Oriental. Projetos como o East African Submarine Cable System (EASSy), o queniano The East African Marine System (TEAMS), o norte-americano Seacom, o indiano Reliance Consortium ([13]) e o South Atlantic 3/West Africa Submarine Cable (SAT-3/WASC) fazem a ligação da África ao resto do mundo. The International Finance Corporation, do Banco Mundial, está a investir 32,5 milhões de dólares no projeto EASSy, que se espera venha a colocar *on-line* mais 250 milhões de africanos, em 2009 ([14]). Entretanto, mais de duas dúzias de países africanos comprometeram-se a investir mil milhões de dólares no projeto pan-africano de um satélite para a Internet, financiado com apoio do Estado indiano. Este projeto irá satisfazer as necessidades relacionadas com a Internet e as comunicações de voz em toda a África, sobretudo nas áreas remotas ([15]).

Os cibercafés e as escolas põem o *hardware* e o acesso *on-line* nas mãos de muito mais gente que não tem capacidade financeira para ter equipamento próprio ou contratos de prestação de serviços. A Terracom, no Ruanda, instalou os seus próprios cibercafés, onde os utilizadores podem pagar cerca de 20 cêntimos por 15 minutos. Além dos cafés, o telemóvel, presente em toda a parte, é outro canal de ligação à Internet para pessoas sem acesso a um computador.

Algumas regiões da África estão a ultrapassar o resto do mundo. A FGC Wireless, uma companhia da Serra Leoa, estabeleceu a ligação sem fios da capital, Freetown, à Internet. Segundo a FGC Wireless, a capital do país tornou-se a terceira cidade do mundo a ter uma rede WiFi/WiMax sem restrições em toda a sua área, depois de Filadélfia, nos Estados Unidos, e Taipé, em Taiwan ([16]). Apesar de a criação da rede ter sido difícil, revela as oportunidades que se deparam em África para criar infraestruturas e sistemas comparáveis com o que de melhor se faz no mundo.

No final de 2007, foi inaugurado em Acra, no Gana, o maior centro africano de desenvolvimento da Internet. Foi o primeiro sítio africano desenvolvido pela BusyInternet, especialista em mercados que tradicionalmente não dispõem de bons níveis de serviço neste domínio. O novo centro é o sonho de qualquer empresário, com um espaço de formação com 60 lugares, 100 computadores de ecrã plano de acesso público e cerca de 370 metros quadrados para gabinetes, onde pequenas empresas e organizações podem desenvolver os seus programas relacionados com a Internet.

Em Marrocos, ouvi a um executivo da Hewlett-Packard que a expansão da Internet de banda larga (DSL – *digital subscriber line*) está a impulsionar o rápido crescimento dos negócios relacionados com computadores.

A DSL, cujo preço é de 10 dólares mensais, e a disponibilidade de financiamento bancário para compra de computadores contribuíram para o crescimento das vendas destes acima dos 10%. Por outro lado, a disponibilidade de computadores e o acesso à Internet também encorajou o crescimento das pequenas empresas.

A medina (cidade velha) de Fez, em Marrocos, está a utilizar alguma da mais moderna tecnologia de informação geográfica para elaborar o plano do futuro da cidade, incluindo a análise das suas necessidades de transportes e de saneamento. Criou um sistema de informação geográfica (SIG) para gerir a sua infraestrutura nas ruas, que são tão estreitas que a principal forma de transporte é o burro ou a mota. A tecnologia mais moderna e sofisticada está a ser introduzida em cidades que foram construídas nos séculos VII e VIII.

Visitei a extraordinária *Bibliotheca Alexandria*, no Egito, um complexo cultural perto do local de uma das maiores bibliotecas da Antiguidade, construída há mais de 2000 anos. É agora uma das bibliotecas do planeta mais avançadas em termos tecnológicos. Tem espaço para 8 milhões de livros, 3 museus, 7 institutos de investigação, várias galerias de exposições, um planetário e um centro de conferências. Dispõe de recursos multimédia e digitais da mais alta tecnologia ([17]). O Egito tem igualmente um museu contemporâneo que celebra a famosa cantora Om Kolthoum, onde guarda a sua música clássica num museu audiovisual da mais alta tecnologia em todo o mundo.

As Ligações Móveis

Um estudo que efetuei com Alina Chircu sobre as tecnologias móveis nos países BRIC (Brasil, Rússia, Índia e China) permitiu concluir que estes ultrapassaram os países desenvolvidos em serviços de dados, serviços de transações, meios de comunicação social e outras áreas, anulando ou até invertendo o chamado fosso digital. Estes países permitem antecipar como a tecnologia irá sendo introduzida em África e noutras partes do mundo ([18]). Embora o nível em que a tecnologia se encontra possa ser semelhante nos países desenvolvidos, estas áreas introduzem muitas vezes nos países em vias de desenvolvimento um maior número de serviços do que aqueles que existem em alguns daqueles. Este saltar etapas é exemplificado pela Aldeia Inteligente, nos arredores do Cairo. Quando a visitei, no outono de 2006, nas suas amplas avenidas alinhavam-se edifícios novos, reluzentes, em relvados cuidadosamente aparados. À volta, viam-se tabuletas suspensas com nomes como Microsoft, Vodafone e Hewlett-Packard. Era evidente que a melhor tecnologia mundial estava a entrar no país. Numa sala de conferências na sede da Vodafone, Khaled El Khouly, presidente da Enterprise Marketing, analisou as dificuldades da imagem do país como sendo uma terra de pirâmides e camelos. «Há um problema com a marca dos países», acrescentou. Na verdade, o Egito tinha 15 milhões de assinantes de serviços de telemóvel quando nos reunimos em 2006, e aumentava todos anos em cinco milhões, num mercado potencial de 35 a 40 milhões.

A Vodafone tivera de repensar o seu serviço de telemóveis, com base na forma como os clientes utilizavam realmente os aparelhos. Por exemplo, muitos clientes usam o *paging* e as chamadas não atendidas. Um utilizador que não puder pagar a chamada telefona ao amigo e desliga. O amigo vê o número do telemóvel e devolve a chamada. Como a primeira chamada não foi feita, o fornecedor não tem receita. Os utentes utilizam também este tipo de chamadas para enviar sinais. Um casal pode usar as chamadas não atendidas para dizer «olá» durante a manhã e os visitantes podem usá-las para indicar que já estão à porta.

Reconhecendo este padrão das chamadas canceladas, a Vodafone encontrou uma maneira melhor de prestar o serviço. Constituiu um painel para estudar as chamadas não atendidas e criou um serviço chamado *wayak* («é contigo») que permite aos utilizadores enviar uma mensagem grátis a pedir lhes liguem. Uma mensagem de texto é mais barata para a Vodafone do que uma chamada não atendida. O serviço *wayak* também contribuiu para que aumentassem as SMS, que inicialmente tiveram pouca penetração no mercado. A Vodafone está agora a vender toques de telemóvel e introduziu transferências de saldo de minutos de conversação, em setembro de 2004, contabilizando 2,5 milhões de transações por mês, dois anos mais tarde.

Os telemóveis partilhados são também populares entre os clientes de baixos rendimentos. Em Marrocos, a Iliacom (que significa «para ti»), do MIFA Group, registou um crescimento extraordinário do seu serviço por satélite (GSM), vendido através de mais de 50 000 telelojas espalhadas por todo o país. Dado que utiliza tecnologia de satélite, e não de telemóvel, é particularmente eficaz nas zonas rurais. A Iliacom utiliza o microcrédito e colabora com o Estado para instalar telefones em pequenas lojas de todo o país. Os utilizadores pagam ao lojista com base num contador. Dado que a maioria destes centros de chamadas se encontra em pontos de venda, a companhia verificou que podia trabalhar com outras empresas para subsidiar os telefones ou gerar receitas com publicidade. Por exemplo, a Coca-Cola criou um posto de chamadas com a forma de uma garrafa de coca-cola (o que contribuiu para o seu objetivo de aumentar a sua penetração nas zonas rurais).

Durante um encontro em Joanesburgo, Bruce Cockburn, diretor comercial da Leaf Technologies, chamou a atenção para o facto de a a África do Sul possuir alguns dos bancos com maior sofisticação eletrónica do mundo, com utilização generalizada de caixas automáticas, incluindo as de sem fios em áreas remotas. Pequenos equipamentos fabricados pela Leaf utilizam ligações sem fios para ligar leitores de cartões de crédito, num ponto de venda, aos sistemas bancários, permitindo que os pequenos vendedores os aceitem. «O sistema bancário daqui é provavelmente mais sofisticado do que nos Estados Unidos», afirmou Cockburn. «Enquanto país, estamos sedentos de tecnologia. Todos os trabalhadores que ganham 60 rands (cerca de 10 dólares) por dia possuem telemóvel. Há uma enorme penetração das ligações móveis.»

Acesso a Milhões de Livros

As novas tecnologias, como os livros eletrónicos, poderiam ter também um impacto importante em África e noutras regiões em vias de desenvolvimento. Em 2007, a Amazon lançou o leitor Kindle, que permite efetuar o *download* de livros utilizando redes sem fios. Embora seja ainda caro no contexto dos mercados africanos (cerca de 400 dólares), esta tecnologia e iniciativas como o projeto de livros da Google poderiam pôr as bibliotecas de todo o mundo ao alcance dos leitores de todo o continente. O projeto de um milhão de livros do professor Raj Reddy (*www.ulib.org*) permite agora o acesso a mais de 1,5 milhões de livros em 20 línguas a quem quer que possa usar uma ligação à Internet. A Biblioteca de Alexandria, no Egito, associou-se recentemente à Carnegie Mellon University, dos Estados

Unidos, à Zhejian University, da China, e ao Indian Institute of Science, da Índia, neste projeto. Isto significa que um computador com ligação à Internet pode facultar a qualquer aldeia africana remota o acesso aos recursos extraordinários das maiores universidades.

Estas inovações são particularmente importantes porque o mercado atual dos livros tradicionais em África é fragmentário e subdesenvolvido. A maior parte dos editores com quem falei considera que a África ainda não é um mercado apelativo, embora estejam agora a deslocar-se com agressividade para a China e a Índia. Isto não se deve à falta de interesse pelos livros. Aliás, o continente tem sido local de origem de vários escritores que ganharam o Prémio Nobel. Os retalhistas no terreno, ao contrário dos editores com base nos Estados Unidos e na Europa, reconheceram estas oportunidades. A Nakamatt, no Quénia, por exemplo, introduziu livrarias nas suas lojas, com muitos *bestsellers* ocidentais, incluindo livros de gestão.

A pouca expressão da venda de livros em África é bem exemplificada pelo facto de os autores africanos terem mais facilidade em vender os seus livros no estrangeiro do que no seu país. Por exemplo, *The Economist* afirmava em 2007 que *Half a Yellow Sun*, romance de Chimamanda Adichie, que vendeu mais de 240 000 exemplares na Grã Bretanha, vendeu apenas 5000 no seu próprio país, a Nigéria, em parte devido ao fraco desenvolvimento, ou à inexistência, das redes de distribuição ([19]). A falta de distribuição torna-se uma profecia que se se cumpre, porque, com vendas reduzidas, os editores e os distribuidores têm relutância em investir.

As Culturas de Alto Rendimento

A bioagricultura representa outra oportunidade para saltar etapas, embora se tenha tornado altamente controversa. Embora possa não ser tão empolgante como os telemóveis e a Internet, não há tecnologia mais necessária ao futuro da África do que a agrícola. Há uma necessidade social urgente, além de ser um imperativo económico, de melhorar a agricultura em África. Embora 60% dos africanos estejam diretamente envolvidos na agricultura, um terço da população está mal alimentada ([20]). No Quénia, uma família média gasta entre 65% e 85% do rendimento mensal em alimentação, quando na Europa e nos Estados Unidos essa proporção é de 15% a 20%.

População elevada e degradação dos solos estão a fazer diminuir a produção agrícola em muitas regiões. Peter Rammutla, presidente da National African Farmer's Union, que representa 250 000 pequenos agricultores negros da África do Sul, afirmou em 2003 que a produção agrícola em África fora a mais baixa em todo o mundo, com 1,7 toneladas por hectare, quando a nível mundial é de 4 toneladas [21]. A sua produtividade estagnou há décadas, ao passo que na Ásia o rendimento triplicou e na América Latina duplicou. Apesar de as sementes geneticamente modificadas terem sido muito controversas de início em África, tal como noutras partes do mundo, a necessidade de alimentação barata e de maior produção por parte dos pequenos agricultores está a fomentar o apelo a uma «revolução verde» em África. Este foi o tema central da Cimeira sobre os Adubos que reuniu cerca de 40 chefes de Estado africanos em Abuja, na Nigéria, em junho de 2006, e que faz parte do Comprehensive Africa Agriculture Development Program, cujo objetivo é aumentar o rendimento agrícola em 6%, até 2015.

Os cientistas desenvolveram novas estirpes de plantas concebidas para serem cultivadas em África, mas há ainda muitas dificuldades logísticas para as levar para onde são necessárias. Monty Jones, um produtor de plantas da Serra Leoa, foi considerado pela revista *Time* uma das 100 pessoas mais influentes por ter criado New Rices for Africa (NERICA), arrozes de alta produtividade concebidos para serem cultivados na África Ocidental. Estas novas sementes estão no centro da revolução verde apoiada pela Gates Foundation, a Rockefeller Foundation e pelo African Development Bank. Apesar disso, no final de 2007 as infraestruturas subdesenvolvidas de África – como a falta de crédito para comprar sementes e adubos, estradas más e armazéns insuficientes para guardar as colheitas – limitaram a introdução destas novas culturas a apenas cerca de 5% das terras onde podiam ser utilizadas [22].

A Pioneer Hi-Bred International, Inc., uma empresa da DuPont, que é a principal produtora e fornecedora de plantas de genética avançada aos agricultores de todo o mundo, opera na África do Sul, Zimbabué, Etiópia, Quénia e Egito. O seu produto principal é o milho, um alimento básico. Embora a maioria do milho sul-africano seja cultivado em grandes propriedades, na maior parte do resto da África a produção é dominada por pequenos agricultores. No Quénia, a Pioneer introduziu uma semente híbrida na região de Chura. Também se empenhou em melhorar práticas de gestão como a análise dos nutrientes do solo, a redução do trabalho requerido pela terra, a gestão integrada de pragas e a melhoraria do uso dos adubos para aumentar as colheitas. A companhia criou 14 pequenos terrenos de demonstração, em 2004, e mais 90 agricultores adquiriram a semente híbrida com financiamento barato do projeto Africa Harvest. A Africa Harvest Biotech Foundation International (AHBFI) foi fundada em janeiro de 2002 pela Dr.ª Florence Wambugu, que fez estudos de pós-doutoramento nos Estados Unidos sobre a batata-doce geneticamente modificada. Quando regressou a Nairobi, a batata-doce tornou-se a primeira colheita geneticamente modificada introduzida na África subsariana.

O algodão BT (*), da Monsanto, que não requer tantos pesticidas, tem tido um grande sucesso e atualmente 95% de todo o algodão cultivado na África do Sul é algodão BT. O impacto económico destes desenvolvimentos é enorme, sobretudo nos pequenos agricultores, que podem assim aumentar o seu rendimento e diminuir significativamente o uso de pesticidas. Embora inicialmente se pensasse que seria utilizado apenas por grandes agricultores, o algodão tem sido adotado por muitos pequenos agricultores. Por exemplo, Thandiwe Myeni, agricultora, diretora de escola e mãe viúva de cinco filhos, que preside à associação de agricultores Mbuso, nas planícies Makatini, na África do Sul, adotou o algodão BT. Em 1994, dedicava 10 hectares ao plantio do algodão tradicional. Ao mudar para o algodão BT, aumentou a produtividade e o lucro, o que lhe permitiu expandir a sua exploração e melhorar a sua casa ([23]).

Estão também a ser desenvolvidas soluções de alta tecnologia para a agricultura. Nas regiões secas ocidentais da África do Sul, a Pioneer introduziu um tecnologia de neutrões para medir a humidade que pode tornar mais precisas as decisões de plantio, aumentando a produção em mais de quatro toneladas por hectare. Isto ajuda os agricultores a gerir melhor o risco associado à colheita e torna a agricultura mais sustentável. O African Laser Centre está a conceber equipamento com base no laser

---

(*) Algodão geneticamente modificado, com um gene que produz a toxina *Bacillus thuringiensis* (Bt), prejudicial a alguns insetos e que permite reduzir, por isso, o uso de pesticidas. (*N. T.*)

que pode fazer o diagnóstico da condição das colheitas, desenvolvido pelo ganês Paul Buah-Bassiah, da University of Cape Coast, e o sul-africano Hubertus von Bergmann, da University of Stellenbosch ([24]).

Evidentemente, a utilização de plantas geneticamente modificadas (OGM) em África continua a ser controversa. O ex-secretário geral da ONU Kofi Annan, presidente da Alliance for Green Revolution in Africa (AGRA), proibiu o uso de OGM nos seus programas, suscitando protestos da comunidade científica em África e fora dela. Isto também revela que embora os problemas da fome e da má nutrição sejam graves, há uma enorme prudência quanto a tais inovações em África.

Há muito mais oportunidades para melhorar a agricultura em África. Por exemplo, a Indo Egyptian Fertiliser Company está a utilizar a oferta abundante de fosfatos no Egito para fabricar adubos destinados à Índia. A companhia é uma parceria entre 38 000 cooperativas de agricultores da Índia que fazem parte da Indian Farmers Fertiliser Cooperative Limited (IFFCO) e a empresa mineira egípcia El Nasar. A Índia é o maior mercado dos fosfatos egípcios. Na Índia, os camiões da IFFCO vão de exploração em exploração para fazer análises aos solos e recomendar os adubos apropriados. A IFFCO também fornece armazéns de alta qualidade e financiamento aos agricultores, bem como ajuda para obterem os melhores preços para as suas colheitas. Por que razão uma organização semelhante não o poderia fazer em África?

O continente está a reconhecer a importância de melhorar a agricultura. Como escreveu o ex-presidente nigeriano Olusegun Obasanjo num plano detalhado para a agricultura, publicado pela New Partnership for Africa's Development (NEPAD), «Após aproximadamente 40 anos de estagnação económica [...] os líderes africanos estão a empenhar-se em encontrar soluções sustentáveis para a fome e a pobreza. A NEPAD pensa que a agricultura virá a ser o motor do crescimento da África.» ([25])

Liderar nas Infraestruturas

Embora a África tenha falta de infraestruturas, nalgumas áreas tem também algumas das empresas líderes mundiais. Companhias como a Alexandria Carbon Black, do Egito, provaram que as empresas de África podem competir ao melhor nível nos mercados globais com qualificações avançadas e as fábricas mais modernas.

Pode ser surpreendente saber que há navios a transportar petróleo do Texas para Alexandria, no Egito. A África é, evidentemente, um dos continentes mais ricos em petróleo e o Egito está muito próximo das economias do Médio Oriente que têm por base este produto. Como é possível que a África o esteja a *importar* dos Estados Unidos? Acontece que este petróleo é a melhor fonte de fuligem de alta qualidade, que é produzida pela Alexandria Carbon Black Co. e enviada para grandes fabricantes mundiais, que o utilizam em produtos que vão dos pneus aos tinteiros para impressoras. A Alexandria Carbon Black Co., que faz parte do Aditya Birla Group, da Índia, é um dos líderes mundiais no fabrico deste produto essencial. Criada para abastecer o mercado egípcio, alcançou rapidamente um nível de qualidade tão elevado que exporta atualmente 95% da sua produção para a Europa, os Estados Unidos e outras regiões. Das suas fábricas sai o melhor produto a nível mundial. Durante um encontro com K. N. Agarwal, diretor executivo, e outros executivos de topo, fiquei impressionado com a liderança da companhia nos mercados globais.

Mesmo depois de ter construído a maior fábrica mundial de fuligem, em 2006 a empresa já tinha vendido toda a sua produção de 2007, quando nessa altura encerravam três fábricas concorrentes europeias. A companhia enviava 50 contentores por dia do porto de Alexandria, tirando partido do facto de muitos navios trazerem mercadorias para o Egito e terem de regressar vazios. A África demonstrou competência para adquirir conhecimentos e construir infraestruturas que lhe permitem competir com as melhores empresas mundiais.

De igual modo, a Magadi Soda Company, do Quénia (mencionada no capítulo 1, «Fabricar Pão no Zimbabué»), criada em 1911, tornou-se o maior produtor de carbonato de sódio, utilizado no vidro, detergentes e outros produtos. Em 2006, produzia mais de 500 000 toneladas e estava a concluir uma fábrica que lhe permitiria produzir mais de 350 000 toneladas carbonato de sódio de alta qualidade e muito apreciado. A Magadi já exporta 87% do seu carbonato de sódio para a Índia, Tailândia, Filipinas e mais uma dúzia de outros mercados globais, com o mercado nacional a representar apenas 13% da sua produção. Tal como a Alexandria Carbon Black, é propriedade duma companhia indiana (o Tata Group).

A África do Sul é até uma pioneira da nova tecnologia de transformação do carvão em petróleo. As fábricas aquecem o carvão a mais de 1000 graus Celsius, acrescentam vapor e oxigénio, e utilizam as reações químicas para transformar o carvão em petróleo, produzindo 160 000 barris por dia. Apesar de as fábricas de transformação de carvão em petróleo terem sido consideradas demasiado caras na maior parte do mundo, as restrições antiapartheid relativamente às importações de petróleo obrigaram a África do Sul a desenvolver tecnologia que lhe permitisse tirar partido das suas enormes reservas de carvão. O petróleo produzido com o carvão representa 30% das necessidades de combustível do setor dos transportes. A respetiva fábrica está orgulhosamente representada na nota de 50 rands. Com a alta do preço do petróleo e o progresso da tecnologia, aquele tornou-se cada vez mais competitivo nos mercados globais. Os governos e as empresas dos Estados Unidos, da China e doutros países estão ansiosos por entrar na Sasol, Ltd, a companhia sul-africana que é líder mundial desta tecnologia.

A África está também a construir infraestruturas em função das suas indústrias tradicionais baseadas nos recursos naturais, como por exemplo a extração de diamantes. No Botsuana, mais de dezena e meia de companhias internacionais possuem fábricas de lapidação de diamantes, empregando milhares de trabalhadores para os polir e lapidar. O Botsuana, o maior produtor mundial de diamantes, costumava apenas exportar as pedras cortadas. Mas as empresas desenvolveram programas para formar os trabalhadores. A construção desta infraestrutura está a contribuir para que o país passe da exportação dos materiais em bruto para a produção nacional que deixe no país o valor acrescentado, desenvolvendo competências nacionais e contribuindo para o emprego. Esta mudança da mera recolha e venda dos recursos para o desenvolvimento de competências é um aspeto importante do despertar da África.

A Alexandria Carbon Black, a Magadi Soda e outras companhias mostraram que as empresas africanas podem alcançar níveis de qualidade e superioridade tecnológica que lhes permitem ser líderes a nível mundial. Provam que o recurso natural mais valioso da África não provém do solo. A riqueza da África provém das ideias inovadoras das suas empresas e dos seus gestores.

Transformar as Infraestruturas: O Muthaiga Golf Club

O Muthaiga Golf Club, de Nairobi, era o centro da sociedade branca elitista antes da independência do Quénia. Como mostra Caroline Elkin no seu livro chocante e bem documentado *Imperial Reckoning: The Untold Story of Britain's Gulag in Kenya*, era um dos centros de atividade social dos líderes britânicos que conspiraram para prender e maltratar centenas de milhares de membros da tribo Kikuyu, o maior grupo étnico do país. Os líderes kikuyu tinham exigido a sua independência. Em vez de a obterem, foram feitos prisioneiros em aldeias transformadas em campos de concentração.

Quando visitei o Muthaiga Golf Club, em julho de 2006, por intervenção de David Mureithi, da Unilever, o clube havia sido transformado. Tendo sido um centro do poder e da repressão coloniais, o clube de golfe (que teve origem mum clube restrito das proximidades) é hoje como as Nações Unidas. Numa tarde de julho de 2006, havia ali indianos, quenianos e ingleses, sentados em volta de mesas de vidro, na sede do clube ou a passear pelos relvados imaculados e cheios de sol. O almoço, fumegante nos tabuleiros de prata, no pátio, era muito cosmopolita, com pratos indianos, fritos chineses, peixe, batatas e cenouras cortadas, além de pratos quenianos tradicionais como o *ugari*, feito de araruta e farinha de mandioca.

«Antes pensávamos que o golfe era um jogo de ricos», disse o director geral Lawrence Muye, tendo acrescentado que 75% dos 1200 membros atuais do clube são negros, incluindo alguns descendentes dos chefes kikuyu da revolta dos Mau-Mau que ajudou a derrubar a elite branca. «Hoje em dia, as pessoas pertencentes à classe média podem entrar no clube, desde que a joia lhes seja financeiramente acessível.» A joia é de cerca de 3000 dólares e a quotização anual ligeiramente inferior. A loja está apetrechada com o melhor equipamento da Dunlop, Nike, Titleist e outras marcas.

A história estratificada da África deixou para trás camadas de infraestruturas. O período colonial ajudou a construir estradas e vias-férreas, mas também deixou atrás de si as suas próprias deficiências. Grande parte das infraesruturas estão velhas ou foram concebidas para outra época. Apesar do fim do *apartheid* na África do Sul, toda a infraestrutura da sociedade está organizada em torno dos bairros de lata [*townships*], onde vivem os negros e os asiáticos pobres, e das cidades, onde vivem os ricos e para onde os pobres vão trabalhar. Por vezes, pode levar muito tempo até que as infraestruturas fiquem a par da sociedade.

As infraestruturas incorporam o passado histórico turbulento. Refletem os hiatos do desenvolvimento económico e social. Contudo, estes hiatos podem ser superados. Por vezes, é necessários satisfazer estas necessidades para desenvolver uma atividade económica na África, como por exemplo fornecer gelo para manter frescas as bebidas de Mama Habiba, num país em que o fornecimento de energia elétrica sofre interrupções frequentes. As deficiências das infraestruturas também podem representar oportunidades para iniciar e desenvolver novas atividades económicas e até indústrias, como sucedeu com o rápido crescimento dos telemóveis e a disseminação doutras tecnologias. As necessidades prementes de alimentação, saneamento, água potável, cuidados de saúde e outros bens essenciais são um desafio para os inventores e empresários para encontrarem formas de as satisfazer. Há soluções inovadoras que podem e estão a ser desenvolvidas, criando novas oportunidades para satisfazer o mercado. Podem e estão a ser criadas organizações de classe mundial. Nalguns casos, como aconteceu com o Muthaiga Golf Club, surge uma oportunidade para se reformularem as velhas infraestruturas de modo a colocá-las a par da sociedade. Isto abre novas promessas de futuro.

Oportunidades Crescentes

- Que oportunidades existem para criar um mercado que anule as deficiências das infraestruturas?
- Que adaptações há que introduzir nos produtos e serviços para que possam contornar a debilidade das infraestruturas?
- Que oportunidades existem para ultrapassar a tecnologia existente de modo a passar diretamente para uma tecnologia mais avançada?
- Como se pode transformar as infraestruturas existentes com vista ao futuro?

6

Correr com a Geração Chita: Oportunidades no Mercado Africano da Juventude

A África é um dos continentes mais jovens, e é-o ainda mais a cada dia que passa. Aproveitar as oportunidades do mercado significa compreender e cativar a juventude africana, desde a música ao leite ou aos uniformes escolares.

No centro de Harare, no Zimbabué, uma loja de dois andares está cheia até ao teto com as esperanças dos pais africanos em relação aos seus filhos. Nos cubículos arrumadinhos que revestem as paredes da Enbee Stores estão os uniformes multicolores das escolas da zona. Os pais vêm a esta loja, ou a qualquer uma das outras 25 lojas Enbee espalhadas pelo país, para comprar o que é muitas vezes o melhor conjunto de roupa que os seus filhos alguma vez usarão. É um mercado de jovens num continente que se torna mais jovem a cada dia que passa.

O pai de Natu Patel, fundador da Enbee, abriu a primeira loja em Harare em 1947, importando potes, caçarolas, cobertores, sabão e outros produtos básicos, mas foi em 1958 que o Patel mais novo teve a inspiração de abrir um negócio de venda de uniformes escolares. Estava a caminhar pelas ruas de Harare e viu as crianças a sair da escola. Percebeu que havia um mercado enorme para estes uniformes. Teve as primeiras reuniões com os diretores das escolas e começou a fabricar os uniformes para os estudantes. Durante mais de duas décadas, o negócio foi-se expandindo para mais de duas dúzias de locais, incluindo a primeira loja na baixa, com dois andares de camisas, calções, camisas e gravatas de todas as cores que as escolas usavam. O vestuário completo para um estudante que entrava para o ensino podia custar 500 dólares e tinha de ser substituído ano sim ano não. Cada estudante tinha de ter vários uniformes, além dos destinados ao desporto e à natação, até concluir o ensino secundário.

As elevadas taxas de inflação prejudicavam o negócio a curto prazo, mas mesmo num ambiente económico muito difícil os pais tinham muita relutância em cortar na educação dos filhos. Um uniforme escolar é uma questão de orgulho. Para trabalhadores com bons empregos, os patrões contribuem normalmente para as propinas e os custos associados à escolarização: cerca de 10% das despesas, no caso de um executivo subalterno, e a totalidade no caso dos executivos mais importantes. Algumas ONG estão também a começar a ter a mesma política. Num país com taxa de natalidade elevada e pais que valorizam bastante a educação dos seus filhos, o mercado da Enbee vai certamente crescer.

Um Mercado de Jovens

A África possui um dos mercados mais jovens de todo o mundo, com 41% da sua população com menos de 15 anos, segundo o 2007 World Population Data Sheet, do Population Reference Bureau. Por comparação, a Índia tem 33%, o Brasil 28% e a China 20%.

Em juventude da população, a África está à frente das demais regiões do mundo em vias de desenvolvimento. O mundo desenvolvido, pelo contrário, está a envelhecer rapidamente. A Europa tem apenas 16% da sua população abaixo dos 15 anos, a América do Norte 20% e o Japão 14%. A África está a ficar ainda mais jovem, com mais 900 milhões de pessoas até meados do século. As previsões apontam para um decréscimo de 60 milhões na Europa no mesmo período. Enquanto grande parte do mundo desenvolvido está preocupado com o reduzido número de nascimentos, a África está preocupada com as implicações da sua explosão populacional.

Em 2050, o Congo-Kinshasa, o Egito e o Uganda juntar-se-ão à Nigéria e à Etiópia na lista dos 15 países mais populosos do mundo, afastando a Rússia, o Japão e a Alemanha (ver Quadro 6-1).

No outro extremo do espetro etário, os contrastes são igualmente fortes. Espera-se que a percentagem de população com mais de 65 anos de idade aumente para 21% na América do Norte e 28% na Europa, em 2050, mas em África estes cidadãos mais idosos representarão uns meros 7% do total (3% em 2007) (¹). A reduzida percentagem da população mais velha em África reflete a combinação de taxas de nascimento mais elevadas e menor esperança de vida, que é de 53 anos em todo o continente e 49 na África subsariana, quando na Europa é de 75. (No África Austral, a zona mais afetada pelo VIH/SIDA, a esperança de vida caiu de 62 anos em 1990-1995 para 49 anos em 2005-2010. Calcula-se que só em 2045 se recuperará o nível do início dos anos 90.) (²)

QUADRO 6-1 – Os 15 Países Mais Populosos do Mundo

	Meados de 2007	2050
1	China	Índia
2	Índia	China
3	Estados Unidos	Estados Unidos
4	Indonésia	Indonésia
5	Brasil	Paquistão
6	Paquistão	**Nigéria**
7	Bangladesh	Brasil
8	**Nigéria**	Bangladesh
9	Rússia	**Congo-Kinshasa**
10	Japão	Filipinas
11	México	**Etiópia**
12	Filipinas	México
13	Vietname	**Egito**
14	Alemanha	**Uganda**
15	**Etiópia**	Vietname

Fonte: Population Reference Bureau (*www.prb.org*)

Se olharmos para as distribuições da África subsariana e dos Estados Unidos, reconheceremos um contraste vincado entre os mercados dos jovens da África e os mercados cada vez mais envelhecidos dos Estados Unidos (ver imagem 24). O *baby boom* dos Estados Unidos tem sido comparado com um porco a ser digerido por uma anaconda, mas um professor marroquino que entrevistei disse que a onda juvenil da África era um *tsunami*. O verdadeiro *baby boom* global está a acontecer em África, e nem sequer atingiu o auge.

Chitas e Hipopótamos

Estes jovens africanos são diferentes dos pais, bem como dos seus pares do Ocidente. O economista ganês George Ayittey chamou a esta juventude a «geração chita», porque se move mais rapidamente do que a «geração hipopótamo», o grupo que ainda tem o poder mas que olha muito para o passado ([3]). Os hipopótamos ainda se queixam da colonização e do imperialismo, ao passo que as chitas velozes exigem democracia, transparência e o fim da corrupção. Ayittey afirma que o futuro da África assenta «nas costas destas chitas». Esta geração chita não só é uma força que está a transformar a política e a orientar a economia, como também está a redefinir o futuro do mercado consumidor africano.

A geração mais nova é rápida e está em contacto. Um anúncio televisivo da Siemens ilustra o impacto que as redes de telemóveis têm tido na juventude. Um aldeão tanzaniano regressa do estrangeiro com um novo penteado estilo «leopardo», com a cabeça pintada com as manchas características. No aeroporto, usa o telemóvel para falar à família, e diz que tem uma surpresa para lhes fazer. Mas uns admiradores também com telemóveis tiram-lhe fotografias na cidade e enviam-nas para todo o país, incluindo a sua aldeia natal. Enquanto ainda está em viagem, os cabeleireiros começam a fazer o mesmo corte. Quando chega de autocarro à sua aldeia, todos ostentam o estilo leopardo. Quando a família lhe pergunta pela surpresa, encolhe apenas os ombros. Utilizando as redes de comunicação e a velocidade, a nova geração tem outra visão do mundo. Uma chita (ou um leopardo, neste caso), dispondo de um telemóvel, pode transformar por completo uma sociedade, não apenas de forma superficial como o penteado, mas também de formas mais fundamentais.

Falar Sheng: Chegar à Juventude

Em todos os países, os jovens têm a sua própria linguagem. Para chegar à juventude queniana, por exemplo, as companhias estão a utilizar o dialeto sheng, um híbrido de suaíli (ou kiswahili) e inglês, bem como de outros dialetos quenianos com que os jovens se identificam (o que é muito parecido com o que se passa na Índia com o *hinglish* [mistura de hindi e inglês]). A Safaricom utilizou *sambaza* (aberto) no seu marketing, por exemplo. O sheng é *hip*, *cool* e jovem, afirmou Catherine Ngahu, diretora executiva da SOB Research, de Nairobi. Chama a atenção para o facto de esta juventude não só constituir um amplo mercado, mas adotar também precocemente os novos produtos. O sheng é comum a diferentes segmentos demográficos. Não é a linguagem dos adolescentes ricos nem dos pobres. É a linguagem da juventude.

Num artigo da *National Geographic*, Binyavanga Wainaina, natural de Nairobi, analisa «duas personalidades» da juventude de Nairobi. Esta pode usar o suaíli quando fala da vida quotidiana, mas vira-se para o inglês para discutir empregos ou filosofia. O sheng é a linguagem dominante dos *rappers* nos vídeos de música exibidos nos ecrãs de plasma dos novos *matatus* (termo suaíli para miniautocarros) que cruzam Nairobi em todas as direções. Escreve Wainaina: «A tensão que melhor define Nairobi é esta: tentar (e frequentemente falhar) viver de acordo com as visões do mundo das nossas nações tradicionais; tentar (e frequentemente falhar) ser gente com educação ocidental sem falhas; tentar (e frequentemente falhar) ser quenianos, o que é ainda uma ideia nova e desconcertante.» ([4]) A juventude africana tem uma experiência complexa e entrecruzada: está ligada às tendências globais e às tradições locais. O velho e o novo coexistem, como o inglês e o suaíli, que se associam para dar origem ao sheng.

A Música: Um Linguagem Universal

A música é uma linguagem da juventude ainda mais básica do que dialetos como o sheng. O francês, o inglês, o árabe e o português são as línguas oficiais mais comuns em África (ver figura 4 do extratexto), mas as línguas não oficiais são mais de mil. Só na Nigéria há 250 línguas e cerca de 400 a 500 idioletos. Se um nigeriano andar 35 a 40 minutos de automóvel pode ter dificuldade em compreender uma conversa. Esta miscelânea de línguas significa que a publicidade e as marcas pan-africanas têm de ir além das palavras e atuar pela emoção, a música, as imagens e outros tipos de mensagens não verbais. Para ultrapassar esta dificuldade, convém ter presente que em toda a parte a juventude fala uma linguagem: a da música.

Toda a juventude africana é atraída pela música, o que cria oportunidades para estabelecer relações com os mercados que a servem. A Coca-Cola e o canal de música MTV firmaram uma parceria de marketing na África Oriental para procurar um MTV Coca-Cola VJ (*video jockey*) no Quénia, na Tanzânia e no Uganda. O prémio para os três vencedores era apresentar um novo programa, o *MTV Coca-Cola Xpress*, um programa de televisão dirigido aos jovens que gostam de música: a juventude e a comunidade adulta jovem da África Oriental ([5]). Nancy Ajram, uma popular cantora libanesa, é representante da Coca-Cola no Norte de África e a cantora Haifa Wehbe, também libanesa, representa a Pepsi.

No Gana, a Nescafé iniciou também em 2004 um concurso anual, semelhante ao *American Idol*, o Nescafé's African Revelation (NAR), cujo objetivo é descobrir e desenvolver os talentos musicais jovens em toda a África Ocidental e Central. Ao contribuir para que estes jovens músicos se tornem conhecidos, a companhia criou as suas próprias marcas. Ao grupo vencedor foi oferecido um contrato para gravar a sua música, bem como uma grande promoção na televisão, na rádio, na imprensa, em painéis publicitários e espetáculos ao vivo.

No Egito, cerca de 30% dos 250 canais por satélite emitem música e têm grande parte da sua receita com mensagens de texto que os espectadores enviam para escolher músicas. Este sistema de televisão interativa associou inteligentemente a penetração geral dos telemóveis, o interesse da juventude pela música e a televisão por satélite. Até os espectadores que desviam o sinal de televisão por satélite pagam com os seus SMS de escolhas musicais. Os piratas são obrigados a abrir mão de parte do seu saque.

A publicidade assenta em grande parte na música. Na Nigéria, uma campanha publicitária da Fanta mostrava um grupo de jovens num descapotável todo-o-terreno parado num dos inúmeros engarrafamentos de trânsito em Lagos. Noutro carro estão uma rapariga com o pai e a mãe. Aumentam o som e abrem garrafas de Fanta. Já não importa que estejam presos no trânsito. Não importa o que a vida nos reserva, porque há sempre a possibilidade de ouvir música ou de encarar a situação com sentido de humor.

A música em África é extraordinariamente diversificada, desde a música *country* norte-americana, o *hip-hop* e o *rap* até aos intérpretes do Médio

Oriente, muito populares no Norte de África. Um país pequeno como o Senegal produziu o cantor Youssou N'Dour, que representou o papel do abolicionista afro-britânico Olaudah Equiano, no filme *Amazing Grace*, sobre o fim da escravatura no Império Britânico.

A música é utilizada também para levar a juventude a lidar com problemas de higiene e sociais. O projeto YouthAIDS, da Population Services Internacional, uma iniciativa para a educação e a profilaxia, utiliza os meios de comunicação social, a cultura *pop*, a música, o teatro e o desporto para impedir a propagação da epidemia do VIH/SIDA. O projeto, fundado em 2001 pela executiva publicitária Kate Roberts, pretende chegar a 600 milhões de jovens de todo o mundo. Para tratar a malária, a Population Services International usa o marketing social para tornar amplamente acessíveis terapias pré-embaladas, podendo ser adquiridas em lojas comerciais.

Falar a Linguagem do Desporto

Além da música, o desporto é igualmente uma linguagem da juventude. Os painéis publicitários da Coca-Cola, na Nigéria, durante as eliminatórias de 2006 para o Campeonato do Mundo, tinham o lema «Todos falamos a linguagem do futebol». O desporto é apelativo para a juventude africana, e transcende dialetos e culturas. A Vodafone utilizou a equipa do Egito para promover os seus produtos no país. E também o Barclays patrocinou equipas do Cairo e de Alexandria durante o Ramadão.

Na Nigéria, na África do Sul, no Egito e noutras regiões da África, a Nokia lançou a campanha Defende a Tua Rua, utilizando o futebol de rua para encorajar a juventude a centrar-se nos seus sonhos e desejos [6]. Na Nigéria, jogadores com idades compreendidas entre os 16 e os 25 anos competiram numa série de jogos de 15 minutos que terminaram numa eliminatória a nível nacional com uma equipa de futebol de rua do Brasil (os Rapazes do Brasil). O projeto associa-se à crescente popularidade do futebol de rua no mercado da juventude, que é decisivo para o sucesso da Nokia no futuro.

O desporto também permite que as aspirações da África se projetem nos palcos mundiais. A publicidade do Standard Chartered Bank referia-se ao corredor queniano cego Henry Wanoyke, que ganhou a primeira medalha de ouro africana na corrida de 5000 metros dos Jogos Paraolímpicos de 2000, em Sydney. Aos 30 anos de idade, Wanoyke tornou-se recordista mundial dos 5000 e dos 10 000 metros e ganhou as medalhas de ouro em ambas as distâncias nos Jogos de Atenas. Investiu o dinheiro dos seus prémios em máquinas de tricotar para pessoas deficientes. O Standard Chartered Bank nomeou-o seu embaixador da boa vontade na campanha mundial «ver é crer», que pretende restituir a visão a um milhão de pessoas durante os próximos três anos ([7]). Estas histórias do desporto, em que se vence obstáculos e contribui para a sociedade, têm repercussão universal.

Os jogos para o Campeonato do Mundo de 2010, na África do Sul, suscitaram um entusiasmo enorme, esperando-se que levem ao país mais de meio milhão de visitantes. São considerados um sinal do progresso do continente e um catalisador do desenvolvimento das infraestruturas, do turismo e da cooperação pan-africana.

Compreender a Juventude

As empresas de marketing africanas direcionadas para a juventude, como a Youth Connectivity e a agência de análise de tendências Instant Grass, construíram redes para determinar as tendências entre a juventude sul-africana. A rede de *grasses* (pessoas jovens que constituem a vanguarda do *cool* urbano) referenciou as tendências detetadas que influenciam a cultura e o modo de vestir da rua. Algumas das conclusões mais insólitas foram o *nerd look* (baseado em Urkel, da série televisiva norte-americana *Family Matters* [*]) e estilo «duro» de calças de ganga e *t-shirts* resistentes.

As empresas usaram esta informação para criar produtos dirigidos ao mercado dos jovens. Por exemplo, a Coca-Cola criou a Burn, uma bebida altamente energética destinada à juventude marroquina, e o Bank Misr lançou um cartão de débito dirigido à juventude do Egito (o BM Card), o primeiro cartão no país para esta faixa etária.

(*) Série norte-americana, emitida entre 1989-1998, que retratava o dia a dia de uma família negra norte-americana de classe média, em Chicago (N. R.)

Oportunidades no Berço da Civilização

Devido às altas taxas de natalidade, os produtos destinados aos bebés, às crianças e aos pais estão a surgir a um ritmo rápido. «Os apaparicadores constituem um mercado em crescimento», disse Ihab Baligh, da Procter & Gamble do Egito, cuja marca domina 76% do mercado de fraldas descartáveis do país, onde nasce um novo consumidor a cada 20 segundos. Sendo ainda um mercado relativamente pequeno, a penetração das descartáveis no Egito era apenas de 14% quando falei com Baligh, em meados de 2006, sobretudo no segmento consumidor da África Um (cf. capítulo 3, «O Poder da África Dois»). A P&G está, portanto, a construir o mercado geral. A P&G tem programas hospitalares, em colaboração com o Estado, oferecendo às mães formação em cuidados infantis em questões como a vacinação, a amamentação, a nutrição e a utilização de fraldas.

No Egito, a Sandoz criou produtos pediátricos, promovidos com o logótipo «Produtos Júnior». Tem realizado concursos de desenho destinados aos jovens sobre o tema dos piolhos na cabeça, cuja marca líder de mercado, a Urax, é da Sandoz. Na Nigéria, onde nascem anualmente 3,5 milhões de bebés, a Unilever distribui às mães, em clínicas e hospitais, um milhão de amostras grátis de produtos como a loção Pears para bebés. A companhia tem trabalhado com a associação de enfermeiras e parteiras para dar formação às mães sobre cuidados pediátricos.

Acontece que a Pears, que é fabricada com azeite, é apenas adequada ao mercado nigeriano. Há uma crença local de que, ao nascerem, todas as crianças devem tomar banho com azeite, apesar de não haver oliveiras no país há mais de um século. No entanto, permanece a crença de que as crianças nigerianas que tomam banho com azeite terão uma pele bonita. Por outro lado, se não lhes derem azeite para bebés, podem ficar com odor corporal para toda a vida. Esta crença popular, embora não seja explorada pelo marketing do produto, ajuda certamente as vendas de loções à base de azeite, como é o caso da Pears.

Um continente com muitos bebés e crianças oferece oportunidades para este género de produtos para bebé, bem como mercados para o leite, queijo e outros alimentos dirigidos aos jovens. Também oferece oportunidades para satisfazer as aspirações dos pais.

Aspirações: «O Sujo é Bom»

A maior parte dos pais africanos, tal como os pais de qualquer outra região, quer que os filhos tenham uma vida melhor. Ir ao encontro destas aspirações é uma componente-chave para concretizar a oportunidade do mercado dos jovens. Um anúncio televisivo do detergente Omo, da Unilever, mostra um grupo de rapazes sul-africanos de calções brancos a irem para um campo de futebol lamacento. O jogo é disputado intensamente, com a consequência esperada de o equipamento ficar cheio de lama. Mas o lema de que «o sujo é bom» vai ao encontro das aspirações dos pais de que os seus filhos, quando crescidos, possam ser bons jogadores de futebol, ou, noutros anúncios desta série, bons ginastas ou bons cientistas. O caminho que leva a estes objetivos pode exigir que de vez em quando se sujem, mas isso não é nada que não possa ser limpo com o detergente adequado.

Pode ser que as campanhas anteriores tenham acentuado a possibilidade de o detergente retirar as manchas da roupa, mas agora a filosofia da marca é que o produto ajuda as crianças a realizar o seu potencial. Isto vai ao encontro do desejo dos pais. A mensagem é que os seus filhos podem ter uma vida melhor e obter maior sucesso, porque o Omo ajuda a limpar as manchas.

O Nosso Leite, o Seu Futuro

As crianças e os jovens precisam de leite. Empresas como a Cowbell Milk estão a dar resposta a essa necessidade. Com o lema «O Seu Futuro, o Nosso Leite», a Cowbell conseguiu obter mercado em 10 países africanos. Na Nigéria, saquinhos com 12 gramas são vendidos por 20 *naira* (cerca de 15 cêntimos). As crianças despejam o leite em pó diretamente na língua, evitando a dificuldade de encontrar água potável. A Promasidor, proprietária da marca Cowbell, iniciou a sua atividade em 1979, no Congo-Kinshasa (na altura o Zaire), por iniciativa de Robert Rose, que saiu do Reino Unido em 1957 e se estabeleceu no Zimbabué «para realizar o sonho africano». Rose percorreu o continente em todas as direções, durante mais de 20 anos, como presidente da Allied Lyons Africa. Quando verificou que havia escassez de leite, fabricou um leite em pó em que se substituía a gordura animal natural por gordura vegetal, de modo a prolongar o prazo de validade. O interesse da Cowbell pela juventude não se esgota no leite. A companhia patrocina um concurso de matemática nas escolas secundárias da Nigéria e envia um estudante africano à General Young Leaders Conference, nos Estados Unidos.

Todavia, o leite africano enfrenta a concorrência das marcas internacionais, que muitas vezes são consideradas de qualidade superior. Quando perguntei a uma mulher que repunha o leite nas prateleiras, numa loja Shoprite, no centro comercial Palms, em Lagos, qual era a melhor marca, ela nem hesitou. Respondeu que as melhores marcas eram as europeias. Porquê? «Porque as vacas são bem tratadas.» As marcas locais, tal como as vacas locais, não têm hipótese contra esta perceção. O Peak Milk (ver imagem 2), propriedade da Freisland Foods, na Holanda, dominou o mercado nigeriano durante mais de 50 anos. É vendido por distribuidores selecionados a uma rede de 500 000 pequenos retalhistas.

Biscoitos e Queijo

Outros produtos que agradam à juventude são os biscoitos, o iogurte e o queijo. O Groupe Danone, de França, construiu um negócio de sucesso na Argélia com os biscoitos. (O seu negócio global com os biscoitos foi comprado pela Kraft Foods, em novembro de 2007.) A Danone também fabrica iogurte e outros laticínios para o mercado dos jovens.

O Bel Group, que está presente na Argélia, Tunísia, Marrocos e Egito, aumentou a oferta nos mercados, que anteriormente apenas ofereciam produtos caros importados e marcas locais de qualidade mais baixa. O Bel Group começou a importar queijos franceses para a Argélia em 2005, e passados dois anos era já líder do mercado. O Bel Group importou a marca francesa de qualidade Kiri, fabricou a marca La Vache qui Rit (a vaca que ri) no país e desenvolveu marcas nacionais. A vaca que ri foi comercializada para as crianças como fonte de vitamina D e de cálcio, com um teste de alta temperatura para garantir que o produto era saudável para as crianças.

Além deste posicionamento, a companhia oferecia vales grátis para as mães se poderem dirigir a clínicas. Embora os vales de saúde possam não ser apelativos para a África Um, a companhia atraiu este segmento fazendo apelo à sua preocupação com os menos afortunados, patrocinando circos e programas para crianças doentes. Além de importar marcas francesas, o Bel Group criou a sua própria marca nacional, a Picon, para concorrer com as marcas baratas rivais do país, como se pode ver na imagem 25. A companhia lançou igualmente a marca Chef, para ser utilizada em restaurantes e nas cozinhas particulares. A Bel Algeria alcançou uma posição dominante no mercado argelino, com taxas de crescimento de dois dígitos. A companhia argelina tem beneficiado da grande experiência de Chafiq Hammadi, um argelino que emigrara para França e regressou ao seu país para construir este negócio.

Brinquedos

Os mercados em crescimento da juventude também constituem uma oportunidade para a indústria dos brinquedos, embora não exatamente a mesma que existe nos Estados Unidos e noutros países desenvolvidos. Por exemplo, a boneca islâmica Fulla, criada por um fabricante sírio, é popular no Egito e noutras zonas do Norte de África. Chamada por vezes a «Barbie muçulmana», é a boneca mais vendida no Médio Oriente. Com um preço de 10 dólares, a boneca era ainda muito cara para os lares dos mercados alvo, mas o fabricante, a New Boy Toys, introduziu uma versão mais barata, chamada Fulla Style, para penetrar nos mercados mais sensíveis ao preço. Ao mesmo tempo, a companhia lançou outras bonecas deste género, além de muitos outros produtos associados com a imagem da Fulla, desde lancheiras a sombrinhas ([8]).

Empresas como a Aranim Media Factory, a primeira editora de livros de banda desenhada da Jordânia e uma das três do mundo árabe, estão também a conceber produtos para a juventude árabe. A empresa criou os seus super-heróis, quando o seu fundador, Suleiman Bakhit, verificou que não havia super-heróis árabes. Não se poderia fazer o mesmo em relação à juventude africana?

Em 2006, a África representava apenas 2% do mercado global de brinquedos (em termos de valor), mas crescera mais de 20% em relação ao ano anterior ([9]). Isso faz dela o mercado regional que mais cresce em todo o mundo. Em 2006, o NPD Group calculou que o mercado de brinquedos em África, com 374 milhões de crianças, era de quase 1,5 mil milhões de dólares. A Toys R Us tinha meia dúzia de lojas para crianças na África do Sul, no início de 2008 ([10]). Dado o número crescente de crianças africanas e o aumento do rendimento disponível, este mercado está apenas a começar a desenvolver-se.

Sempre na Escola

A Procter & Gamble está também a criar um mercado para produtos destinados aos cuidados da mulher, ao mesmo tempo que resolve uma preocupação crucial social e de saúde das jovens africanas. As jovens faltam frequentemente às aulas devido ao saneamento deficitário e durante a menstruação; em média quatro dias por mês, segundo um estudo realizado no Quénia. A marca Always, da P&G, está a ajudar as jovens da Zâmbia ao Quénia e ao Egito a ir à escola. A campanha da empresa «Manter Sempre as Raparigas na Escola» foi concebida para conseguir o que o seu nome diz. Em 2006, a P&G anunciou planos para doar mais de 3,2 milhões de pensos higiénicos a jovens pobres do Quénia durante dois anos. A unidade FemCare, da P&G, inaugurou o programa Protecting Futures, em 2007, começando por duas escolas da Namíbia, para construir casas de banho, formar os professores e distribuir pensos higiénicos gratuitos ([11]). Também se associou a ONG locais para patrocinar a investigação e dar bolsas de estudo. O preço e a embalagem são fatores críticos de sucesso, porque a maioria das jovens necessita de comprar estes produtos com o seu próprio dinheiro, que é escasso, pelo que o preço tem de ser baixo. A P&G obteve 70% do mercado de pensos higiénicos no Egito, e com isso consegue que as jovens vão à escola.

Fazer o marketing de produtos destinados à mulher pode ser uma questão sensível em qualquer mercado, mas no Egito o desafio é ainda mais exigente. A P&G criou programas de informação destinados às jovens em idade escolar, distribuindo amostras e informação. Para a formação e para promover os seus produtos Always, a Procter & Gamble iniciou uma campanha Kalam Banat (Conversa de Rapariga) para cativar as jovens para um diálogo entre elas. Os materiais de formação utilizavam um conjunto de três personagens diferentes – Sara, Jasmine e Fatima –, apresentadas num livrinho com a expressão «o nosso segredo» impressa na capa, bem como amostras de produtos. No livrinho, as jovens discutem temas de saúde e de higiene. As personagens, uma das quais usa véu, foram concebidas para ter características de diferentes grupos do Egito. As jovens que os leem são incentivadas a enviar as suas perguntas a uma das três personagens, recebendo a resposta pelo correio. A empresa está contribuir para se enfrentar um problema social grave, que interfere com a escolarização de muitas jovens africanas, ao mesmo tempo que vai desenvolvendo o mercado para os produtos de higiene e para a sua marca.

Oportunidades na Educação

As aspirações de progresso social e a demografia de um mercado de juventude criaram uma procura enorme no domínio da educação. É o que se pode ver não só através da procura de uniformes escolares, como demonstra o negócio da Enbee, no Zimbabué, e de escolas primárias e secundárias, mas também de instituições de ensino de nível superior.

As novas tecnologias de educação estão a espalhar-se pelo continente, graças a parcerias público-privadas. A New Partnership for Africa's Development (NEPAD) lançou um projeto para ligar à Internet 600 000 e-escolas em 16 países africanos no prazo de uma década, começando com 120 escolas em meados de 2007. O projeto foi pensado para fornecer tecnologias de informação e de comunicação, equipamentos como computadores, televisores e rádios, e telefones, com a ajuda de parceiros empresariais como a Hewlwtt-Packard, a Microsoft Corporation, o operador de satélite INMARSAT Limited, a Oracle Corporation e a Cisco Systems ([12]). O projeto pretende que os scanners, as fotocopiadoras e os terminais de comunicações das escolas estejam ligados à Internet através de satélite. O objetivo é dar à juventude africana, onde quer que se encontre, o conhecimento e as competências que lhe permitam participar na economia global.

A iniciativa-piloto «Um Portátil para cada Criança», de Nicholas Negroponte, constitui um teste à colocação dos recursos do mundo (neste caso, computadores baratos) nas mãos dos estudantes africanos. Além destas iniciativas sem fins lucrativos, também há iniciativas comerciais como o computador de preço acessível Classmate, da Intel, que foi instalado em escolas da Nigéria, África do Sul e Quénia. Num projeto-piloto, os computadores contribuíram para aumentar as notas em 25%, nos primeiros três meses ([13]). As novas tecnologias podem ser também utilizadas para ampliar recursos limitados em computadores. Por exemplo, a região do Cabo Ocidental, na África do Sul, com mais de um milhão de estudantes nas suas escolas, fez um teste-piloto com a tecnologia da NComputing (*www.ncomputing.com*) que permitisse que até sete alunos utilizassem apenas um PC a um décimo do preço de um PC individual. Esta abordagem também reduz os custos administrativos, porque há menos computadores para reparar ([14]).

Com um mercado de jovens considerável, há também oportunidade para proporcionar educação pré-escolar. Isso ficou demonstrado na Índia por companhias como a Kidzee (*www.kidzee.com*), que construiu uma cadeia útil de centros de cuidados infantis destinados às crianças da pré-primária e dos jardins infantis. A Kidzee está a expandir-se rapidamente por toda a Índia e até pelo mundo. A África é um mercado natural para este tipo de iniciativas.

Universidades e Faculdades de gestão

Além dos níveis pré-escolar, primário e secundário, a procura de universidades também está a aumentar. A extremamente seletiva American University, do Cairo, tem 70 000 alunos na literatura e 12 000 licenciados, mas a Universidade do Cairo, que fica perto, tem 350 000 – uma pequena cidade ([15]). Algumas das suas aulas iniciais chegam a ter 7000 alunos, não sendo raro haver vários deles com o mesmo nome. Não são aulas, mas convenções. Ainda assim, não há universidades em número suficiente para satisfazer a procura.

O número de universidades e de faculdades de gestão está a aumentar em África, mas o continente continua atrasado em quantidade e qualidade em relação a outras regiões do mundo. Há cinco universidades africanas na lista das 500 melhores universidades de todo o mundo elaborada pela Shangai Jiao Tong University: Universidade da Cidade do Cabo, Universidade de Witwatersrand, Universidade de Kwazulu-Natal e Universidade de Pretória, na África do Sul, bem como a Universidade do Cairo, no Egito ([16]).

O número de faculdades de gestão africanas não chega a 80 e apenas a Universidade da Cidade do Cabo, na África do Sul, consta da lista dos 100 programas de MBA mais importantes de todo o mundo, elaborada pelo *Financial Times*, em 2008, onde figura em 71º lugar ([17]). Em outubro de 2005, 22 reitores e diretores de faculdades de gestão, provenientes de 10 países africanos, reuniram-se em Lagos para lançarem a Association of African Business Schools (AABS), com o apoio da Global Business School Network (GBSN), da International Finance Corporation. Guy Pfeffermann, diretor da GBSN, afirmou num comunicado à imprensa: «Faculdades de gestão mais fortes podem ser instrumentos importantes para contribuir para o crescimento económico dos países africanos. A nova associação criará oportunidades para se formarem redes profissionais em três dimensões: norte-sul, sul-sul e, talvez mais importante, entre as próprias escolas africanas.» ([18])

As faculdades de gestão dos Estados Unidos e da Europa estão a revelar um interesse crescente pela África, tal como sucedeu em relação à China e à Índia há alguns anos ([19]). As faculdades de gestão mais importantes dos Estados Unidos estão a convidar docentes para o seu quadro e a elaborar programas de intercâmbio e de licenciatura africanos, além de terem programas com alunos em África.

Estão também a ser criadas novas faculdades e universidades de gestão para satisfazer esta procura. Quando visitei o Cairo, em setembro de 2006, a American University estava a dar os primeiros passos para criar uma faculdade de gestão como a Indian School of Business, que foi fundada em colaboração com as universidades mais importantes dos Estados Unidos. O African Institute of Management e a International School of Management foram criados no Senegal, nos anos 90, a Lagos Business School foi fundada em 1991 e a faculdade de comércio da Universidade Católica da África Oriental, em Nairobi, foi lançada em 2003. Estas escolas superiores estão a constituir de casos de estudo nacionais e a aprender com os seus pares internacionais ([20]).

A Faculdade de Gestão Mediterrânica, que faz parte da Universidade do Sul do Mediterrâneo, na Tunísia, lançou o primeiro MBA privado do país, em língua inglesa, destinado a executivos. O professor Mahmoud Triki, um educador visionário doutorado pela Ohio State University, reconheceu a força resultante de conseguir investimentos do setor privado tunisino e de se dirigir à diáspora mundial para conseguir ajuda para a criação da faculdade. Há milhares de tunisinos que obtêm diplomas de engenharia ou outros nos Estados Unidos, e cerca de 40% regressam ao país, contribuindo com as suas competências e o seu apoio para promover o setor da educação. Triki está a planear contratar mais de metade dos seus docentes em faculdades de gestão importantes dos Estados Unidos e da Europa. A Universidade Al Akhawayn, em Ifrane, foi a primeira universidade de estilo americano de Marrocos quando foi inaugurada em 1995. Desde então iniciou o seu próprio programa de MBA para executivos e abriu um centro de formação de executivos em Casablanca. Estas são apenas algumas de muitas iniciativas destinadas a diminuir a escassez de universidades e de formação no domínio da gestão.

Apesar do lançamento de novas universidades e faculdades de gestão, muitos alunos com estudos secundários candidatos ao ensino superior não o podem frequentar porque as vagas nas universidades do Estado não são suficientes. O problema das escolas universitárias ilegais, que é uma preocupação em muitos países africanos, é um sintoma da magnitude da procura de universidades que não encontra oferta correspondente. O ministro da Educação do Quénia, por exemplo, encerrou cinco universidades ilegais em dois anos (de 2004 a 2006). Estes programas aparecem junto de bares, alojamentos e edifícios comerciais ([21]).

As universidades inovadoras como a CIDA City Campus, em Joanesburgo, estão a criar novos modelos para abrir faculdades de gestão até para os estudantes mais pobres ([22]). A CIDA (Community and Individual Development Association) afirma ser a primeira universidade «quase grátis» e até possui uma «biblioteca de vestuário», com fatos e outros artigos de vestuário doados que os estudantes podem pedir emprestado para ir a entrevistas de emprego. O edifício, os livros, o mobiliário e os computadores são doados. A CIDA anunciou recentemente planos para construir uma nova escola em Knysna, na costa meridional da África do Sul, tendo recebido uma subvenção de um milhão de dólares da fundação de Jeff Skoll, ex-presidente da eBay, para criar um «centro de replicação» destinado a desenvolver planos e a dar formação a pessoas que irão dirigir escolas semelhantes por toda a África. A faculdade lançou a Branson School of Entrepreneurship, em 2005, com o apoio do empresário Richard Branson. A África precisa de mais modelos criativos como este para ir ao encontro da necessidade de educação da sua população jovem.

A Fonte da Juventude

Os pais norte-americanos do terço com maiores rendimentos gastam entre 279 000 a um milhão de dólares na educação de apenas um filho, até aos 17 anos ([23]). Embora os pais africanos tenham muito, muito menos para gastar, preocupam-se tanto com os seus filhos quanto os norte-americanos. Isto significa que à medida que os rendimentos sobem e a economia se desenvolve, as despesas que têm com os jovens aumentarão também. Também à medida que forem crescendo, estes jovens africanos definirão o futuro de mercado consumidor. O que irão querer estes jovens? Como é que as empresas poderão ir ao seu encontro?

Oprah Winfrey foi criticada por ter doado 40 milhões de dólares para a construção de uma escola para raparigas na África do Sul, em vez de o fazer para as escolas do interior dos Estados Unidos. Ela respondeu que a atitude dos estudantes para com a educação era diferente na África do Sul. «Se perguntar aos miúdos [dos Estados Unidos] o que querem ou do que precisam, dirão um iPod ou uns ténis», disse ela à Newsweek. «Na África do Sul, não pedem dinheiro nem brinquedos. Pedem uniformes para ir à escola.» ([24]) Esta diferença de atitude pode ter uma grande influência no progresso desta nova geração africana. A organização de caridade Camfed International (a que se associaram o Financial Times, a Sofronie Foundation e a Skoll Foundation) concentrou os seus esforços na educação das raparigas africanas como forma de enfrentar os «problemas económicos, de saúde e sociais a longo prazo, em África» ([25]).

Embora um mercado de jovens traga consigo promessas de futuro, há também riscos associados a ter uma população tão jovem. Pesquisas efetuadas pela Population Action International revelam que 80% dos conflitos civis que eclodiram nos anos 70, 80 e 90 ocorreram em países com pelo menos 60% da população com menos de 30 anos. Oito desses nove países «jovens» tinham governantes autocráticos ou democracias fracas ([26]). O antropólogo alemão Gunnar Heinsohn mostrou como é mais provável que os países entrem em guerra civil ou noutro tipo de conflito quando a percentagem da faixa etária entre os 15 e os 29 anos atinge 30%. Os países desenvolvidos passaram por situações semelhantes de elevada percentagem de jovens antes de diminuírem as taxas de natalidade e verem a prosperidade aumentar. Todavia, converter o potencial da juventude em mercados produtivos depende de condições e oportunidades adequadas. Além disso, há problemas muito graves a afetar os jovens, como as doenças, as mutilações genitais e a mera falta de saneamento adequado e de higiene, que ameaçam a sua vida, sobretudo a das raparigas. Altas taxas de desemprego significam que muitos jovens têm dificuldade em sair de casa dos pais e encontrar um lugar para si no mundo.

Apesar das dificuldades, a juventude também representa um importante mercado. Disse Charles Mbire, diretor da divisão do Uganda da companhia de telemóveis MTN, acerca do mercado dos jovens, numa entrevista ao *Financial Times*, em fevereiro de 2008: «Sou um homem de negócios. Estou satisfeito. O meu mercado está a crescer.» A empresa chegou aos 2,5 milhões de assinantes desde o início da sua atividade, em 1999, e a idade média dos utilizadores baixou de 24 para 17 anos ([27]).

A juventude africana é constituída por pessoas que se contam entre as mais otimistas de todo o mundo. Embora tenham interesses que divergem dos dos seus pais, um estudo realizado pela Coca-Cola permitiu concluir que os africanos de 19 anos são mais conservadores nas suas crenças religiosas do que os seus homólogos doutros continentes. Os pais desempenham atualmente um papel mais importante do que nunca. Quem são os seus heróis? A juventude africana encontra os seus modelos de atuação nos líderes intelectuais, artísticos e políticos. Em Marrocos, a juventude refere o seu novo rei; no Quénia, poetas e artistas; na África do Sul, Nelson Mandela. Os seus heróis são determinados pelos sistemas de valores específicos dos seus países. O otimismo pode ser um sentimento geral à juventude africana, mas possui visões do mundo que diferem consoante as regiões. A figura seguinte sumariza algumas das variações destes valores e perspetivas nuns quantos mercados-chave.

«Este é este e oeste é oeste»
(Norte é norte e sul é sul)

Marrocos: as diferenças de género são muito grandes. Um pouco mais europeu em termos de influências. A religião é o fundamento do sistema de valores da família.

Egito: muito mais conservador; os pais desempenham o papel mais forte de todos os países. O sucesso avalia-se pelo estatuto intelectual.

Nigéria: o Ocidente é melhor. Forte influência «americana». A religião é muito importante. O sucesso é uma combinação entre bem-estar material e «fazer os pais felizes».

Quénia: profundamente patriótico, menos centrado na América, mais sintonizado com o Renascimento Africano (e as subtilezas culturais) e consciente dos temas sociais locais (violência contra as mulheres).

África do Sul: sociedade culturalmente fragmentada, mas harmoniosa. Domina um materialismo manifesto. Forte influência ocidental... que depois é «adaptada localmente». Futuro positivo.

Otimismo da Juventude
Fonte: The Coca-Cola Company

Segundo a lenda, o explorador europeu Ponce de Léon percorreu a América do Norte, no princípio do século XVI, em busca da lendária Fonte da Juventude. Hoje, é claro onde está essa fonte, mas é preciso navegar na outra direção do oceano Atlântico para a encontrar. Não é difícil ver onde estarão os mercados do futuro, sobretudo os mercados de jovens. Embora haja dificuldades e perigos nos mercados dos jovens africanos, o seu crescimento e otimismo auguram algo de bom para o futuro. «Imagine o tipo de economia que podemos criar no prazo de dez anos com este tipo de otimismo», disse Lanya Stanek, da Coca-Cola Africa, durante uma análise da investigação realizada em Joanesburgo. «Há o sentimento de que têm uma oportunidade na vida, pelo que têm de a aproveitar bem. Acreditam muito em si mesmos.» A juventude reconhece também que, com o seu contributo, o continente será um lugar muito diferente daquele onde viveram os pais. Esta geração chita está a ajudar a criar e a participar num mercado florescente, e este mercado é o futuro da África.

Oportunidades Crescentes

- Como encontrar oportunidades junto da população jovem africana?
- Como estabelecer a comunicação com a juventude, usando os dialetos locais, a música e o desporto?
- Como satisfazer as necessidades dos bebés, das crianças e dos pais num dos mercados que mais rapidamente crescem em todo o mundo?
- Como ir ao encontro dos problemas reais que a juventude enfrenta, desde as doenças à pobreza?

7

Olá, Nollywood: Oportunidades nos Meios de Comunicação e na Indústria do Espetáculo

A África está já bem longe dos dias em que a maioria das televisões apenas podia sintonizar dois canais do Estado. Os satélites, a rádio, a Internet e outros meios de comunicação social estão a expandir-se, a par da ascensão meteórica dos telemóveis. Nollywwod, na Nigéria, e outros centros cinematográficos espalhados pela África estão a crescer e a ganhar reconhecimento mundial. Desde painéis publicitários nas paredes dos edifícios a eventos nas zonas rurais, há muitas formas criativas de divulgar as mensagens nas partes mais remotas do continente.

Quando conheci Amin El Masri, numa noite de julho de 2006, no Cairo, ele estava a sair para lidar com mais uma emergência no hospital. Ele não é médico. É o realizador de vários filmes aclamados pela crítica e está atualmente a trabalhar numa nova série dramática de hospital, em árabe, ao estilo da série ER [*Serviço de Urgência*], com o produtor americano Joseph Zito (que realizou e produziu filmes como *Bloodrage* e *Sexta-Feira 13: O Capítulo Final*). El Masri, da ASAP Film Production, e os seus parceiros estavam a negociar com duas estações por satélite interessadas em mostrar as novas séries no Egito e no Médio Oriente.

No seu gabinete, perto de um televisor, estava uma gravação vídeo da série norte-americana *ER*. Por cima da televisão estava um poster antigo do filme *Scarface* com Al Pacino a olhar para uma arma numa mesa, fazendo recordar o trabalho de El Masri no seu próprio filme inicial *Mafia*, filmado no Egito e na África do Sul. O filme destacou-se pela qualidade de produção e pela receita de bilheteira, mostrando que os filmes de ação podiam obter êxito no mercado egípcio, onde predominavam as comédias ligeiras. O projeto foi também um êxito comercial, com receitas de cerca de 3 milhões de dólares (14 a 15 milhões de libras egípcias), ou seja, mais do dobro do seu custo de produção.

A indústria cinematográfica egípcia vale entre 60 a 70 milhões de dólares, a segunda em África, atrás de Nollywood, na Nigéria. Os investimentos das companhias produtoras como a Good News, Larabaya e Elamasa-Oscar fizeram aumentar os orçamentos dos filmes egípcios. Uma melhor qualidade, em resultado da produção na Europa, contribuiu para que a indústria passasse a fazer parte dos mercados globais. Apesar de o filme médio egípcio custar 610 milhões de libras egípcias (entre um e 1,5 milhões de dólares), os novos filmes, com elevado valor de produção, estão a exigir orçamentos com o dobro deste valor. Mas ainda são baratos quando comparados com os 40 a 50 milhões de dólares gastos num filme feito nos Estados Unidos. A parada subiu com filmes egípcios como *The Yacobian Building*, baseado num livro popular de Allaa el-Aswany, estreado em 2006, e *Halim*, do próprio El Masri, sobre a vida do cantor popular egípcio Abdel Halim Hafez.

Apesar de os filmes mais populares no Egito continuarem a ser as comédias de segunda de orçamento reduzido, como *Al Limby*, com o comediante Mahmoud Saad, filmes de maior qualidade artística têm sido aclamados pela crítica nos grandes festivais cinematográficos, como Tribeca e Cannes. El Masri gostaria de ver o dia em que um filme egípcio, talvez realizado por si, ganhasse o Óscar para o melhor filme estrangeiro.

A África não é um continente «negro em termos de *media*». As indústrias cinematográficas que se desenvolveram no Egito, Nigéria, Marrocos, África do Sul, Senegal, Tunísia e noutros países africanos, a expansão da televisão por satélite, da rádio e dos jornais, o aumento da quantidade de telemóveis e das ligações de alta velocidade à Internet e os painéis publicitários espalhados por toda a parte são alguns dos muitos canais para transmitir as mensagens. Ao mesmo tempo, em regiões remotas sem acesso regular a eletricidade nem à tecnologia, as companhias estão a utilizar a sua criatividade para fazer chegar as suas mensagens ao mercado com camiões, *disk jockeys* e eventos públicos. Há oportunidades que surgem quando se constroem estes canais. Criam-se também oportunidades inesperadas no domínio da publicidade e da criação de marcas em toda a África.

A Inesperada Indústria Cinematográfica Nigeriana

A realização de filmes de qualidade existe em África há aproximadamente meio século. O falecido realizador e escritor senegalês Ousmane Sembène é considerado o pai da cinematografia africana, devido ao seu trabalho nos anos 60, período em que fez filmes em África e sobre temas africanos. Os seus filmes centram-se na vida de pessoas comuns e em temas em grande parte africanos, como o impacto de uma ordem monetária estrangeira, as tensões entre os progressos da modernidade e a vida tradicional, a poligamia, o colonialismo, o racismo e a prática da mutilação genital. Dedicou-se ao cinema porque era acessível e, como ele mesmo disse, podia ser «levado às aldeias mais remotas de África.» ([1])

Esta tradição de filmes de qualidade continuou até aos dias de hoje com produções como o filme sul-africano *Tsotsi*, que foi aclamado como a emancipação da produção cinematográfica sul-africana. Baseado num romance do escritor sul-africano Athol Fugard e realizado por Gavin Hood, conta a história de um jovem membro de um gangue, num bairro sul-africano, que adota um bebé que rapta acidentalmente durante um *carjacking*. O filme, produzido por parceiros da África do Sul e da Grã-Bretanha, ganhou vários prémios, incluindo o óscar para o melhor filme em língua estrangeira, em 2006. Quando estreou nos cinemas sul-africanos, bateu recordes de bilheteira.

A África deu o seu contributo para a grande arte (incluindo atores premiados como Omar Sharif e Charlize Theron). Depois há Nollywood, que é provavelmente a principal força económica em termos de produção cinematográfica. Nollywood começou por acaso. Em 1992, o comerciante nigeriano Kenneth Nnebue estava a tentar vender um grande *stock* de cassetes de vídeo que comprara em Taiwan. O empresário pensara que poderia aumentar o valor das cassetes se as gravasse com qualquer coisa. Por isso, gravou o filme *Living in Bondage*, acerca de um homem que matou a mulher num ritual de culto, em troca de riqueza e poder, e depois passou a ser perseguido pelo seu fantasma. Quando, sem nada que o fizesse prever, o filme vendeu 750 000 cópias, nas cassetes de vídeo de Nnebue, o seu sucesso levou outros a tentar fazer o mesmo. Nollywood acabava de nascer ([2]).

Em consequência deste feliz acaso, a Nigéria possui agora a terceira indústria cinematográfica do mundo, depois de Hollywood e Bollywood, em termos de receita, calculando-se que esta se situe entre 200 e 300 milhões de dólares. Dali saem mais de 2000 filmes por ano, ou seja, mais títulos do que Hollywood ou Bollywood. Mas a comparação com estes dois estúdios acaba aqui. Os filmes de Nollywood são consabidamente baratos, com enredos simples, mas há milhões de fãs que os consomem avidamente. Não há efeitos especiais vistosos, a qualidade do som deixa muito a desejar e poucos dos seus atores são estrelas. Num país onde os cinemas são escassos, os filmes são distribuídos diretamente em vídeo. Em geral, os filmes são realizados em poucos dias, com uma câmara digital, sendo dois terços em inglês.

Os temas do vudu e da magia negra destas produções são por vezes encarados com constrangimento na Nigéria. O filme *I Hate My Village*, de 1998, que trata do canibalismo, tem uma capa que mostra a estrela Emeka Ani a mastigar o que parece ser carne humana. Noutro filme, uma jovem controladora reduz o tamanho do namorado e coloca-o numa garrafa. Os produtores chamam a atenção para o facto de os filmes conterem habitualmente uma mensagem moral, com os praticantes de bruxaria a serem punidos no final ou a redimirem-se através do cristianismo. Com a sobreposição de crenças antigas e modernas, e uma saudável dose de melodrama, estes filmes refletem um entendimento profundo do mercado.

Se bem que os críticos possam debater os méritos artísticos dos filmes de Nollywood, ninguém pode discutir o seu sucesso económico. Os filmes custam entre 15 000 e 100 000 dólares a fazer e a maioria não tem investimentos da banca ou do Estado, pelo que a indústria é autossuficiente. Esta indústria surgiu sem um estúdio importante ou uma escola de cinema. Emprega cerca de um milhão de pessoas na Nigéria, na produção e na distribuição, o que faz dela o maior empregador a seguir à agricultura. Os aspirantes a atores vão circulando pelos júris de seleção ou pelos bares do bairro Surulere, em Lagos, onde se concentram muitas das filmagens.

O encanto de Nollywood reside no facto de que companhia alguma de um mercado desenvolvido teria pensado nela. O mercado nigeriano parece uma terra de ninguém aos olhos de um produtor cinematográfico norte-americano, habituado a lançar filmes de elevado orçamento para entreter críticos de cinema sofisticados. Em Hollywood há uma grande preocupação com as perdas potenciais da propriedade intelectual. Em relação a Nollywood, calcula-se que devido à pirataria metade da sua receita se perca. É um custo desta atividade. Nollywood faz tanto sentido para Hollywwod como o microcrédito para um banqueiro tradicional. Não deveria ser um mercado lucrativo, mas na verdade é-o. Obedece a um modelo diferente. Este modelo funciona na Nigéria, e bem. Os realizadores indianos compreendem bem este meio: anteriormente, os filmes de Bollywood também foram populares em África. Aliás, alguns filmes de Bollywood foram filmados em países africanos como a Maurícia e a África do Sul, e também se realizaram aqui cerimónias de entrega de prémios de Bollywood.

Cinemas que Não Parecem Cinemas

Um estudo realizado na Nigéria permitiu concluir que nove em cada dez inquiridos nunca foram ao cinema. Se olharmos um pouco mais atentamente, porém, já há muitos cinemas neste país. Só que não se parecem com os cinemas que as companhias cinematográficas estão habituadas a ver. Um cinema na Nigéria ou noutras partes de África é um restaurante ou uma casa particular com um gravador de vídeo ou um leitor de DVD e uma televisão. Os filmes são vendidos por cerca de 2,15 dólares – em média, cada filme vende 50 000 cópias – e são mostrados ao público por uma quantia insignificante nestas casas de cinema informais. Apesar de a falta de cinemas tradicionais não ter sido um entrave à indústria de Nollywood, este tipo de cinemas está agora a chegar. Há planos para construir 50 cinemas modernos na Nigéria, em 2007. Em países mais ricos como o Egito, 66% dos adolescentes já dizem «ir ao cinema com frequência».

Além de serem projetados nalguns cinemas caseiros, os filmes africanos são também apresentados na televisão, o que dá a Nollywood um espaço de influência bem maior do que a Nigéria. A companhia de televisão por satélite MultiChoice, da África do Sul, por exemplo, tem um canal que só passa filmes nigerianos. A Zenith Films, do Reino Unido, lançou um canal chamado Nollywood Movies, no início de 2008, na televisão paga BSkyB, de Rupert Murdoch (*www.nollywoodmovies.tv*). Nos Estados Unidos, os filmes de Nollywood tornaram-se uma indústria de muitos milhões de dólares quando os imigrantes e outros fãs os passaram a comprar, mas há muitas cópias pirateadas. Aluguei filmes de Nollywood numa loja africana, em Austin, no Texas, propriedade de uma família nigeriana.

As câmaras estão a gravar por toda a África. A indústria cinematográfica no Cabo Ocidental (incluindo a Cidade do Cabo), na África do Sul, contribuiu com pelo menos 3,5 mil milhões de rands (500 milhões de dólares) para a economia do país, em 2006, segundo um estudo da Cape Film Commission ([3]). Em julho de 2007, o Botsuana começou a realizar o primeiro filme importante totalmente realizado no país. O filme, *The No. 1 Ladies' Detective Agency*, baseado num romance de grande tiragem de Alexander McCall Smith, tem o Botsuana por cenário. Foi realizado por Anthony Minghella e financiado pela Weinstein Company, com o apoio da República do Botsuana ([4]). Embora a indústria cinematográfica do país comece a dar os seus primeiros passos, um operador turístico local acrescentou circuitos literários aos tradicionais safaris de caça grossa ([5]). Os emigrantes estão também a dar o seu contributo para a realização dos filmes africanos. Rachid Bouchareb, cuja família emigrou da Argélia para a França, realizou o filme *Indigènes*, ou *Native* (distribuído nos Estados Unidos com o título *Days of Glory*), cujo tema é a ida de soldados argelinos para França para combaterem na II Guerra Mundial. Na Tunísia há igualmente uma pequena mas entusiasta indústria cinematográfica.

Quando me encontrei em Marrocos com Ali Kettani, da Sigma Technologies, disse-me que o país é um sítio popular para fazer filmes, em que o próprio Estado põe à disposição militares, equipamento e outros apoios. Os realizadores vieram aqui filmar êxitos internacionais como *Gladiador*, *Black Hawk Down* [*Cercados*], *As Quatro Penas Brancas* e o clássico *Lawrence da Arábia*. Há também muitas produções nacionais de baixo orçamento. A Sigma esteve envolvida na criação de alguns programas, incluindo ums série educativa local em língua berbere chamado *Yaz*. Muitos berberes de Marrocos não falam francês. Alguns filmes estrangeiros acabaram por ter versões não oficiais em língua berbere, como por exemplo o êxito da DreamWorks *Shrek*. Kettani perguntou-me: «Imaginaria que *Shrek* era falado em berbere?» A Sigma está também a trabalhar em desenvolver anúncios para telefones e outros *media*.

Em junho de 2007, a versão de Bollywood dos Óscares da Academia, os Indian Film Academy Awards, entregues em Sheffield, na Inglaterra, atraiu 12 500 espectadores ao vivo e uma audiência televisiva de 500 milhões em 110 países. Quanto tempo irá demorar até que o mercado cinematográfico africano fique organizado da mesma forma? Não muito, talvez. O Panafrican Film and Television Festival of Ouagadougou (FESPACO), chamado os Óscares de Ouagadougou, teve lugar no Burquina-Faso em março de 2007. Os realizadores de cinema de toda a África reuniram-se aqui para competir pelo Yennenga Stallion, a estatueta dourada de um cavalo empinado, de uma lenda antiga do Gana, equivalente ao Óscar. Bollywood tem levado a sua cerimónia de entrega de prémios a todo o mundo onde há imigrantes indianos. Deveriam os realizadores africanos fazer o mesmo? A indiana Reliance Entertainment adquiriu mais de 200 cinemas em 28 cidades norte-americanas, com o objetivo de fazer chegar os filmes de Bollywood à sua comunidade ali emigrada. Poderiam as companhias africanas fazer o mesmo com os filmes de Nollywood?

Hollywood descobriu Bollywood, com estúdios como o Sony Pictures Entertainment a produzir os seus próprios musicais à Bollywood e a Disney a produzir filmes animados na Índia para chegar ao enorme mercado interno que representa cerca de 95% das receitas de bilheteira. Os realizadores de Bollywood abriram as suas companhias à participação do público em geral, além de terem angariado dinheiro em mercados de investimento alternativos, em Londres. Dada o elevado consumo de filmes na Nigéria e no Egito, poderão os seus realizadores ter à sua disposição oportunidades idênticas? Porque está a África a ser ignorada? ([6])

A breve prazo, não parece provável que Nollywood possa produzir um filme capaz de obter um prémio num dos festivais mundiais mais importantes, embora iniciativas como a Nollywood Foundation, em Los Angeles, criada por um grupo de imigrantes nigerianos, possa mudar a perspetiva a longo prazo. Há mais estúdios importantes a ser construídos na Nigéria. A África está também a revelar estrelas proeminentes como Geneviève Nnaji, que é porta-voz da Lux, da Unilever, na Nigéria, e a estrela de cinema egípcia Mona Zaki, que representa a Lux no Egito. O filme *30 Days*, com Geneviève Nnaji, coproduzido pela Native Lingua Films, dos Estados Unidos, e a Temple Productions, da Nigéria, revela a atração crescente exercida por essas estrelas e filmes nos mercados desenvolvidos. Por isso, não é demasiado ambicioso pensar que até a indústria informal e fanfarrona de Nollywood possa vir a ser a base de uma indústria cinematográfica mais tradicional a longo prazo.

Televisão e Rádio: Depois da Fase dos Dois Canais

Há uma década ou duas, a maior parte dos países africanos tinha um ou dois canais públicos, se tanto. Atualmente, alguns espectadores africanos têm acesso a centenas de canais. Tal como os telemóveis, a televisão e a rádio por satélite não necessitam de cobrir os países de fios e podem chegar a quase todo o continente. Em 1986, teve início na África do Sul um novo serviço de televisão por satélite chamado M-Net (chama-se atualmente MultiChoice Africa), que a companhia afirma ser um dos dois primeiros serviços de televisão por assinatura fora dos Estados Unidos ([7]). O serviço DStv (televisão digital por satélite), da MultiChoice, fornece programas concebidos para públicos que vão da África do Sul ao Sudão e ao Senegal. Só na África do Sul o DStv tem mais de 1,4 milhões de assinantes (em março de 2007), transmitindo mais de 70 canais de vídeo, mais de 40 canais de áudio com qualidade de CD, 28 canais de rádio e 6 canais interativos, 24 horas por dia.

A rádio por satélite WorldSpace, na qual ouvi canções de Bollywood no Zimbabué, pode ser sintonizada em toda a África. Fundada em 1990 pelo etíope Noah A. Samara, que criou a rede de rádio por satélite XM nos Estados Unidos, a WorldSpace é pioneira da rádio digital por satélite nos mercados emergentes de toda a África e de grande parte da Ásia. Transmite um grande leque de programas, incluindo sobre desporto, educação e religião, notícias da CNN, da BBC e da NPR, para além de música, com rock, country, R&B, hip-hop, clássica e música do mundo ([8]). Em junho de 2007, a CNBC lançou a CNBC Africa, em Joanesburgo, o primeiro canal comercial a transmitir 24 horas por dia para 14 países africanos, substituindo a emissão europeia da CNBC no alinhamento por satélite do DStv ([9]).

No Burquina-Faso, o país quase para quando é transmitida a série em língua francesa, de produção local, *Le Nouveau royaume d'Abou*. Neste país, o PNB *per capita* é de apenas 400 dólares. O programa tem um enredo de telenovela complicado centrado em Abou, um muçulmano com duas mulheres, muitos filhos e uma amante africana. Tem também uma amante na Suíça, na sequência de uma viagem de negócios, que aparece no Burquina-Faso para o ver. A série custou oito milhões de francos CFA (cerca de 16 000 dólares) por episódio, sendo apoiada pelo Canal France International (CFI), a companhia nacional de telemóveis Telmob e pela televisão estatal. (Em contrapartida, o custo médio do primeiro ano de uma série nos Estados Unidos era de 2,8 milhões de dólares por episódio, em 2006.) ([10]) Os produtores procuram agora exportar a série para países francófonos vizinhos, como o Benim, e até para a China ([11]). Pode não se parecer nada com um episódio de *Friends*, mas com a sua linguagem, abordagem da religião e temas captou o interesse dos espectadores deste mercado.

Na Nigéria, as telenovelas populares como *Super Story*, produzida no país, atraem grande audiência e anunciantes de peso como a Unilever. Um dos meus estudantes da Nigéria contou-me como a mãe se lembrou de que faltavam alguns produtos em casa por os ter visto anunciados na *Super Story*. Em 2005, a Nigéria tinha mais de 140 estações de televisão, incluindo 28 estatais, 14 privadas, duas por satélite e quatro digitais. A Nigéria gabava-se de possuir 90 estações de rádio e mais de 90 jornais e 40 revistas. Também tinha 112 empresas de publicidade em *outdoors*, com quase 20 000 painéis publicitários. Há um grande mercado para televisões, leitores de DVD e gravadores de vídeo em todo o continente para os segmentos consumidores da África Um, da África Dois e até da África Três (ver capítulo 3, «O Poder da África Dois»).

No Quénia, a Unilever utiliza DJ da rádio que são populares e eventos de apresentação para promover os seus produtos. Por exemplo, em Nyeri, os cozinheiros locais foram desafiados a preparar refeições com os seus caldos Royko (utilizados para dar sabor às sopas). O DJ da rádio entrevistou os participantes e apareceram mais pessoas, que se aglomeraram para o evento e assistir à emissão ao vivo. As vendas dos caldos Ryoko aumentaram mais de 25% naquela zona nos três meses que se seguiram ao evento, realizado em março de 2006. Com 44 estações de FM no Quénia, a rádio tem maior alcance nas áreas rurais. Por outro lado, ao contrário da televisão, pode ser recebida com pilhas ou dando à manivela quando não há eletricidade.

O Pequeno Ecrã

Num continente com muitos telemóveis, mas poucos cinemas, o salto para o pequeno ecrã parece ser inevitável. Tirando partido do seu serviço de televisão por satélite, a DStv Mobile está a testar tecnologia para transmitir televisão para telemóveis. A MTech Communications, um fornecedor de conteúdos para telemóveis sediado em Lagos, chegou a uma audiência de milhões de assinantes destes serviços em todo o continente trabalhando em colaboração com operadores importantes como a MTN, Glo, CelTel e Safaricom. A companhia foi fundada em 2001 pelos nigerianos Sheri Williams e Chika Nwobi, que regressaram após se terem licenciado em informática no Reino Unido e nos Estados Unidos. Na época 2005/2006, atraiu 5 milhões de assinantes para o seu serviço de SMS centrado na Premier League. Os utilizadores podem fazer palpites sobre os vencedores dos jogos do Campeonato do Mundo, concorrer para ganhar um *global phone*, ou receber destaques noticiosos da Premier League nos seus telemóveis, incluindo vídeos e fotografias, em toda a África. Os assinantes da MTech na Nigéria e no Gana podem assistir nos seus telemóveis ao popular concurso do Reino Unido *The Mint* e fazer uma chamada para participar no jogo.

Em agosto de 2007, a Nigéria lançou o primeiro serviço comercial de TV para telemóveis, que permitirá aos assinantes receberem diretamente a CNN, a SuperSport e outros canais de televisão digital por satélite. O serviço, que utiliza a norma tecnológica Digital Video Broadcast-Handheld (difusão vídeo digital para aparelhos móveis), significa que os utentes nigerianos terão acesso à mais moderna tecnologia móvel do mundo. Num sinal de que os realizadores de cinema estão atentos ao pequeno ecrã, a Cidade do Cabo, na África do Sul, acolheu o seu primeiro Mobfest em agosto de 2007, com prémios para os melhores documentários concebidos para telemóvel.

Os telemóveis estão a ser utilizados para melhorar a saúde no Ruanda, onde a companhia norte-americana Voxiva construiu um sistema que permite aos trabalhadores da saúde enviar relatórios a partir de aldeias remotas. O sistema ajuda a rastrear os doentes com o VIH/SIDA e faz a ligação entre 75% das 340 clínicas do país, cobrindo 32 000 pacientes [12]. Aceita mensagens de texto, mensagens de voz e contributos pela Internet. Através do sistema, as clínicas também recebem resultados de testes laboratoriais e alertas sobre medicamentos, quer de venda livre, quer com receita médica, a retirar do mercado.

Os telemóveis estão a transformar a agricultura. A Celtel Zambia e a Zambia National Farmers Union (ZNFU) lançaram em 2007 um serviço de informação sobre os preços das mercadorias para pequenos agricultores e empresários agrícolas. O serviço permite-lhes aceder ao preçário e a outras informações através dos telemóveis. O agricultor pode inserir uma mensagem de texto como «SMS milho» para um número designado e receber os preços em vigor a partir da ZNFU, o que lhe permite negociar um preço melhor ([13]).

Os telemóveis constituem um outro canal para fazer publicidade. Por exemplo, quando a Guinness lançou a Guinness Extra Smooth, em Lagos, em 2006, contactou por telemóvel os principais nomes da moda e convidou-os para vários bares. Para entrar na festa os convidados mostravam a mensagem nos seus telemóveis. Esta e outras promoções ajudaram a companhia a vender uma milhão de caixas no ano de lançamento. Não houve necessidade de a companhia ter de lidar com o incómodo serviço dos correios para distribuir os convites. Com a rápida divulgação dos telemóveis, há muito mais oportunidades para campanhas publicitárias semelhantes a esta que chegam diretamente aos clientes.

Os telemóveis estão também a fornecer a plataforma para o primeiro canal pan-africano inteiramente dedicado às notícias, 24 horas por dia, criado pela Camerapix, em Nairobi, e que se previa viesse a ser lançado em 2008. Baseia-se no sucesso obtido com o A24 Media, um canal de televisão que emite noticiários às horas certas. Os telemóveis não só são veículos de transmissão de notícias em toda a África, mas também contribuem para melhorar a forma como recolhe notícias. A AfricaNews (*www.africanews.com*) utiliza telemóveis para aumentar a sua rede de repórteres. Os repórteres de telemóvel cobrem os acontecimentos comuns nas respetivas regiões, utilizando os aparelhos para produzir vídeos e reportagens escritas e tirar fotografias. Um repórter com um telemóvel equivale a uma operação de recolha de notícias com uma só pessoa.

Meios de Comunicação Impressos e *On-line*

Os meios de comunicação social impressos e os meios de comunicação *on-line* estão também a expandir-se rapidamente pelo continente, embora em muitas áreas os seus leitores pertençam ainda sobretudo aos segmentos da África Um e da África Dois do mercado (analisados no capítulo 3). No Senegal, Karim Attieh, diretor da tipografia Poly Krome, estava a imprimir uma nova revista destinada à África francófona quando me encontrei com ele, em 2007. A revista chama-se *Thiof*, um termo francês curioso que significa «rapaz bem parecido». Attieh, cujo pai foi do Senegal para o Líbano, tem uma pilha de revistas sobre Paris, mas estão centradas na vida em França, não no Norte de África. A *Thiof* é publicada quinzenalmente e vende cerca de 25 000 exemplares a dois dólares.

Num país em que existem dois milhões de famílias e talvez 40 000 pertencentes ao segmento de rendimentos mais elevados (A), a revista está já a penetrar nos segmentos de consumidores da África Um e da África Dois. Calcula-se que os leitores sejam cinco a dez vezes mais do que o número de vendas, pelo que uma tiragem de 25 000 exemplares pode chegar até 250 000 famílias. As tabelas de publicidade da revista baseiam-se na sua leitura, pelo que quanto mais os exemplares forem partilhados melhor. Há quatro anos, este tipo de revista poderia não ser possível, mas em 2010 Attieh esperava ter 50 000 exemplares por edição.

O crescimento dos meios de comunicação impressos e *on-line* fica a dever-se também a revistas como a *African Business* e a *Jeune Afrique*, bem como a sítios da Internet como o *Bizcommunity.com* (ver caixa). O fortalecimento da infraestrutura da banda larga em todo o continente está a criar uma plataforma para comunicações melhoradas. As empresas orientadas para o futuro estão a desenvolver as suas atividades utilizando esta plataforma.

A *Bizcommunity.com* iniciou uma *newsletter* de marketing impressa, na África do Sul, há cerca de seis anos. O interesse por esta iniciativa foi crescendo no continente e a infraestrutura da banda larga foi fortalecida, pelo que, em 2007, os fundadores criaram uma *newsletter* e um sítio da Internet «Bizcommunity» mais dirigidos a toda a África. Rapidamente passou a ser a comunidade *on-line* líder na África do Sul para a publicidade, o marketing e o setor dos meios de comunicação.

Três meses após o lançamento, tinham 14 000 assinantes da *newsletter* grátis e no final de 2007 mais de 280 000 utilizadores *on-line*, que cresciam ao ritmo de 1000 por mês. A *newsletter* despertou interesse em toda a África, incluindo Angola, Argélia, Botsuana, Costa do Marfim, Egito, Gana, Quénia, Maurícias, Marrocos, Moçambique,

Namíbia, Nigéria, Seicheles, Tanzânia, Uganda, Zâmbia e Zimbabué. Atraiu também um contingente de leitores cada vez maior fora do continente, entre os quais o autor.

«A compra da AfricaOnline pela Telkom SA é um indício seguro da maior capacidade da banda larga», disse Robin Parker, diretor executivo, durante uma conversa com o autor, em junho de 2007. «Isto, bem como o acesso explosivo aos telemóveis (em 2010, metade dos africanos terá um destes aparelhos) levam-nos a dizer que é tempo de sermos pioneiros e de olhar para o continente como um todo, em vez de isolar a África do Sul, como fizemos tradicionalmente. Estamos a considerar a criação de uma rede de marketing interafricana e o patrocínio de conferências por todo o continente.»

Desenvolver estas atividades deu-lhe uma perspetiva nítida do crescimento da economia africana e das vantagens da África. «Uma das vantagens deste continente quando se trata de fazer algo novo é a possibilidade de saltar etapas. A África é capaz de assimilar as melhores experiências de qualquer outro lugar do mundo e passar ao nível seguinte. Não temos de nos contentar com uma segunda escolha.»

Estão a ser criados novos meios de comunicação, tendo por alvo sobretudo o crescente segmento consumidor da África Dois. Na África do Sul, o tabloide *Daily Sun*, de Joanesburgo, que começou a ser publicado em 2002, atingiu uma tiragem de mais de 500 000 exemplares em 2007, centrando-se na África Dois. Tal como o fundador e o editor Deon du Plessis comentou numa entrevista ao *Wall Street Journal*, «É o mesmo começo enérgico que se deu [nos Estados Unidos] nos anos 50 [...] Há grandes fortunas a fazer.» ([14])

As Paredes Podem Falar

Os satélites, a rádio, os telemóveis, a imprensa e outros canais oferecem oportunidades para criar negócios rentáveis e fazer chegar mensagens a toda a África. Muito poucas zonas do continente estão ainda fora do alcance das tecnologias da comunicação, mas ainda há algumas partes da África, sobretudo regiões rurais, que não têm acesso a estas ligações. Mesmo para aí, há formas de enviar mensagens.

Nas zonas rurais dos arredores de Lagos, todos as paredes disponíveis dos edifícios estão cobertos com os logótipos da Coca-Cola ou da Pepsi. Com meios de comunicação limitados nas zonas rurais, o edifício é a mensagem. «Promover as marcas em paredes» é mais barato do que comprar espaço em painéis publicitários. No Quénia, um painel destes pode custar 1,2 milhões de xelins quenianos (18 000 dólares) por ano, ao passo que utilizar uma parede custa uns meros 25 xelins (40 cêntimos) por metro quadrado... para a pintar. Em geral, os anunciantes não pagam nada aos proprietários porque estes se contentam em ter os seus edifícios pintados e conservados sem despesa.

A criatividade e o empreendedorismo podem superar quase todas as deficiências das infraestruturas africanas. Em Monróvia, na Libéria, Alfred Sirleaf difunde notícias pela comunidade, todos os dias, na principal via pública da cidade, utilizando um quadro negro estragado. Na cidade, que há 14 anos não tem eletricidade pública, o quadro de Sirleaf faz as vezes dos dispositivos de rua onde vão surgindo os títulos das notícias, no mundo desenvolvido. Sirleaf chega a incluir símbolos para pessoas que não sabem ler. Os seus editoriais levaram-no à cadeia. No entanto, ele continua a publicar ([15]). Com iniciativa empresarial, nenhuma parte da África fica fora de alcance.

O Terceiro Olho

As embalagens dos produtos são também uma forma importante de publicidade. Ouvi nos bairros da África do Sul que o produto de limpeza Handy Andy (conhecido noutros mercados como Sif), da Unilever, é deixado por vezes na mesa da cozinha para que as visitas o vejam. Panelas e tachos a brilhar são também deixados à mostra. A limpeza é tão importante que os sul-africanos a querem anunciar nas suas próprias casas, veiculando uma certa ideia de estatuto social. Desta forma, as embalagens tornam-se uma forma de publicidade.

O conceito de «terceiro olho» é muito importante na compra e no uso dos produtos. Um painel de especialistas das casas-mãe das marcas – uma *joint venture* da Diageo, Heineken e Namibia Breweries, da África do Sul – concluiu que os consumidores raramente, ou mesmo nunca, pensariam em comprar uma bebida muito apreciada como o Johnnie Walker para a beber em casa. «Os consumidores não querem perder uma ocasião de revelar estatuto social bebendo Johnnie Walker onde ninguém os pode ver. Fazem-no em bares onde há muita gente que os pode observar e ouvir o que dizem», afirmou Sharon Keith, de uma empresa com várias marcas da Cidade do Cabo.

Na Nigéria, produtos como a Limca e a Sprite, da Coca-Cola, bem como a Montain Dew e a Miranda Orange, da Pepsi, beneficiaram com uma nova embalagem, tal como fez a Guinness ao relançar a sua cerveja Harp numa garrafa nova. Nas zonas rurais com pouca luz, as embalagens podem brilhar. As lojas são, não só um lugar de venda, mas também uma montra das marcas.

Numa clínica dos arredores de Lagos, conheci uma mulher que vinha da sua aldeia e se aperaltara para levar o filho ao médico. Nas áreas rurais do Egito, os habitantes penduram as suas roupas nos penhascos para as mostrarem. A Procter & Gamble utilizou esta apreciação por terceiros na campanha publicitária do seu detergente Ariel, onde o marido gabava a roupa lavada e a atenção da mulher aos pormenores. Isto contribuiu para fazer do Ariel o líder de mercado no Egito, com mais de 40% da quota em 2006.

Sacar Dólares e Outras Surpresas da Tecnologia e dos *Media* Africanos

O mercado africano é tecnologicamente mais sofisticado do que os ocidentais imaginarão. Um exemplo negativo é a célebre carta nigeriana – o esquema 419 da Internet – que se pensa ter rendido 750 milhões de dólares (talvez milhares de milhões) com os norte-americanos ingénuos que foram vítimas desta fraude. A mensagem utilizada é geralmente uma versão do tema de uma pessoa muito rica da Nigéria (ou do Zaire, ou do Burquina-Faso) que tem de transferir grandes quantias de dinheiro para o estrangeiro e solicita a utilização da conta do destinatário. Pode ser prometido ao investidor norte-americano entre 20% e 40% dos fundos a transferir, verbas habitualmente na casa dos milhões. Mas depois o investidor tem de preencher a papelada e é-lhe pedido dinheiro para subornar um funcionário do país, ou então para fazer um depósito, num banco específico, que revele a sua boa-fé.

A transferência da Nigéria nunca chega e o burlão embolsa o dinheiro que a vítima avançou para «cobrir» a operação. Estes «Robin Hood» que roubam ao mundo desenvolvido são celebrados numa canção popular da Nigéria, «I Go Chop Your Dollar» [Vou sacar o teu dólar], interpretada por Nkem Owoh. Se bem que estas burlas sejam uma tragédia para as vítimas, e claramente ilegais, de acordo com a secção 419 da lei da Nigéria (daí vem o nome do esquema), demonstram o nível de sofisticação dos talentos informáticos e da tecnologia que existe na Nigéria. De facto, uma das razões por que estas burlas obtêm tanto êxito é, para além da mera cupidez humana, as vítimas subestimarem o grau de sofisticação destes burlões africanos.

Um exemplo mais positivo e prático de como a África está na rede é o facto de eu ter planeado viagens a vários países africanos quase inteiramente pela Internet e por telefone. Pude marcar voos, procurar hotéis, alugar carros e contratar motoristas. Vi caixas automáticas em quase todas as grandes cidades. Os serviços de apoio estão longe de ser perfeitos – encontrar motoristas que falem inglês nalguns países era um pouco mais difícil do que alugar um carro –, mas fiquei surpreendido por tudo isto poder ser conseguido *on-line* ou por telefone (geralmente por telemóvel), e, é claro, com o prestimoso auxílio dos funcionários dos locais de acolhimento. A África tem uma melhor rede de telecomunicações do que o mundo pensa.

A Internet também permite ligações mais positivas entre o mundo desenvolvido e a África do que antes eram possíveis. Por exemplo, a BeadforLife (*www.beadforlife.org*) liga as mulheres ugandesas que fazem colares de papel reciclado a norte-americanas que organizam festas em casa e eventos para vender a joalharia. O projeto, fundado por Devin Hibbard e Ginny Jordan, utiliza a página inicial online da PromStores (que faz parte do eBay), um de vários poderosos instrumentos *on-line* à disposição dos empresários e cujo número é cada vez maior. Gerou receitas de 1,5 milhões de dólares em 2006. Em 2007, os estudantes secundários norte-americanos Nick Anderson e Ana Slavin usaram os sítios do Facebook e do MySpace para recolherem mais de 300 000 dólares para auxiliar os refugiados do

Darfur. Outro programa, fundado por Jill Youse, no Minnesota, congregou mais de 400 mães norte-americanas que dão o seu próprio leite para alimentar crianças que ficaram órfãs devido ao VIH/SIDA, na África do Sul (*www.breastmilkproject.org*). A tecnologia e outras ligações encurtam a distância entre a África e o mundo desenvolvido.

Estas ligações entre a África e o resto do planeta, contudo, podem conduzir a um choque entre mundos. A apresentadora Hala Sarhan, chamada «a Oprah Winfrey do Médio Oriente», da televisão por satélite egípcia, gerou controvérsia ao discutir assuntos que são considerados tabus na sociedade árabe, como os desvios sexuais, a mutilação genital feminina e a prostituição. Os críticos pediram ao canal saudita por satélite Rotana para despedir a apresentadora e acabar com o programa (*www.no4hala.com*) [16]. Há também tabus nas emissões de televisão, sobretudo nos países muçulmanos, como a regra de as atrizes e os atores que representam papéis de mãe e de filho não se poderem abraçar no ecrã porque não têm de facto qualquer relação familiar. Quanto mais a África estiver ligada às redes de telecomunicações, mais o velho e o novo se encontrarão e mais as sociedades africanas terão de enfrentar estas situações de conflito.

Os Piratas de Jo'burg

A proteção da propriedade intelectual é outro problema. Enquanto conduzia pelas ruas de Joanesburgo, em junho de 2006, foi-me proposta a compra de *Missão Impossível 3* por alguns dólares, na mesma semana em que estreara nos Estados Unidos e muito antes de surgir em vídeo. As perdas resultantes dos roubos de propriedade intelectual são um facto da vida. Quer os filmes quer os sinais de satélite podem ser roubados.

Os sucessos dos países podem alterar a perspetiva sobre a propriedade intelectual. Quando cópias pirateadas do filme sul-africano *Tsotsi* apareceram nas ruas – como acontece com todos os filmes de sucesso –, o público ficou escandalizado, talvez pela primeira vez. As cópias piratas estavam à venda por 50 rands (cerca de nove dólares), numa versão com uma montagem tosca e que tinha um fim diferente do do filme estreado. O roubo de um filme nacional tornou mais pessoais as preocupações com a propriedade intelectual.

A realização dos jogos do Campeonato do Mundo de Futebol de 2010, na África do Sul, despertou também um interesse acrescido pela proteção da propriedade intelectual dos patrocinadores. Espera-se que o evento crie 150 000 empregos e produza receitas de 15 mil milhões de rands (mais de dois mil milhões de dólares) com os 350 000 turistas que visitarão o país, pelo que há muito em jogo. Os legisladores estão a levar a proteção das marcas muito a sério. Um processo judicial ganho à Disney tendo por objeto a música de *O Rei Leão* «The Lion Sleeps Tonight», movido pela família do compositor zulu Soloman Linda, mostra que há uma maior consciência relativamente à proteção da propriedade intelectual. A sua família chegou a acordo com a Disney, por uma importância não divulgada, pela utilização da canção escrita em 1939 e gravada originalmente pelos Evening Birds. São sinais de que o ponto de vista sobre a propriedade intelectual pode estar a mudar.

De Michael Power ao Poder dos Meios de Comunicação

Há menos de uma década, a falta de televisão de alta qualidade contribuiu para fazer do herói negro de ação Michael Power, mencionado no capítulo 1, um enorme sucesso popular, ainda que não passasse de uma criação publicitária. Power, um James Bond da Nigéria, foi criado pela Saatchi & Saatchi, em 1999, para publicitar a cerveja Guinness Extra Stout. Teve tanto êxito que saiu dos anúncios da imprensa e da televisão para se tornar uma verdadeira estrela. Teve mesmo a sua longa-metragem. A maior parte dos atores começa pelo cinema e depois de se tornarem famosos é que promovem produtos. Michael Power começou como promotor de um produto e só depois se tornou estrela de cinema. Enquanto combatia o mal, dava o seu contributo para duplicar as vendas da Guinness em África, em 2003, dois anos antes do que estava previsto, além de tornar conhecida a marca Guinness por 95% das pessoas.

O sucesso extraordinário de Power ficou a dever-se em parte à relativamente baixa qualidade da produção televisiva, além dos poucos programas disponíveis, em finais dos anos 90, o que fez com que a campanha se destacasse. Além disso, Power enfrentava problemas nitidamente africanos, como os cortes de eletricidade e os políticos corruptos. O seu lema, «a Guinness revela o poder que há em ti», era uma síntese do otimismo nascente e de assunção de poder. Num dos anúncios da televisão, perante um corte de eletricidade que leva a terminar uma festa combina com os taxistas que acendam os seus faróis num parque e liguem os rádios, após ter telefonado para uma estação para escolher as canções. Noutro anúncio, parado no trânsito, numa rua estreita, uma cena comum nas cidades africanas, desmonta o seu monovolume e volta a montá-lo já fora do engarrafamento.

Pode ser que os dias de Michael Power estejam a desaparecer, porque os *media* em África estão a ter um crescimento explosivo. Agora os espectadores africanos têm acesso a entretenimentos de alta qualidade – e estão inclusivamente a criá-lo. Atualmente os custos de produção estão a aumentar e os centros de produção cinematográfica estão a surgir por todo o continente. Até Michael Power, com toda a sua inteligência e a sua força, pode não saber lidar com todos estes desenvolvimentos (embora tenha durado mais do que muitas campanhas publicitárias).

Há outra razão possível para que a África tenha ultrapassado o tempo de Michael Power (apesar de Power continuar envolvido na promoção der iniciativas sociais como o programa Water of Life, da Diageo). Power representava o ponto de vista de que a África poderia ser salva por uma força exterior, o super-herói. Pode ter sido um reflexo da ideia de que o Estado ou os países estrangeiros haveriam de resolver os problemas. Mas agora o poder de África vem de dentro, das suas próprias histórias, dos seus próprios empresários, do seu próprio conhecimento acerca dos seus próprios mercados. «Acreditam que se se pretender que as coisas melhorem, terão de ser eles mesmos a fazê-lo», como disse Matthew Barwell, diretor de marketing da Diageo Africa. Esta mudança encontra eco na nova campanha da Guinness que a Diageo lançou chamada Greatness e que tem por lema «Há uma centelha de grandeza em todo o homem». Um dos anúncios consiste na história de um piloto de sucesso duma companhia aérea que é apresentado a levar ajuda humanitária às aldeias.

As Nossas Histórias São as Vossas Histórias

No momento que atravessamos, a noção do mundo desenvolvido acerca da África como sendo um continente de conflitos e de corrupção continua a ser reforçada pelo que as pessoas veem nos ecrãs. Vejam-se filmes recentes como O *Senhor da Guerra,* sobre o tráfico de armas, *Diamantes de Sangue,* sobre as pedras preciosas que alimentam as revoluções, e O *Último Rei da Escócia,* sobre o infame ditador Idi Amin do Uganda (e com o qual Forest Whittaker ganhou um Óscar). Filmes anteriores como *Hotel Ruanda* e *Black Hawk Down* [*Cercados*] também mostram o continente à beira do caos. Apesar de magnificamente produzidos e aclamados pela crítica, estes filmes tendem a reforçar a ideia de que o continente africano é um lugar de dor contínua, guerras intermináveis, líderes brutais, fome, doenças e causas perdidas.

À medida que a África começar a contar as suas próprias histórias, esta ideia irá mudar. Entre estas histórias encontramos os dramas intrincados de Nollywood e as comédias de segunda do Egito. Mas há outras histórias a percorrer o mundo. O filme *Yesterday,* do realizador Darrell James Roodt (estreado em 2004), tornou-se o primeiro filme falado em zulu a ser lançado internacionalmente. Conta a história comovente de uma mãe com sida que luta para educar o filho. Quando recebeu o Óscar do melhor filme estrangeiro com *Tsotsi,* em 2006, o realizador Gavin Hood disse que as histórias de esperança e redenção são universais: «As nossas histórias são as vossas histórias.» ([17])

As transformações dos meios de comunicação africanos criam novas oportunidades para as companhias que estão dispostas a construir estes canais, a fornecer entretenimento ou a divulgar as suas mensagens. Elas já transformaram a África num continente que dispõe de redes de comunicação e de ligações através das quais as mensagens percorrem os céus e a terra. Os mais de 900 milhões de consumidores africanos estão cada vez mais em ligação entre si e com o resto do mundo.

Oportunidades Crescentes

- Que oportunidades surgem com o crescimento dos *media* africanos?
- Quais as oportunidades criadas pelo aumento do número de filmes realizados e pelo desenvolvimento da televisão por satélite e da Internet?

- Como é que a rápida expansão dos telemóveis cria oportunidades para desenvolver produtos e serviços destinados ao pequeno ecrã?
- Quais as implicações do desenvolvimento dos meios de comunicação na publicidade e no lançamento dos produtos?
- Nas zonas rurais de África, como é possível utilizar painéis publicitários, paredes pintadas e eventos para fazer passar a mensagem em áreas que não dispõem de boas ligações?

O Despertar da África

De Joanesburgo ao Cairo, as oportunidades podem ser detetadas em todo o continente, como se pode ver por estas imagens, muitas das quais foram tiradas pelo autor durante as suas viagens por África.

Imagem 1 Uma área de restauração, da Innscor, em Harare, no Zimbabué.

O DESPERTAR DA ÁFRICA

Imagem 2 O futuro está à espera! Um anúncio da Saatchi & Saatchi ao leite Peak vai ao encontro das aspirações dos pais nigerianos, num continente que se torna mais jovem a cada dia que passa. Uma criança desta geração poderia ser de facto levada aos céus pelo anunciado programa espacial que visa enviar um nigeriano à Lua cerca do ano 2030?

Cortesia da SO&U Saatchi and Saatchi.

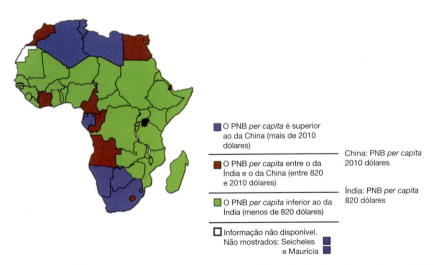

Imagem 3 A África é mais rica do que se pensa. Uma dúzia de países têm um PNB *per capita* superior ao da China e o do continente é superior ao da Índia.

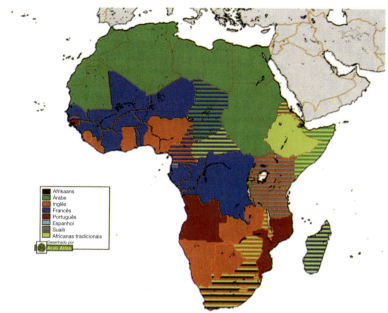

Imagem 4 Línguas oficiais da África.
Fonte: Liga Árabe.

Imagem 5 Já não rodeados apenas por terra: um mapa de 22 países, 15 dos quais da África Subsariana, servidos pela Zain (ex-MTC), com uma base de mais de 42 milhões de clientes, em 31 de dezembro de 2007
Fonte: Zain.com.

Imagem 6 O Islão em África.

Cortesia das bibliotecas da Universidade do Texas.

Imagem 7 Uma mulher com um pacote de detergente para a roupa, numa pequena aldeia da África Oriental. Um mercado consumidor de mais de 900 milhões de pessoas pode representar a próxima grande oportunidade global.

Cortesia de Richard Ponsford, da Unilever do Quénia.

Imagem 8 O supermercado barato Kheir Zaman, no Cairo, dirigido aos consumidores da África Dois.

Imagem 9 A máquina de lavar de 20 dólares, no Egito, é feita por fabricantes locais a partir de bidões velhos. As empresas que fabricam detergentes para a roupa destinados à África Dois têm de perceber que podem ser utilizados em máquinas como esta.

Cortesia de Ihab Baligh, da P&G Egito.

Imagem 10 Stand de um concessionário da Mercedes, em Harare, no Zimbabué. Mesmo nos ambientes mais difíceis, ainda há um mercado de produtos para a África Um.

Imagem 11 Para chegar à África Três, as companhias vendem produtos pela moeda mais pequena do país. Por exemplo, os vendedores de água em Lagos, na Nigéria, vendem cada saco de água potável por cinco *naira*.

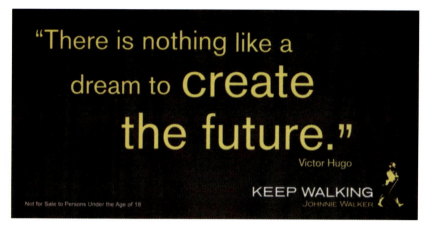

Imagem 12 O slogan «Keep Walking» [Continua a Andar], da marca Johnnie Walker, que se pode ver neste anúncio sul-africano, é um apelo aos sonhos e à determinação dos africanos ao olhar para o futuro.

Cortesia da Diageo Brands B. V.

Imagem 13 Mercados informais em Lagos, na Nigéria.

Imagem 14 Loja spaza tradicional, em Alexandra, África do Sul, nos arredores de Joanesburgo.

Imagem 15 Um novo supermercado Shoprite, em Alexandra, África do Sul.

Imagem 16 Pechinchas na PEP: um casaco para criança por cerca de um dólar, na África do Sul.

Imagem 17 Loja spaza de Mandela. A loja spaza de Winnie Mandela, localizada em frente da sua casa no Soweto, no outro lado da rua, serviu de apoio à família durante a longa prisão do marido.

Imagem 18 A roupa usada, à venda numa loja *friperie*, em Tunes, na Tunísia, permite que os consumidores tenham acesso a marcas nacionais de topo de gama. Admitirá a Christian Dior que há um mercado africano de roupa usada de marca?

Imagem 19 Muito longe do Texas, um carro usado num parque de venda de veículos em segunda mão, em Lagos, na Nigéria.

Imagem 20 O financiamento facilita a aquisição de automóvel. Uma exposição num recinto de venda de automóveis, nos arredores de Pretória, na África do Sul, anuncia prestações mensais mais reduzidas para Fiats de gama baixa.

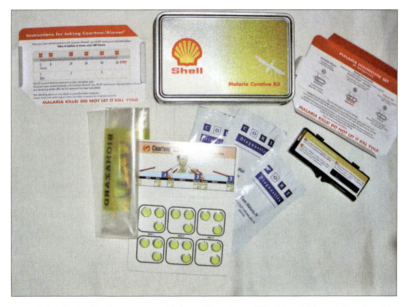

Imagem 21 Kit da Shell para a malária, utilizado na Nigéria. A Novartis criou kits para a malária destinados aos empregados da Shell, usando os bem estabelecidos canais da companhia para distribuir o seu medicamento Coartem.

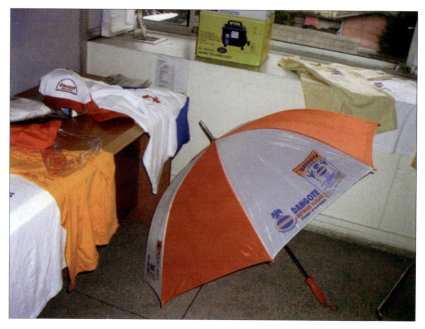

Imagem 22 Promoção da Dangote na Nigéria: a Dangote usa camisas, chapéus de chuva e outros artigos promocionais para que os seus retalhistas ajudem a transformar o açúcar de mera mercadoria em produto de marca.

Imagem 23 A loja de Mama Habiba e o mercado POWA, em Lagos, na Nigéria. O autor, na extrema esquerda, caminha junto a uma fila de lojas no mercado POWA, incluindo a de Mama Habiba (que recusou ser fotografada), que vende bebidas não alcoólicas. A Coca-Cola está a construir uma fábrica de gelo para abastecer os pequenos retalhistas que não têm eletricidade regular nem geradores de reserva.

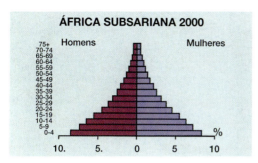

Imagem 24 A África subsariana: uma fonte de juventude. Enquanto os Estados Unidos e outros países desenvolvidos lutam com o envelhecimento da população, a África enfrenta uma explosão demográfica, o que gera oportunidades para produtos e serviços destinados às crianças e aos pais.

Fonte: Population Reference Bureau.

Imagem 25 O portefólio de queijos do Bel Group na Argélia: a Bel construiu um portefólio de marcas nacionais e globais, em parte para chegar aos pais.

Utilizada com autorização do Bel Group.

Imagem 26 Exportação de chá Highland e importação de rádios: ao atribuir marcas aos chás do Quénia, a Highland aumenta o valor destinado aos agricultores. Contribui também para o desenvolvimento, ao reunir fundos para rádios em colaboração com a Freeplay Foundation, que fornece informações e formação aos produtores de chá.

Fonte da imagem do pacote de chá: Highland Tea Company (http://highlandteacompany.com)
Fonte da imagem do rádio: Freeplay Foundation (http://freeplayfoundation.org)

Imagem 27 O autocarro Ubuntu, da Tata Motors, concebido para o mercado sul-africano, junta comunidade e comércio.

Imagem 28 À esquerda, o autor com algumas crianças na casa Boksburg para órfãos da sida, que faz parte do projeto Thokomala, iniciado pela Unilever. À direita, à porta de casa com a irmã Gill Harrower, que anteriormente orientou iniciativas da Unilever relacionadas com a sida. Parece-se com uma casa típica de um bairro típico, mas faz parte de um programa inovador que está a enfrentar um problema crítico num país onde se calcula que os órfãos da sida representarão entre 9% e 12% da população, em 2015.

Imagem 29 Enfrentar a sida distribuindo preservativos em África: um motorista de um camião da Coca-Cola distribui preservativos no Zimbabué, em cooperação com a Population Services International (PSI).

Cortesia da Coca-Cola Africa e da PSI.

Imagem 30 A P&G, em colaboração com a Population Services International, purificou mais de 1,9 mil milhões de litros de água, destinados às populações dos países em vias de desenvolvimento, incluindo o Uganda, Quénia e Malawi. Uma saqueta de PUR, que custa sete xelins quenianos (cerca de 10 cêntimos de dólar), pode permitir tratar 10 litros de água.

Cortesia da Procter & Gamble.

Imagem 31 Poster na Cidade do Cabo, na África do Sul.

8

Regressar a Casa:
Oportunidades na Diáspora Africana

A diáspora africana, talvez com 100 milhões de membros em todo o mundo, está a investir no continente milhares de milhões de dólares todos os anos. Os africanos que vivem fora de África estão também a regressar aos seus países para liderar e criar novos negócios, trazendo consigo o melhor conhecimento disponível. Estão a impulsionar o despertar da África e a provar que a oportunidade que o continente proporciona é muito maior do que o próprio continente.

A Dr.ª Titilola Banjoko faz parte da diáspora africana; na verdade, é um membro muito ativo dela. Embora tivesse nascido no Reino Unido e seja cidadã britânica, tem mantido ligações próximas com a Nigéria, onde nasceram os pais. «Nunca apareceria no radar de alguém como fazendo parte da diáspora», disse ela numa conversa com o autor. Calcula que haverá 100 milhões de elementos na diáspora, numa estimativa por alto; estão a ter um impacto enorme no desenvolvimento da África. A diáspora é uma fonte de filantropia e investimentos, bem como de dinheiro e outros fundos remetidos diretamente aos familiares nos países de origem. É também uma fonte de conhecimento e de talentos. Na verdade, estão a regressar. Os comentadores fizeram soar o alarme da «fuga de cérebros», porque os melhores estudantes africanos foram para a Europa e para os Estados Unidos e por lá ficaram (em 2005, por exemplo, o *The Economist* informava que havia mais doutorados etíopes em Chicago do que na Etiópia) ([1]). Contudo, o regresso da diáspora ao continente está a dar lugar a um «ganho de cérebros» com o retorno de africanos ricos e com uma boa formação.

Banjoko está no centro desta atividade. Fundou a AfricaRecruit, em 1999, quando um amigo nigeriano, a viver no Reino Unido, quis regressar a África para trabalhar. Pela experiência do amigo, Banjoko viu como era difícil aos emigrantes regressarem a África. Isto aconteceu durante a grande expansão das empresas da Internet, mas não havia forma de pesquisar *on-line* empregos em África. Um emigrante que quisesse trabalhar aqui tinha de passar o tempo a ir e a vir ao continente para tomar conhecimento dos cargos e ser entrevistado. Era um processo demorado e frustrante. Trabalhando com o Commonwealth Business Council, Banjoko lançou o sítio *Findajobinafrica.com* e depois, em colaboração com a New Partnership for Africa's Development (NEPAD), fundou a AfricaRecruit, um recurso para os emigrantes africanos. Um inquérito de dezembro de 2006 aos quenianos na Europa, Estados Unidos e Ásia permitiu concluir que 78% pensavam regressar ao seu país, já ou no futuro. Era claro que, com as oportunidades adequadas, o caminho da diáspora africana tinha dois sentidos.

Banjoko verificou que não era apenas a política ou as condições de vida que levavam as pessoas a partir. As oportunidades de emprego na economia africana não estavam ser apresentadas de acordo com as melhores práticas seguidas em todo o mundo. Muitas empresas nem sequer dispunham de um executivo para os recursos humanos. Mais ou menos pela mesma altura, as operadoras de telemóvel começaram a crescer de forma explosiva, dando azo a uma procura de gestores qualificados na diáspora global. «Regressaram cada vez mais africanos e constituíram um estímulo para os que pensam fazer o mesmo», disse Banjoko numa conversa com o autor, em agosto de 2007. Ela e os seus seis colaboradores ajudam cerca de 500 pessoas por ano a encontrar emprego em África, e muitos utilizam os recursos *on-line* para recolher informação e contactar com potenciais empregadores. Há também um grande interesse pelo sítio em África e surgiu um número cada vez maior de agências de recrutamento para encontrar quem preencha os lugares disponíveis.

Os membros da diáspora que estão a regressar trazem consigo ideias novas e capital para lançar novos negócios. Por exemplo, após ter estudado engenharia no MIT, Ayisi Makatiani regressou ao Quénia para lançar a Africa Online, que lutou continuamente contra as infraestruturas débeis e a corrupção política (que uma vez cortou as linhas telefónicas do serviço de transmissão de dados) para criar um negócio de sucesso, que se expandiu para mais de dez países. Prosseguiu, fundando a Gallium Capital, que investe em empresas de tecnologia. Nomeado um dos «líderes globais de amanhã» pelo World Economic Forum, em 1997, é atualmente presidente da AMSCO, uma firma de consultoria de gestão com sede em Joanesburgo.

As ligações à diáspora africana estão a trazer competências e dólares para investir, que são muito necessários à África. A diáspora representa uma parte significativa do potencial do continente e significa que este dispõe de mais recursos do que os que transparecem nos seus dados sobre o PNB. Os membros da diáspora africana estão a criar negócios em África com as suas remessas, investindo em empresas e no setor imobiliário e criando iniciativas de desenvolvimento. Regressam também para chefiar empresas, escolas e outras organizações. Na China e na Índia, a «fuga de cérebros ao contrário» dos emigrantes que regressam desempenha um papel semelhante no desenvolvimento desses países.

A Crescente Diáspora Africana

Cabo Verde tem atualmente mais cidadãos nos Estados Unidos, na Europa e noutras partes do mundo (500 000) do que no seu próprio território (400 000) ([2]). O dinheiro que os primeiros enviam para o país representa cerca de 12% do PIB. Segundo o censo de 2004, cerca de 3 milhões de marroquinos, num total de 30 milhões, vivem fora do país, a maioria na Europa e no Médio Oriente ([3]). Enviam para o país 4 mil milhões de dólares por ano, quer diretamente para a família, quer para apoiar a sua aldeia natal. Em Taroudant, em Marrocos, os emigrantes da zona criaram uma associação para apoiar a sua terra, contribuindo com projetos de desenvolvimento local e fazendo outros investimentos. Pensa-se que só na Grã-Bretanha vivem cerca de 1,4 milhões de sul-africanos.

O Migration Policy Institute calcula que havia mais de 1 milhão de imigrantes africanos nos Estados Unidos, em 2006 (vd. Quadro 8-1) ([4]). É apenas um pouco menos do que a população imigrante da China ou da Índia. Há cerca de 34 milhões de afro-americanos (embora muitos deles pouco se identifiquem com a diáspora africana).

Os números estão a aumentar rapidamente, como se pode ver pelo crescente contingente de imigrantes em Londres, onde o número de residentes que nasceram no Gana passou de 30 000 em 1997 para 70 000 em 2006. Entre 1990 e 2000, a emigração para os Estados Unidos aumentou 170%, proveniente sobretudo da Nigéria, da Etiópia e do Gana. Em Minneapolis/St. Paul, a população imigrante africana aumentou 629% durante o mesmo período.

QUADRO 8-1 – População Imigrante nos Estados Unidos (2006)

País/Região de Nascimento	População nos Estados Unidos nascida no estrangeiro por país de nascimento
México	10,90 milhões
Índia	1,45 milhões
China	1,39 milhões
África	1,11 milhões

Fonte: Migration Policy Institute, 2006, MPI Data Hub

O crescimento da diáspora é ilustrado de forma muito drástica pela entrada de refugiados em Espanha, por barco, provenientes do Norte de África. Em março de 2006, o vice-primeiro-ministro espanhol fez uma visita de emergência às ilhas Canárias para lidar com uma chegada recorde de refugiados africanos da Mauritânia. Mais de 1000 imigrantes fizeram uma viagem perigosa de 800 quilómetros, desde o Norte de África, que durou 10 dias e que resultou em várias mortes. Calcula-se que se juntaram 10 000 emigrantes em pontos de partida da Mauritânia com a esperança de chegar a Espanha ([5]). Entre outros assuntos, a imigração tornou-se um tema importante de debate durante as eleições gerais em Espanha, em 2008.

Se o fluxo de imigrantes é um problema para os decisores políticos, tornou-se uma oportunidade de negócio para as empresas europeias e de outras partes do mundo onde aqueles se instalam. Estes imigrantes fazem chamadas telefónicas e enviam dinheiro para os seus países. A subsidiária espanhola da Vodafone afirma que atualmente 40% dos imigrantes em Espanha, muitos deles provenientes da África, são seus assinantes. Num mês (novembro de 2006), a companhia obteve mais meio milhão de assinantes com a sua campanha *Mi País* (Meu País), que tinha por alvo os mais de 600 000 imigrantes que todos os anos chegam a Espanha vindos de África, da América Latina e da Europa de Leste. A campanha oferece chamadas pelo equivalente a 23 cêntimos por minuto para 50 países, além de tarifas reduzidas nos feriados nacionais. Apesar de a maioria dos imigrantes em Espanha serem pobres, estão a contribuir para o crescimento económico espanhol. Cerca de 90% têm telemóvel e fazem mais chamadas internacionais do que os espanhóis. Como muitos deles não têm contas bancárias nem cartões de crédito, a companhia também faz bom negócio com os cartões pré-pagos *Mi País* nos quiosques dos jornais e noutros pontos de venda ([6]).

Os imigrantes africanos nos Estados Unidos têm uma boa formação. 95% têm pelo menos o ensino secundário. Os imigrantes vindos de África, Antilhas e América Latina representam mais de um quarto dos estudantes negros que entram nas universidades da Ivy League (*), apesar de serem apenas 13% população afro-americana com idade de frequentar a universidade. Esta situação levou a questionar se esta frequência não estará a mascarar uma baixa taxa de admissão dos afro-americanos nascidos nos Estados Unidos.

Da Nigéria com Amor: Uma Máquina para o Investimento

As Nações Unidas calculam que as remessas para a África subsariana totalizaram mais de 20 mil milhões de dólares em 2006, mas os valores reais devem ser muito mais elevados, porque a ONU apenas contabiliza as transferências oficiais. Banjoko, que tem trabalhado de forma ampla com a diáspora, calcula que as remessas para toda a África se podem aproximar dos 44 mil milhões de dólares. Segundo o Banco Mundial, em 2006 as remessas para a Nigéria chegaram aos 2,3 mil milhões de dólares, para o Sudão aos 1,4 mil milhões de dólares e para o Quénia aos 500 milhões de dólares. Na maior parte da África, as remessas estão a crescer rapidamente, com muitas zonas a registar taxas de crescimento de

---

(*) Brown University, Columbia University, Cornell University, Dartmouth College, Harvard University, Princeton University, University of Pennsylvania e Yale University. (*N. T.*)

dois e três dígitos. Entre 2000 e 2006, as remessas aumentaram 4000% na Guiné e mais de 1000% na Guiné-Bissau ([7]).

As remessas para a África tornam-se evidentes com a omnipresença e o rápido crescimento das empresas de transferência de dinheiro como a Western Union, a MoneyGram, etc. Nas ruas de Lagos, vi painéis publicitários da MoneyGram dirigidos aos trabalhadores que vão para o estrangeiro com a frase «Da Nigéria Com Amor». A Western Union, que parece ter uma dependência em cada esquina de Lagos, põe em prática uma abordagem semelhante. Um dos anúncios mostra um homem, uma mulher e uma criança com o lema «Ele envia o seu amor». (Acompanhando os padrões globais das migrações, a Western Union tem atualmente o quíntuplo das localizações da McDonald's, da Starbucks, da Burger King e da Wal-Mart juntas.) ([8]) O operador da pequena dependência da Western Union que visitei, próximo do banco BIAT, na Avenida Habib Bourguiba, em Tunes, disse que efetuava cerca de sete transferências por dia, com uma média de 300 dinares por transferência (mais de 200 dólares). Os fluxos aumentam durante o Ramadão, quando têm uma promoção chamada *Ramadan Mubarak* (Saudações do Ramadão). Um anúncio de 2007 na *Africa Business* mostrava um piloto com a mulher e a filha e a frase «Ele está a elevá-la a novos horizontes», dando ênfase ao papel que as remessas têm na preparação do sucesso das novas gerações. A MoneyGram regista taxas de crescimento de 40% ao ano em África, com 3200 agentes espalhados por todo o continente. Com cerca de 2 milhões de senegaleses a viver e a trabalhar no estrangeiro (o país conta 17 milhões de habitantes), o fluxo das remessas torna-se evidente com o crescente volume de negócios da Western Union e da firma senegalesa Money Express. As remessas substituem muitas vezes os sistemas bancários formais ([9]).

Os trabalhadores no estrangeiro têm um impacto significativo nos seus países de origem. Os ganeses que vivem no estrangeiro enviaram para o país 800 milhões de dólares em 2005, mais do que o Gana obteve com o cacau ou o ouro ([10]). As remessas representaram um quarto do PIB da Somália, em 2005, e mais de 20% do PIB do Lesoto em 2006. Calcula-se que as remessas para a Nigéria totalizaram um terço das receitas do petróleo, em 2005, antes de os preços do crude terem aumentado. A diáspora pode bem ser um dos recursos naturais mais valiosos da África e um dos maiores impulsionadores do seu crescimento ([11]).

Não há apenas transferências de dinheiro de fora de África, mas também das zonas urbanas para as rurais, dentro do mesmo país, e entre países africanos, porque também nestes casos os trabalhadores enviam dinheiro às famílias. Por exemplo, na África do Sul, perto de seis milhões de residentes transferem cerca de 12 mil milhões de rands (1,8 mil milhões de dólares) para casa, todos os anos, na sua maior parte para as zonas rurais. Isto é um reflexo da rápida urbanização da África. Há movimentos da população e transferências financeiras significativos no interior da África. Segundo uma estimativa das Nações Unidas, em 2005 havia 17,1 milhões de imigrantes no continente. Se bem que alguns destes movimentos sejam motivados pela procura de oportunidades e de dinheiro por parte dos imigrantes, muitos africanos são forçados a fugir da fome e dos conflitos, havendo cerca de três milhões de refugiados em toda a África, em 2005.

Os decisores políticos e as empresas privadas estão a criar canais mais eficientes para as transferências de dinheiro, a fim de fazer aumentar os fluxos provenientes da diáspora. Sítios como *www.sendmoneyhome.org* (que publica comparações dos custos das transferências de dinheiro através dos diferentes canais) estão a melhorar a transparência e a fomentar a descida dos custos.

A Safaricom, do Quénia, lançou o seu serviço m-Pesa, em 2007, uma conta grátis que permite aos utilizadores enviar dinheiro por telemóvel. Passadas duas semanas do lançamento, mais de 10 000 pessoas já se haviam registado, tendo transferido mais de 100 000 dólares. Alguns países africanos, reconhecendo a importância das remessas para as suas economias, exigem aos trabalhadores emigrados que as enviem para o país. Os mineiros moçambicanos têm de remeter 60% do seu rendimento durante metade do ano, e os mineiros do Lesoto têm de enviar um terço do rendimento durante três meses e 15% durante o resto do ano.

Caixas Automáticas, Cartas, Artigos de Mercearia e Minutos de Telemóvel

Embora os canais formais para transferir as remessas dos trabalhadores no estrangeiro estejam a crescer a grande velocidade, há também muitas transferências informais que se fazem sem ser detetadas. Um inquérito porta-a-porta realizado pelo Banco Mundial permitiu saber que 80% das remessas para o Uganda eram efetuadas por canais informais. Apenas 20% eram registados através de canais autorizados. Um estudo realizado pela Genesis Analytics, com sede em Joanesburgo, concluiu que menos de metade das remessas na África do Sul eram efetuadas por fornecedores autorizados de serviços financeiros.

Há muitas formas de fazer chegar as verbas a casa. Ouvi contar como um gestor em Harare recebia dinheiro por carta de uma tia que estava em Londres. Falei também recentemente com um taxista marroquino em Houston, no Texas, que tinha desenvolvido o seu próprio método para enviar dinheiro para a mãe em Marraquexe. Tinha-lhe dado um cartão multibanco com acesso à sua conta bancária, nos Estados Unidos. Como qualquer turista internacional sabe, a sua mãe pode utilizar o cartão e o respetivo PIN em qualquer máquina de Marrocos. O custo é de um dólar por transação. Ele deposita o dinheiro no banco, nos Estados Unidos, e é levantado em Marrocos. O único contra é receber geralmente um telefonema do banco, que controla movimentos suspeitos. Há também quem dê à família cartões de crédito, os quais são utilizados da mesma forma. Há muitos canais informais para transferir dinheiro, como o *hawala* (que utiliza intermediários em todo o mundo para efetuar trocas sem registo formal).

A natureza das remessas, com muitas transferências de montante reduzido e incentivos para que as pessoas que as efetuam permaneçam na sombra, torna-as difíceis de detetar. De facto, os números reais podem ser o dobro dos oficiais ([12]). Incluir as remessas ocultas significa que o Senegal recebeu provavelmente cerca de 1,7 mil milhões de dólares, em 2006, mais ou menos um terço do orçamento do país ([13]).

Por vezes, as remessas nem sequer são convertidas em dinheiro. Para quê enviar dinheiro se se pode enviar artigos de mercearia? Através da Sadza.com (*www.sadza.com*), as pessoas nos Estados Unidos e noutros países podem enviar alimentos à família no Zimbabué. Em vez de se enviar dinheiro eletronicamente, que já pode valer menos quando chegar, dadas as flutuações rápidas das taxas de câmbio, o sítio da web tem artigos de mercearia e medicamentos que podem ser adquiridos *on-line* e entregues no Zimbabué. O sítio nos Estados Unidos faz chegar os pedidos por e-mail aos seus contactos no Zimbabué, os quais entregam os alimentos ou os medicamentos, muitas vezes no dia seguinte. Há a garantia de os preços não serem alterados durante a transação. Cerca de 30 000 pessoas utilizam este sítio e outros semelhantes para enviar comida para o Zimbabué, uma operação informal de auxílio para um país fortemente afetado pela escassez de bens.

Reconhecendo o poder da diáspora, o retalhista queniano Nakumatt oferece um programa através do qual os familiares em qualquer parte do mundo podem adquirir *vouchers on-line* para serem utilizados nas suas lojas. O sítio da MamaMike (*www.mamamikes.com*) permite que os imigrantes ou os seus familiares nos Estados Unidos, na Europa, na Austrália, na Ásia ou na África do Sul comprem *vouchers on-line* de importâncias tão reduzidas como 500 xelins quenianos (cerca de oito dólares), para ser utilizados nas lojas de Nakumatt ou outras, no Quénia e no Uganda, utilizando cartões de crédito (Visa ou MasterCard) ou enviando uma ordem de pagamento. Os retalhistas enviam uma mensagem SMS aos recetores, dando-lhes a conhecer que os *vouchers* foram adquiridos e que lhos podem enviar para cidades importantes. Os *vouchers* podem ser usados para adquirir artigos de mercearia, utensílios, mobiliário e outros artigos à venda nas lojas. Podem também ser contratados *vouchers* que são enviados todos os meses de forma automática, ou ser cedido tempo de telemóvel, que é creditado diretamente nos aparelhos.

Num mundo em que há cada vez mais utilizadores de telemóvel, não há necessidade de ir a um banco ou até a uma agência da Western Union para efetuar transferências de dinheiro. A Tunisie Telecom oferece acesso móvel a emigrantes em França, que enviam mil milhões de dólares para o país todos os anos. A GSM Association lançou em fevereiro de 2007 um projeto-piloto com a MasterCard para permitir aos trabalhadores imigrantes enviar o seu dinheiro para o país de origem utilizando redes móveis. O grupo inclui 19 operadoras móveis com mais de 600 milhões de assinantes em mais de 100 países, incluindo de África. A GSM e a MasterCard calculam que este novo canal poderá permitir o aumento do valor das remessas globais para mais de 1 bilião de dólares em 2012. O sistema irá permitir aos trabalhadores imigrantes que usem o seu telemóveis para fazer transferências financeiras para os bancos dos seus países, ao mesmo tempo que as suas famílias serão notificadas delas nos seus telemóveis ([14]). Com o desenvolvimento destes serviços, os imigrantes e as suas famílias terão o equivalente à Western Union no seu bolso.

Investimento e Caridade

Para além de enviarem dinheiro para casa, os membros da diáspora estão a investir em África e a contribuir para iniciativas de caridade. Um estudo sobre os emigrantes quenianos realizado pela AfricaRecruit permitiu concluir que, apesar de 82% enviarem para o seu país remessas para fins de subsistência, metade estava também a enviar dinheiro para empresas e investimentos, contribuindo com cerca de 2,6 milhões de dólares por ano para a economia do Quénia (cerca de cinco vezes a estimativa do Banco Mundial). Conferências sobre o investimento realizadas em África e Londres estão a encorajar os investidores a considerar oportunidades no continente, além do crescente número de fundos de investimento que se estão a concentrar nele.

Estão a ser desenvolvidos veículos e canais para facilitar estes investimentos. O United Bank of Africa Plc, sedeado na Nigéria, oferece serviços a não residentes no país. Os seus serviços incluem contas que podem ser abertas pelos nigerianos que vivem no estrangeiro, hipotecas para comprar propriedades na Nigéria, serviços de transferências bancárias internacionais, assistência para compra e venda de ações na bolsa nigeriana e produtos de investimento – tudo isto sem ter de ir ao país.

O entusiasmo da diáspora pode, por vezes, ultrapassar muitos obstáculos na construção dos mercados. Por exemplo, Kamal Driss, com quem falei no outono de 2007, fez o seu MBA na New York University antes de regressar à Argélia, em 1991. Driss, que trabalhou para o Citigroup, nos Estados Unidos, trouxe a companhia para a Argélia. Quando verificou que ninguém estava a investir ali, publicou o seu próprio Guia do Investimento na Argélia. Mostrou-me um exemplar quando visitei Argel. Nele podia-se ver claramente que o PIB baixara entre 1989 e 1996. Era evidente por que razão ninguém estava a investir na Argélia nesse período, apesar de Driss se manter em alta no mercado. Trouxe David Gibson, um executivo importante da sede da companhia, à Argélia e convenceu-o que era um bom investimento. Driss aponta com orgulho para um anúncio luminoso do Citibank no telhado do edifício. Alguns disseram que faria deles um alvo do sentimento antiamericano, mas, em vez disso, o anúncio tornou-se um farol que outros seguiram. Os seus investimentos na companhia petrolífera estatal tiveram um rendimento generoso, e agora que a economia está a retomar o crescimento, há mais oportunidades. O Citicorp/Citibank tem presentemente mais de 7 mil milhões de dólares investidos na Argélia. Como pioneiro, é um dos bancos comerciais estrangeiros mais respeitados no país, estando a tirar partido desta força para desenvolver a rede bancária de retalho.

Além de investirem em empresas africanas já existentes, os emigrantes estão a criar empresas que apoiam o desenvolvimento local. O ganês Tralance Addy, que se reformou como executivo de topo da Johnson & Johnson, nos Estados Unidos, em 2001, fundou a WaterHealth International, Inc. Fornece água potável barata à África Ocidental, à Índia, ao México, às Filipinas e a outras zonas do mundo em vias de desenvolvimento. Atualmente, mais de meio milhão de pessoas em 500 locais de todo o mundo têm acesso a água potável fornecida através dos sistemas de filtragem da WaterHealth. Calcula-se que no Gana 9 milhões de pessoas, ou seja, cerca de metade da população, não disponham de fornecimento adequado de água e que 70% de todas as doenças do país estejam relacionadas com a utilização de água contaminada ([15]). A WaterHealth encara as suas atividades no Gana como uma porta de entrada na África Ocidental. Addy possui dupla nacionalidade, ganesa e norte-americana, fazendo uma ponte entre a especialização e os modelos de negócio do mundo desenvolvido e as necessidades do mundo em vias de desenvolvimento.

A diáspora também faz investimentos diretos de caráter filantrópico. Por exemplo, Dikembe Mutombo, um basquetebolista da NBA que jogou como poste nos Houston Rockets, realizou um sonho de há muito ao doar 15 milhões de dólares para a instalação de um hospital no Congo-Kinshasa, em honra da sua falecida mãe. Esta morreu aos 64 anos de idade por não ter podido chegar a um hospital, uma vez que as ruas estavam encerradas devido à turbulência civil. O Biamba Marie Mutombo Hospital and Research Center abriu em setembro de 2006. É um hospital de 300 camas que fornece serviços de saúde aos habitantes de Kinshasa, a capital do país, onde Mutombo nasceu. O hospital é muitíssimo necessário num país onde uma em cada 10 crianças morre antes de atingir os cinco anos de idade e a esperança média de vida é de apenas 42 anos para os homens e 47 para as mulheres. O objetivo de Mutombo é conseguir que 100 000 pessoas contribuam com 10 dólares por mês, através do seu sítio da Internet, para apoiar o hospital e a investigação que ali se faz, projeto que monta a 29 milhões de dólares. É uma das inúmeras dádivas vindas da diáspora que estão a chegar a África. John Dau, autor de *God Grew Tired o f Us*, diz que a primeira coisa que fez quando foi para os Estados Unidos, após ter fugido do Sudão, foi enviar dinheiro para casa. Está agora a construir a Duk Lost Boys Clinic, no Sul do Sudão.

Ron Hunter, treinador de basquetebol da equipa da Universidade de Indiana , reuniu mais de 30 000 pares de sapatos para enviar para África. Andou descalço, e encorajou muitos adeptos a fazer o mesmo, para chamar a atenção para as muitas crianças africanas que não têm sapatos. Hunter, um afro-americano, atuou através da instituição de caridade da Carolina do Norte chamada Samaritan's Feet, fundada pelo nigeriano Emmanuel «Manny» Ohonme, que recebeu o seu primeiro par de sapatos quando tinha nove anos, de um missionário norte-americano. Ohonme, que depois jogou basquetebol na universidade, no Lake Region State College, no Dakota do Norte, estabeleceu o objetivo de contribuir com 10 milhões de pares de sapatos durante 10 anos.

Regressar a Casa: Turismo

Todos estes emigrantes vêm a casa com regularidade, dando o seu contributo para o rápido crescimento do turismo africano. Em 2006, o turismo em África cresceu 8%, mais rapidamente do que todas as outras regiões do mundo, pelo segundo ano consecutivo ([16]). Entre 2000 e 2005, o número de turistas estrangeiros que chegaram a África aumentou de 28 milhões para 40 milhões. Esta taxa de crescimento de 5,6% suplantou os 3,1% de aumento do turismo em todo o mundo. Este volume de turistas é muito superior aos 4,4 milhões que visitaram a Índia, em 2006, mas menos do que os quase 50 milhões que foram à China ([17]). As receitas do turismo internacional africano mais do que duplicaram, de 10 mil milhões de dólares para 21 mil milhões, no mesmo período de 2000 a 2005. No Egito, o turismo fez entrar aproximadamente 7 mil milhões de dólares, em 2005, cerca de um quarto das receitas do país em divisas estrangeiras e mais do que as receitas do canal de Suez. Em 2007, visitaram o país mais de 10 milhões de turistas. Não são apenas as receitas diretas do turismo que beneficiam a economia. Os turistas também contribuem para desenvolver outras atividades económicas como o transporte aéreo e a hotelaria, bem como outros setores da economia dos serviços.

Percebendo que o turismo e as remessas do estrangeiro eram a maior fonte de rendimento de Marrocos, o país criou em 2006 um ministério para os marroquinos a viver no estrangeiro e aumentou os investimentos na indústria do turismo. Em 2006, mais de 3,5 milhões de estrangeiros visitaram o país e mais de um milhão de marroquinos regressaram a casa, fazendo entrar cerca de 5 mil milhões de dólares. Ao anunciar a sua Visão 2000 sobre o turismo marroquino, o rei Mohammed VI apelou à criação de infraestruturas que permitissem acolher 10 milhões de turistas, em 2010. Em 2010, Marrocos terá 250 000 camas de hotel.

Este fluxo impulsiona o comércio durante a estação turística. A Money-Gram de Marrocos regista uma subida de 20% nas vendas durante o verão, quando os emigrantes marroquinos regressam a casa. A loja de artigos para o lar Kitea, no centro comercial Hay Ryad, regista um crescimento de 45% nas vendas durante os meses de verão, quando os emigrantes regressam e compram mobiliário e outros artigos para as suas casas no país. A Kitea é um dos fornecedores de artigos para as 100 000 novas casas construídas em Marrocos todos os anos (muitos deles por parte de emigrantes). A Kitea abriu mais de 20 lojas desde a sua fundação, em 1992, e planeou uma superloja em Casablanca, a inaugurar em 2008. O meu motorista em Marrocos tinha um irmão dono de uma loja em Filadélfia. Uma das primeiras coisas que fez nesta cidade, após ter poupado algum dinheiro, foi comprar um grande apartamento no seu país. O meu motorista no Cairo tem um irmão em Itália que também possui um apartamento no Egito, por isso, esta história é conhecida.

Para dar resposta a estes emigrantes e aos turistas, a indústria hoteleira está a crescer rapidamente por toda a África. Cadeias como a Accor (com 124 hotéis em 21 países africanos) e a Protea Hotels (com mais de 25 hotéis em África) expandiram-se rapidamente por todo o continente e elevaram os padrões de serviço no setor. As cadeias hoteleiras globais estão a introduzir-se rapidamente em África, com novos hotéis criados por companhias como a Sheraton e a InterContinental. Juntam-se assim à Serena, fundada pelo Aga Khan Fund for Economic Development (AKFED), que tem hotéis no Quénia, no Uganda e em Moçambique, e construiu o primeiro hotel de quatro estrelas no Ruanda. A Kindom Holding, com sede na Arábia Saudita, cujo objetivo é obter 20% de lucros líquidos nos seus projetos, investiu em hotéis em África e no Médio Oriente. A International Finance Corporation investiu mais de 100 milhões de dólares, em 14 países, no setor hoteleiro africano ([18]).

O turismo também beneficia outros setores. A Volvo e a Renault estão a montar autocarros turísticos em Marrocos, e a Tata Motors está a montar camiões, autocarros e automóveis destinados ao mercado sul-africano. A Tata Motors entrou na África do Sul em 1994 e inaugurou a sua filial em 2000. O seu setor de veículos comerciais aumentou seis vezes em quatro anos, tendo por objetivos o desempenho, a fiabilidade e o nível de serviço. É impulsionada pelo elevado crescimento da economia do país. A Tata colabora com um parceiro espanhol para montar autocarros em Marrocos e está a utilizar esta operação como base para expandir a atividade para a Argélia e a Líbia, com planos para passar mais tarde à Tunísia. A Tata construiu igualmente uma fábrica de autocarros no Senegal, depois de ter ganho um contrato importante com o Estado para substituir veículos de transporte público. A compra de 350 novos autocarros Tata foi apoiada em parte por um empréstimo do Estado indiano no valor de quase 18 milhões de dólares. Desta forma, o Estado indiano está a apoiar o desenvolvimento da África, ao mesmo tempo que promove as marcas indianas. Todos os anos, durante as festividades do Dia da Independência do Senegal, há um grande desfile com autocarros Tata, que contribui para aumentar o prestígio dos produtos indianos em África.

O turismo marroquino, contudo, dá a ideia de como é complexo este setor em África. Como país muçulmano de língua francesa, mais de 40% dos turistas de Marrocos vêm de França (são apenas algumas horas de Paris a Casablanca) e 19% são marroquinos de regresso. Marrocos tem praias de estilo ocidental destinadas aos turistas franceses, mas também locais mais conservadores para os visitantes árabes. Para ir ao encontro das necessidades dos vários grupos, o país definiu seis zonas turísticas em todo o país, cada uma delas sob o controlo de um promotor diferente. A AirMaroc estabeleceu voos diretos entre a Europa e cada uma destas regiões.

A Índia e a Tailândia tornaram-se centros de turismo de saúde, graças ao desenvolvimento de sistemas hospitalares sofisticados, como o Apollo, na Índia, e o Bumrungrad International, na Tailândia. Atraíram médicos dos seus países formados no Ocidente. Os cuidados médicos são mais baratos na Índia do que no Reino Unido, Estados Unidos e outros países desenvolvidos, mesmo contabilizando o custo das viagens aéreas. Dado o crescimento das ligações aéreas e do setor hoteleiro em África, poderá haver uma oportunidade para construir as instalações requeridas pelo turismo de saúde? Chegará o dia em que irão turistas à África Oriental ou à África do Sul para fazer um safari e uma intervenção cirúrgica por opção?

Servir a Diáspora no Estrangeiro

Um anúncio britânico aos caldos Royko, da Unilever, mostra um irmão e uma irmã nigerianos a viver em Londres. O seu vestuário é claramente ocidental. Têm saudades de casa. Recebem um pacote enviado pela mãe e dele sai uma caixa de caldos Royko. Os filhos deixam de falar o inglês formal (o da BBC) para passarem a falar o inglês pidgin que se ouve nas ruas no país natal. Apesar de estarem em Londres, passam também a estar em casa.

Para além das oportunidades que a diáspora africana cria no seu continente, as empresas estão a dedicar-se a produtos como champôs, café e entretenimento, dirigidos aos imigrantes africanos e aos afro-descendentes na Europa, nos Estados Unidos e noutras partes do mundo. A «Ben TV», da Sky Channel 148, lançou o seu primeiro canal afro-caribenho no Reino Unido e tem mais de um milhão de espectadores. Apela ao envolvimento destes com a África. Como diz o seu anúncio, «Não se esqueça de que este ano de 2007 é o 200º desde a abolição do tráfico de escravos. Que papel está a desempenhar?»

As ligações entre a Tunísia e a França são tão importantes que a Sigma, uma firma de pesquisa de mercado tunisina, está a criar um escritório em Paris para estudar o comportamento dos imigrantes tunisinos e de outros países magrebinos a viver na Europa. Irá utilizar a informação para ajudar os clientes a promover muitas marcas africanas que são populares na diáspora.

Uma grande variedade de empresas presta serviços no mercado africano de produtos para a cabelo, como a Africanair.com, a Afrohair.com, a Blacklikeme.co.uk e a Africanbraids.biz. A African Braids foi criada por um imigrante nigeriano, a viver no Minnesota, nos Estados Unidos, depois de ter passado os primeiros 25 anos em África. Vende tranças que se podem entrelaçar no cabelo e creme para o fazer crescer, produtos concebidos para a diáspora africana.

A revista *Tiro*, que se dedica à moda e ao entretenimento africanos, foi fundada por Helen Eferakorho, uma imigrante nigeriana nos Estados Unidos. O nome deriva das línguas tribais nigerianas de Urhobo e significa «uma mulher que é muito graciosa». Como diz o sítio da revista na Internet, «a maioria das revistas de moda e de entretenimento do mercado atual está principalmente preocupada com as tendências da moda ocidental, ignorando a singularidade dos tecidos africanos e o seu impacto no mundo ocidental.» Este é um de muitos títulos concebidos para atrair a diáspora africana.

Há muitas lojas que abastecem os imigrantes. Yomi Alimi, por exemplo, é dono da Austin International Market, na Pampa Drive, em Austin, Texas. Pelas suas portas passam todos os anos milhares de imigrantes da Nigéria, Gana, Libéria, Serra Leoa, Guiné Equatorial, África do Sul, Costa do Marfim, Burquina-Faso, Senegal, Malawi, Quénia, Marrocos, Etiópia, Zimbabué, Zâmbia, Angola, Uganda e outros países africanos, bem como da República Dominicana, Porto Rico e Bahamas. Compram jornais e revistas africanos e comida como especiarias nigerianas, pasta de inhame em bisnaga, bacalhau seco e carne fresca de cabra. Dispõe de um grande stock de DVD da Nigéria e do Gana para alugar a 5,5 dólares durante três dias. Os clientes compram cartões para telemóvel ou transferem dinheiro para o seu país. Foi representante da Western Union. A sua mulher, que é enfermeira, tem um cabeleireiro no andar de cima.

No Harlem, em Nova Iorque, os imigrantes senegaleses predominam entre os pequenos vendedores ambulantes. Calcula-se que enviem trimestralmente 100 milhões de dólares de Nova Iorque para o Senegal. Apesar das licenças de venda ambulante serem de difícil obtenção em Nova Iorque, estes empresários imigrantes constituem a maioria dos vendedores. São sobretudo vendedores sem licença, como se imagina, uma vez que os imigrantes senegaleses representam 90% dos 1300 vendedores presos todos os anos.

Nem todos estes negócios criados pelos imigrantes se mantêm de pequena dimensão. A empresa de comida indiana Patak tornou-se uma das marcas britânicas de maior sucesso, em grande medida por ter fornecido aos imigrantes comida indiana autêntica. O seu fundador, L. G.

Pathak (que retirou o *h* no nome da sua companhia), chegou em 1956 ao Reino Unido, vindo do Quénia, quase sem vintém, mas os produtos da empresa são agora distribuídos em mais de 40 países ([19]). Nos Estados Unidos, a companhia dedicada à energia CAMAC International, Inc., de Houston, fundada pelo empresário de origem nigeriana Kase Lawal, tornou-se a segunda companhia negra norte-americana a gerar receitas de mais de mil milhões de dólares, em 2002. (Com receitas de cerca de 1,5 mil milhões de dólares, estava em 272º lugar na lista da *Forbes* das maiores companhias privadas, em 2006.)

A diáspora africana é um enorme mercado global para produtos de África ou concebidos para os africanos. É um segmento relativamente rico e com instrução elevada, que muitas vezes procura estabelecer ligações com África. Nesta diáspora há igualmente mercado para filmes, revistas, comida e outros produtos, bem como para serviços como as transferências de dinheiro, que fazem a ligação do mundo com o continente negro.

Porta do Regresso: A Diáspora Complexa

A diáspora africana é muitíssimo ampla e profunda. Um incêndio num apartamento em Nova Iorque, que matou membros de uma família numerosa do Mali, em março de 2007, chamou a atenção para o crescimento de uma comunidade de imigrantes muito unida, proveniente daquele país e presente nesta grande cidade. Uma ponte norte-americana que ruiu, no verão de 2007, tornou evidente que o Minnesota tem o maior contingente de somalis dos Estados Unidos. (Começaram a chegar como refugiados, nos anos 90, e 10 anos depois havia mais de 11 000 pessoas de ascendência somali a viver no estado, incluindo uma grande comunidade perto do local onde a ponte ruiu.) ([20]) O senador norte-americano Barak Obama regressou ao Quénia, onde nascera o pai, antes de tornar pública a sua candidatura à presidência dos Estados Unidos.

A diáspora africana inclui africanos de ascendência indiana, como os mais de 75 000 expulsos do Uganda, em 1972, quando Idi Amin estava no poder. O filme clássico *Mississippi Masala*, da realizadora Mira Nair, mostra alguma da complexidade da diáspora africana quando a heroína indiana, nascida no Uganda, se apaixona por um limpador de carpetes afro-americano, personagem desempenhado pelo então jovem Denzel Washington. O Uganda ainda é o segundo país de Nair e do seu marido, um professor da Universidade de Columbia também aí nascido. Nair criou um *workshop* anual para realizadores chamado *Maisha* (que significa «vida» em kiswahili), em Kampala, para formar guionistas e realizadores da África Oriental. O seu objetivo é expandir o projeto, transformando-o num centro de arte e cultura permanente ([21]). Muitos imigrantes indianos que se tornaram multimilionários no Reino Unido têm também ascendência africana, tendo emigrado do Quénia ou do Uganda ([22]).

Até os momentos mais negros da história da África podem ser uma base de relacionamento. Países como o Gana estão a estabelecer contactos com famílias levadas do país pelo tráfico negreiro, incentivando os descendentes a que regressem para visitar, investir e até a passar neles a sua reforma. O país mudou o nome da tristemente célebre «porta sem regresso», no forte da Costa do Ouro, o último lugar de África que muitos viram quando foram levados nos navios negreiros, para «porta do regresso». Concede vistos vitalícios e aprova sem grandes exigências certificados de nacionalidade aos descendentes dos antigos ganeses. O Gana homenageou o Dr. Martin Luther King, Jr., W. E. B. DuBois e outros afro-americanos proeminentes numa cerimónia realizada em 2007 para celebrar o 200º aniversário do fim do tráfico transatlântico de escravos realizado pela Grã-Bretanha. Turistas de todo o mundo vão à ilha de Gorée, ao largo de Dacar, no Senegal, que foi no passado o centro do tráfico de escravos da África Ocidental. (Fiquei particularmente sensibilizado com este local, sobretudo quando o meu guia, que também crescera na ilha e vivia numa cave, contou que aprendera algumas línguas com os turistas e que a sua mulher estava a estudar medicina nos Estados Unidos, através de um programa internacional. Passados dois séculos, eis uma filha de África que ia à América em condições bem diferentes.)

Em *The Grand Slave Emporium*, William St. Clair estima que 11 milhões de pessoas nascidas em África foram levadas através do Atlântico entre meados do século XV e finais do século XIX, a maior migração forçada da história (as estimativas variam entre 11 milhões e 25 milhões) ([23]). Um dos mais famosos foi o príncipe africano Abdul Rahman Ibrahima Ibn Sori, da África Ocidental, que foi capturado e vendido como escravo para os Estados Unidos, o que é comemorado no livro de Terry Alford e no documentário da PBS, de 2008, *Prince Among Slaves*. O continente está a começar a construir outras ligações com a comunidade afro-americana dos Estados Unidos, desde estrelas como Danny Glover, que está a investir na indústria cinematográfica africana (incluindo a sua empresa Louverture), à apresentadora Oprah Winfrey, que financiou a construção de uma escola para raparigas na África do Sul. Quando Whoopi Goldberg fez um teste de DNA que mostrou que ela tinha ascendência dos Papéis, uma tribo que constitui parte da população da Guiné-Bissau, recebeu um convite apaixonado para visitar este país pobre e cuja população mal ultrapassa o milhão de habitantes. A Guiné-Bissau começou também a transmitir os filmes dela nos seus dois canais de televisão ([24]). Países de toda a África estão a reconhecer a importância de fortalecer as suas ligações com a diáspora.

Os imigrantes africanos nos Estados Unidos criaram organizações como a All African Peoples Organization, em Omaha, no Nebraska; a Nigerian-American Chamber of Commerce, em Miami; a Tristate (Ohio, Indiana e Kentucky) Cameroon Family (TRISCAF), o Nigerian Women Eagles Club, em Cincinnati, no Ohio; e a African Heritage Inc., no Wisconsin. São Francisco inaugurou um novo museu da diáspora africana em dezembro de 2005. Na parede da entrada, com um mosaico de mais de 2000 fotografias de pessoas de todo o mundo, pergunta-se ao visitante: «Quando descobriu que é africano?». Abriu em Paris um museu semelhante sobre a diáspora africana, mas o Musée du Quai Branly desta cidade também atrai um fluxo contínuo de imigrantes de países como a Argélia, o Senegal, a Tunísia, o Congo e o Gabão para verem artefactos africanos ([25]). Os membros da diáspora africana estão a desempenhar papéis cada vez mais proeminentes na atividade económica global. Entre os diretores gerais das 500 maiores empresas referidas pela *Forbes* contam--se Louis Camilleri, do Atria Group, no Egito, Alain Belda, da Alcoa, em Marrocos, e Sidney Taurel, da Eli Lilly, em Marrocos também.

Fortalecer as Ligações

Kwesi e Yvonne Nduom foram para os Estados Unidos estudar e trabalhar, antes de regressarem ao seu Gana natal, em 1991, quando estavam com quase 40 anos. Kwesi, um consultor da Deloitte, trabalhou de início no estabelecimento do negócio da companhia na África Ocidental. Tal como muitos outros emigrantes, soube aplicar em África os conhecimentos obtidos nos Estados Unidos e abrir o mercado africano à sua companhia.

Mas isto foi apenas o princípio. Quando regressaram ao país com os seus filhos pequenos, os dois empresários criaram alguns negócios. Os Nduom acumularam experiência e recursos para fazer investimentos em novas empresas, incluindo uma firma de intermediação de valores mobiliários. Compraram um terreno na costa para desenvolver um *resort* à beira-mar chamado Coconut Grove Beach Resort, em Elmina, dando a sua casa da Virgínia, nos Estados Unidos, como garantia. Na altura, o desenvolvimento do país no setor dos *resorts* era reduzido, pelo que os terrenos na costa eram mais baratos do que no interior.

Utilizaram estes ativos para construir uma cadeia de quatro hotéis, mas ainda tinham de enfrentar as dificuldades do sistema bancário. Para comprar outras propriedades, tiveram de dar garantias de valor quatro vezes superior e pagar taxas de juro de mais de 40%. Os seus *resorts* atraíram visitantes como o ator Will Smith e o ex-secretário-geral da ONU Kofi Annan. Os Nduom não só acumularam património pessoal, mas chamam a atenção, com orgulho, para o facto de darem atualmente emprego a 500 pessoas. A sua consciência cívica estende-se para além das suas empresas. Kwesi Nduom, ativo na política (sendo inclusivamente ministro de Estado), estava a preparar-se para concorrer à presidência do Gana, nas eleições de dezembro de 2008, tendo de enfrentar outros dois candidatos.

«A diáspora está a ter influência no país», disse Yvonne Nduom numa conversa com o autor, a partir de Washington, em fevereiro de 2008, onde ela e o marido estavam a procurar apoio para a campanha dele. «Para mim, o terceiro mundo é a última fronteira. Está cheio de oportunidades, mas é preciso ter alguma tenacidade. Quem for perseverante, terá sucesso. Além da nossa formação académica, houve algo mais que levámos no regresso ao nosso país: a atitude de que "é possível fazer", própria dos norte-americanos. Se Deus nos dá os limões, fazemos limonada. Se regressássemos todos com a experiência que adquirimos seríamos capazes de transformar a África num ápice.» [26]

Há uma atividade crescente em toda a África centrada na diáspora, como aconteceu com a fundação do Diaspora Africa Forum, durante um encontro de chefes de Estado da União Africana, em julho de 2007. Tem havido também fóruns de investimento para o continente e países específicos como o Ruanda. Os países estão a criar gabinetes para a diáspora e a oferecer a dupla cidadania. A Homecoming Revolution (*www. homecomingrevolution.co.za*), uma organização sem fins lucrativos patrocinada pelo First National Bank, encoraja e auxilia os sul-africanos que vivem no estrangeiro a regressar ao seu país. Oferece aconselhamento, financiamento e outros serviços.

Há muitas outras oportunidades para aprofundar estas ligações, como se pode verificar com as atividades do México de apoio às relações com a sua diáspora, sobretudo nos Estados Unidos. O México criou uma aliança estratégica com a cadeia de lojas de conveniência 7-11 para utilizar os seus estabelecimentos para efetuar transferências bancárias, pondo estes gabinetes praticamente em todas as esquinas. O México tem instalações consulares espalhadas pelos Estados Unidos. Segundo o ex-presidente mexicano Vicente Fox, as remessas anuais de 14 mil milhões de dólares para o México, efetuadas pelos emigrantes nos Estados Unidos, entre 2000 e 2004, foram um fator-chave para conseguir uma redução de 16% no número de famílias a viver na pobreza. Poderá o México servir de modelo para a África? A Índia também criou eventos como o Pravasi Bharatyia Divas, que se realiza todos os anos, bem como prémios de reconhecimento e para envolver os membros da diáspora indiana. Poderá também isto servir de modelo para a atuação da África?

A diáspora africana já está a desempenhar um papel fundamental no desenvolvimento do continente, podendo esperar-se que esse papel se alargue e aprofunde nos próximos anos. Há milhões de africanos no exterior, muitos dos quais possuem mais rendimentos e melhor formação do que os que permaneceram nos respetivos países. Este é um recurso enorme e um impulso poderoso para o progresso futuro em todo o continente.

Oportunidades Crescentes

- Que oportunidades poderão encorajar as remessas e os investimentos da diáspora em África?

- Que produtos e serviços se poderá oferecer à diáspora africana?
- Como poderão as empresas criar canais destinados aos que estão fora do continente africano para que comprem produtos para os seus familiares no país de origem?
- Que obstáculos existem à participação da diáspora em África e como poderão ser ultrapassados de modo a encorajar o envolvimento e o investimento da diáspora?

Conclusão

O Mercado Ubuntu

Há umas décadas, pouca gente de fora acreditaria que a Índia daria os saltos económicos que deu. Esta mudança requereu iniciativa empresarial e coragem política. A África está atualmente num limiar semelhante. A melhor esperança da África é o seu empreendedorismo e o desenvolvimento do seu mercado. Construir empresas de sucesso irá aumentar a riqueza ao fomentar a estabilidade política e económica e ao oferecer produtos e serviços de melhor qualidade aos consumidores africanos. Mas para criar estas empresas necessitamos, em primeiro lugar, de ultrapassar a visão de África como sendo um caso de auxílio e passar a vê-la como um dos mercados emergentes mais importantes do mundo.

Depois de se ter diplomado pela Columbia Business School, em 2002, a queniana Wanja Michuki pensou inicialmente em criar um negócio de importação de café. Mas depois de ter visto o café queniano na Starbucks, decidiu-se pelo chá. Afinal fora o chá que a ajudara nos anos da faculdade. A Highland Tea Company, LLC, foi fundada pela sua mãe, Watiri, no Quénia, em 1991. A sua plantação de chá de 12 hectares no sopé do monte Quénia (chamado *Karurumo*, que significa «pequeno tesouro» em kikuyu) tinha contribuído para sustentar e pagar os estudos de Wanja e dos cinco irmãos. «A minha mãe é uma mulher muito empreendedora e é para mim um modelo muito forte», disse a mais nova das Michuki, numa conversa com o autor, em 2007 ([1]).

A maior parte do chá vendido no Quénia – o maior exportador mundial, com mais de 300 000 toneladas por ano – é transacionado em leilão no mercado de Mombaça, acabando nos pacotes de marcas como a

Twinings e a Tetley. Michuki viu uma oportunidade de criar uma marca queniana com o nome Highland. A companhia construiu uma fábrica de chá no Quénia, encomendou design queniano para as embalagens e desenvolveu a marca e circuitos de distribuição nos Estados Unidos. A partir da sua base em Montclair, em Nova Jérsia, vende atualmente chás com a marca Highland em lojas da especialidade e em supermercados como o Whole Foods e o Kings.

Está a construir uma «empresa social», criando um negócio viável e ajudando pequenos agricultores do Quénia. Para potenciar o impacto do negócio, trabalha em conjunto com a Freeplay Foundation para fornecer rádios a manivela e a energia solar aos agricultores quenianos para a sua formação e informação, partilhando uma visão comum, como se pode ver na imagem 26. A relação começou quando um carregamento de rádios ficou embargado no porto de Mombaça e ela ajudou a resolver a situação. Atualmente, a Highland encoraja os doadores do mundo desenvolvido a realizar festas de chá, a distribuir amostras de chás do Quénia e a angariar fundos para fornecer rádios aos agricultores. Os centros de recolha de chá no Quénia, onde se juntam os agricultores locais, constituem um ponto natural de reunião para se ouvir rádio, pelo que um rádio num destes centros pode ser utilizado por cerca de 40 pessoas, ampliando o seu impacto. Este é outro exemplo de como a diáspora está a ter uma influência benéfica no país de origem, como se viu no capítulo 8, «Regressar a Casa: Oportunidades na Diáspora Africana».

Como o seu objetivo não é apenas promover o chá Highland, mas apoiar os produtores de chá do Quénia, ela está inclusivamente a ajudar os concorrentes. Por exemplo, Michuki convidou o diretor geral da Tazo Tea (propriedade da Starbucks) para a acompanhar ao Quénia para aqui aprender algo mais sobre a indústria do chá. Porque ajuda os seus concorrentes a criar negócios no Quénia? Porque isso também ajuda os outros agricultores e contribui para o prestígio dos chás quenianos. «O compromisso que temos é para com a valorização destes plantadores de chá, e isso significa que estamos a vender para outros embaladores, o que é ótimo», disse ela. «Estamos a trabalhar em nome dos agricultores, que estão totalmente dependentes destes leilões. Além disso, a concorrência é benéfica. Se os chás do Quénia são vendidos na Starbucks, isso torna-os mais conhecidos dos consumidores, o que resulta a nosso favor.»

A companhia segue os princípios do comércio justo, de modo a garantir que a venda dos chás ajuda as comunidades de agricultores do Quénia. «Estamos empenhados num círculo virtuoso», disse Michuki. «Paga-se um preço mais elevado e a diferença vai para um fundo que apoia um programa que ajuda a satisfazer necessidades como a educação, que os agricultores pensam ser de grande importância. Acreditamos que a melhor abordagem à erradicação da pobreza de forma sustentável, no Quénia, é acrescentar valor onde dispomos de uma vantagem comparativa.» ([2])

São iniciativas deste género, sejam elas pequenas ou grandes, que estão a impulsionar o despertar da África, criando negócios de sucesso e melhorando as comunidades locais. Por todo o continente, as economias e as sociedades locais estão a ser transformadas por estes projetos de desenvolvimento sustentável dos mercados. Tais projetos estão a dar origem a empresas de sucesso, ao mesmo tempo que contribuem para o desenvolvimento local. O mesmo efeito conseguem as iniciativas de empresários com consciência social e os projetos de responsabilidade social de grandes empresas. Estas iniciativas alimentam-se do espírito empresarial da África e do conhecimento e das ligações da nova «geração chita», que está a trabalhar quer no continente quer fora dele em nome das respetivas pátrias. Companhias como a Highland estão a transformar a maneira como a África é vista pelo mundo. Assim, estão a desenvolver as suas comunidades, ao mesmo tempo que constroem as suas companhias. Estas empresas estão a atrair mais investimento externo ao continente e o desenvolvimento económico está a tornar mais premente a introdução de reformas políticas. Há tanta coisa a descobrir no fundo de uma chávena de chá.

O Poder do Ubuntu

O bispo Desmond Tutu, Prémio Nobel da Paz, descreveu a palavra zulu *ubuntu* como significando «eu sou porque tu és». Representa bondade, partilha, comunidade e humanidade em relação aos outros. Está de acordo com a máxima zulu «uma pessoa é pessoa através de outras pessoas» (*ubuntu ngumuntu ngabantu*). O sucesso no mercado consumidor africano resulta de se satisfazerem as necessidades humanas básicas, de se reconhecer e satisfazer as necessidades das comunidades africanas. Os clientes, os empregados e os parceiros de negócio vêm destas comunidades. O sucesso resulta do desenvolvimento de negócios que fortalecem as comunidades, como a Highland fez ao apoiar os cultivadores de chá quenianos, ao mesmo tempo que promovia o seu negócio global. A menos que se cuide dos agricultores, não haverá chá. Ao aumentar o rendimento dos agricultores, criam-se recursos que podem apoiar o crescimento de outros negócios e a educação dos filhos. Os negócios florescem quando satisfazem necessidades humanas reais, e em nenhum outro lugar do mundo é isto mais verdadeiro do que em África, onde as necessidades são frequentemente muito grandes. Num sentido económico, os negócios reconhecem que «eu sou porque tu és».

A África é um mercado que enfrenta problemas graves de natureza política e económica. O zulu é apenas uma das mais de 1000 línguas faladas neste continente complexo. Todavia, além dos títulos e das divisões, é a sua humanidade que faz da África um mercado futuro atrativo. São as necessidades básicas de alimento, abrigo, vestuário e comunicação que estão a impulsionar o progresso em África. É o desejo humano dos pais de criar um mundo melhor para os seus filhos. É o espírito indómito do empreendedorismo e do otimismo que está a superar as dificuldades e a transformar o continente num dos mercados futuros mais importantes do mundo.

Este reconhecimento da sua humanidade está a impulsionar o trabalho caritativo no continente, mas constitui também a base do desenvolvimento do mercado consumidor. As companhias e os empresários que já estão a dar resposta a estas necessidades humanas estão a criar empresas lucrativas dirigidas ao mercado africano do futuro. Estão a criar estes «mercados ubuntu». O conceito de *ubuntu* encontrou eco no discurso de muitos, incluindo Bill Clinton, bem como em produtos como um autocarro concebido pela Tata Motors, destinado ao mercado sul-africano, chamado precisamente Ubuntu (ver imagem 27). A riqueza da África são os seus empresários e os seus consumidores. Se não se souber o que se passa na comunidade, não se pode ter êxito. O poder do ubuntu – e a riqueza da África – está no seu povo.

Construir a Comunidade através da Responsabilidade Social das Empresas

As companhias em África estão a ter um impacto direto e indireto nos graves problemas que o continente enfrenta. Numa estrada ventosa em Boksburg, logo à saída de Joanesburgo, parei junto a uma casa pequena e bem conservada, num bairro tranquilo. A irmã Gill Harrower, que na altura dirigia o HIV/AIDS Resource Center, da Unilever, levou-nos até lá dentro, onde um grupo de crianças pequenas estava reunido à volta de Gloria Nontsikelelo, a mãe adotiva da casa. Todas estas crianças, de idades compreendidas entre os 4 e os 14 anos, haviam perdido os pais devido à sida (ver imagem 28). Esta casa faz parte do projeto Thokomala (que significa «zelo» ou «cuidado» em zulu), iniciado pelo ex-presidente da Unilever Niall Fitzgerald. Este reuniu os fundos iniciais, um milhão de rands (cerca de 150 000 dólares), quando correu a Maratona de Londres, em 2002. Ao contrário dos grandes orfanatos, o projeto tem uma atmosfera familiar e proporciona uma infância mais normal às crianças. O financiamento para esta casa foi doado por um muçulmano do Reino Unido. Está localizada junto de uma mesquita. Os cuidados com estas crianças transcendem as barreiras étnicas e religiosas.

O impacto da sida na África do Sul é assustador. Quando os analistas de uma firma de prospeção de mercado da África do Sul estudaram uma zona pobre de Joanesburgo quanto ao uso de garrafas de vidro, descobriram inusitadamente que 45 das 60 casas de uma das ruas eram governadas por crianças. Os pais tinham morrido de sida e as crianças mais velhas passaram a cuidar das mais novas. Os problemas que estas comunidades enfrentavam iam muito além do uso de garrafas de vidro ou de plástico, e este era um resultado que nenhuma empresa poderia ignorar. Em 2005, um milhão de crianças sul-africanas perdeu a mãe devido à sida. Em 2010, o número chegará a 2,5 milhões, esperando-se que em 2015 haja nestes orfanatos entre 9% a 12% da população sul-africana. Na África do Sul, até crianças de nove anos têm sido encontradas como chefes de família.

Perante esta necessidade, os lares Thokamala, com meia dúzia de crianças, podem parecer uma pequena vitória. Os lares são um modelo que pode ser repetido em cada um dos bairros. A Unilever tem o objetivo de criar 100 lares até 2010. Cada casa é também um centro de apoio a outros órfãos da sida na zona, que viviam com familiares ou sozinhos. Desta forma, cada casa apoia cerca de 450 crianças.

Perante as necessidades prementes do continente, construir qualquer negócio de sucesso requer que se aborde de perto as dificuldades de África. Isto não só porque é a coisa correta a fazer, mas também porque as pessoas afetadas são empregados e clientes da companhia.

«A época anterior foi a da ajuda à África, só que a ajuda a África não a vai retirar da sua dependência», disse Gail Klintworth, presidente da Unilever South Africa, durante um encontro em Durban, em maio de 2006. «O segredo vai ser o comércio em África, mas não se pode vender bens de consumo básicos às pessoas e não ter em atenção o que se passa na vida delas.»

Quase todas as companhias e organizações que visitei ou com as quais falei em África tinham um tipo de programa social concebido para enfrentar os graves problemas dos seus clientes e empregados. Numa época de atenção crescente à responsabilidade social das empresas, é quase evidente que as companhias têm de se interessar ativamente pelos resultados sociais e ambientais das suas atividades, além do objetivo tradicional dos resultados financeiros. Esta «tripla linha de baixo» é o reconhecimento de que o papel da atividade económica é mais do que gerar lucros para os acionistas.

Distribuir Coca-Cola e Enfrentar o VIH/SIDA

A Coca-cola Company, em colaboração com a Population Services International e outras organizações, está a utilizar as suas redes muito desenvolvidas para distribuir preservativos pela África de modo a combater o VIH/SIDA (ver imagem 29). Com 900 000 lojas de retalho em toda a África, a companhia tem um alcance ímpar para enviar produtos ou mensagens ao povo africano. Estes canais, desenvolvidos para a atividade económica privada, podem ser utilizados por projetos comunitários.

A Coca-Cola iniciou um plano de cuidados de saúde para fornecer medicamentos antirretrovirais aos seus empregados e respetivas famílias com sida. Todos os empregados das engarrafadoras das bebidas da Coca-Cola, em África, ou participam nos programas de cuidados de saúde existentes ou fazem parte do programa conjunto Coca-Cola Africa Foundation/Coca-Cola Africa Bottlers Healhtcare. A Fundação e os engarrafadores já apoiam campanhas relativas à sida em 10 países e formaram parcerias com a UNAIDS, a UNICEF e outras organizações sem fins lucrativos para reforçar a prestação de serviços de saúde pública em todo o continente. Companhias como a Coca-Cola têm um grande impacto em África.

Fornecer Água Potável

Mais de 300 milhões de pessoas da África subsariana não têm acesso a água potável. Integrado no seu programa Water of Life, a Diageo lançou em 2006 o «1 Million Challenge», para fornecer acesso a água potável a mais um milhão de africanos. A Procter & Gamble distribuiu o seu pó PUR para purificar a água, mostrado na imagem 30, incluído num projeto de água potável, em associação com a Population Services International, que evitou 11 milhões de mortes por diarreia, em todo o mundo, só em 2005. A P&G forneceu 1,9 mil milhões de litros de água potável às populações de países em vias de desenvolvimento como o Uganda, Quénia e Malawi. O pó PUR é vendido a sete xelins quenianos (cerca de 10 cêntimos) por saqueta, com que se pode tratar 10 litros de água.

Quando me encontrei com Clarice Odhiambo e um grupo de executivos da Coca-Cola, no Serena Hotel, em Nairobi, no verão de 2006, ela ia para Atlanta para ampliar o seu trabalho enquanto diretora da Africa Water Partnership, da companhia. Ajudou a Coca-Cola a criar a Global Water Challenge, em 2005, com outros parceiros, incluindo a CARE, a UNICEF e a Procter & Gamble. «Um consumidor saudável significa um negócio saudável», disse ela. «Não há nada mais sensato do que tentar retribuir à comunidade. Na África rural, 74% da população não tem acesso a água potável nem a saneamento. Estas áreas são tão escassamente povoadas. Nem um furo estreito com uma tubagem é prático. Precisamos de soluções inovadoras.»

Entre as soluções inovadoras, ela trabalhou em conjunto com as mulheres para dar outra forma aos seus potes de barro tradicionais para guardar água. Para substituir os potes e escudelas de boca larga em que eram mergulhadas as mãos sujas, criaram novas formas de boca estreita e espichos para manter a qualidade da água. A companhia também está envolvida na purificação da água, na abertura de poços e em projetos de tratamento de águas residuais. Ela é engenheira química, licenciou-se na Universidade de Nairobi e tem um mestrado da Universidade de Rhode Island. Odhiambo trabalhou como investigadora para a Betz Paperchem Inc., na Florida (onde registou duas patentes), antes de entrar como engenheira para a Coca-Cola, no Quénia, em 1997. «O povo africano é muito apaixonado, muito determinado e tem um grande desejo de se ajudar a si mesmo», disse ela. «Até sabe que soluções resultam com ele. Se nos forem dadas oportunidades, como a Coca-Cola me deu a mim, encontraremos as nossas próprias soluções.»

Os sistemas de purificação da água são também uma oportunidade. A Life Straw, por exemplo, vende por três dólares um sistema de filtragem de água que pode ser utilizado em quase qualquer lado. Há outras oportunidades potenciais. Por exemplo, Richard Heinichen, em Dripping Springs, no Texas, criou um sistema sofisticado para filtrar e engarrafar a água da chuva. Do seu centro de recolha, em Tank Town, no Texas, enchia 5000 garrafas por semana com o seu «sumo do céu», em 2005. Também trabalhou com empresas locais para engarrafar água da chuva com a sua própria marca ([3]). Atualmente este é um produto destinado apenas ao mercado dos Estados Unidos, mas não haverá aqui uma oportunidade para criar um negócio semelhante em África?

Enfrentar as Doenças

Em África, morrem todos os dias de malária 3000 crianças até aos cinco anos de idade ([4]). Como se disse no capítulo 4, «Preparar a Hanouti: Oportunidades na Organização do Mercado», a Novartis está a tratar a malária com um medicamento poderoso, aplicando uma estratégia simultaneamente pública e privada. A SC Johnson também tem patrocinado programas importantes de prevenção da malária na África do Sul e noutras zonas da África, ao mesmo tempo que tem desenvolvido o negócio do Raid e de outros produtos de controlo de mosquitos. Tive o prazer de conversar com Maude Christian-Meier, doutorada, investigadora científica na SC Johnson, em Racine, no Wisconsin, sobre o seu programa de captura de mosquitos, com vista a estudar e reduzir a malária em África.

Christian-Meier, que cresceu no Gana e foi depois para os Estados Unidos para concluir os seus estudos, volta ao Gana de seis em seis meses para supervisionar o projeto na aldeia de Tafo. As inovadoras armadilhas para mosquitos emitem uma pequena quantidade de anidrido carbónico, semelhante à respiração humana. Os mosquitos atraídos são depois aspirados a vácuo para uma rede, o que permite avaliar a eficácia da armadilha. Os resultados iniciais, baseados em dados coligidos durante vários anos na clínica local da área em teste, mostram que em 2005 havia menos um terço de casos de malária do que em 2002. Numa zona em que uma de cada dez crianças morre de malária antes dos cinco anos, não registaram qualquer morte. A armadilha não utiliza nenhum dos produtos comerciais da SC Johnson, pelo que não tem qualquer impacto nos seus resultados financeiros, mas é o que devem fazer. O estudo está a ajudar a comunidade de Tafo, ao mesmo tempo que aumenta o conhecimento sobre as novas abordagens de prevenção desta doença mortal.

Outras iniciativas estão a ter também o seu impacto. A African Partners Medical (APM) é um grupo de médicos, enfermeiros e outros profissionais de saúde norte-americanos e africanos empenhados em melhorar os respetivos cuidados em África. A APM (*www.africapartnersmedical.org*) fá-lo patrocinando conferências educativas em África e estabelecendo parcerias a longo prazo com pessoal africano de cuidados de saúde. A faculdade da Africa Partners Medical tem médicos e enfermeiras da Mayo Clinic, Scott and White Clinic, Faculdade de Medicina de Harvard, Centro Médico da Universidade de Stanford, Hospital Pediátrico de Filadélfia, entre outras organizações, que oferecem gratuitamente o seu tempo. Desde 2000, a APM levou um programa anual de formação médica a mais de 900 médicos, residentes, enfermeiros e técnicos de emergência médica do Gana, Nigéria, Quénia, Costa do Marfim, Burquina-Faso e Mali.

Um estudo recente da McKinsey, referido na edição de novembro de 2007 da *McKinsey Quarterly*, concluiu que a enorme escassez de trabalhadores de cuidados de saúde em África poderia ser resolvida com novos modelos. Com um quarto das doenças de todo o mundo e apenas 3% dos trabalhadores de cuidados de saúde, a capacidade do continente não está à altura dos problemas que tem de enfrentar. Mas o estudo concluiu também que se forem adotados modelos usados com sucesso noutros países em vias de desenvolvimento, a África poderia resolver melhor as suas necessidades nesta área. Estas estratégias incluem 1) a utilização de mais pessoal não médico, como enfermeiros e trabalhadores comunitários de saúde, 2) fornecer formação no setor privado além dos programas públicos de formação médica e 3) a criação de um ambiente que encoraje uma colaboração mais ampla com as ONG e o setor privado ([5]). Em dezembro de 2007, a International Finance Corporation, do Banco Mundial, anunciou um fundo de mil milhões de dólares para cuidados de saúde em África, que incluirá iniciativas privadas ([6]).

Por vezes, as iniciativas sem fins lucrativos podem ser mais eficazes do que as comerciais. Estudos realizados pela Organização Mundial de Saúde em nome do Global Fund no Quénia, na Etiópia, no Gana, no Ruanda e na Zâmbia mostram que era mais eficaz dar os mosquiteiros do que vendê-los. Isto contradiz a ideia de que cobrar um preço nominal nestes casos de soluções de saúde pública faz com que os compradores as levem mais a sério, aumentando assim a sua eficácia ([7]). Por vezes, as melhores soluções são gratuitas.

Há alguns sinais positivos de melhoria na saúde em África e noutras partes do mundo. Por exemplo, as Nações Unidas divulgaram em setembro de 2007 que as taxas de mortalidade infantil baixaram muito, incluindo na África subsariana. Este é um sinal de progresso em direção à proposta do U. N. Millennium Goal de ter em 2015 dois terços da mortalidade infantil do ano 1990 ([8]).

Ambiente: Obter Bons Resultados ao Praticar o Bem

Steve Fitzgerald transformou a Conservation Corporation Africa (CC Africa) numa das maiores companhias africanas de safaris e ecoturismo, ao prestar serviços aos turistas ricos, por um lado, e ao melhorar as comunidades locais e o ambiente, por outro. A CC Africa tem mais de 35 campos de safaris na África do Sul, Botsuana, Namíbia, Zimbabué, Quénia e Tanzânia. Quando instalou um novo parque de caça na Zululândia, teve de enfrentar a reivindicação desses terrenos pela comunidade. Em vez de contestar, o que levaria a uma longa batalha jurídica, a companhia concedeu a terra à comunidade e depois firmou com ela um contrato de arrendamento a longo prazo. A comunidade ganha ao receber a renda e ao obter empregos e a CC Africa assegura deste modo boas relações com os seus vizinhos, que ajudam a proteger os animais dos caçadores furtivos e doutras ameaças. Através da sua Africa Foundation, juntou mais de 4 milhões de dólares para projetos em cinco países africanos, uma iniciativa que ao mesmo tempo serve o continente e melhora a sua reputação entre os clientes altruístas.

A África é atualmente um dos destinos turísticos emergentes que crescem mais rapidamente. Todavia, estes turistas não só pretendem observar os animais selvagens e as vastas paisagens, mas também querem ter impacto na proteção da vida selvagem e no apoio às comunidades locais. Numa noite, já tarde, durante um encontro na sua sede em Joanesburgo, Fitzgerald comentou que fora avisado por especialistas de marketing para mudar o nome da organização, porque parece pertencer mais a uma organização sem fins lucrativos do que a uma empresa de safaris. Mas a «conservação» é essencial à sua missão, pelo que a fronteira entre organização lucrativa e sem fins lucrativos nem sempre é assim tão óbvia. «Estamos a obter bons resultados ao praticar o bem», acrescentou ele durante a nossa conversa. «Fazemos mais dinheiro porque pensamos de forma diferente, promovendo um turismo que tem por base a comunidade.»

Jake Grieves-Cook também criou a Gamewatchers Safaris, no Quénia, com financiamento da Aureos Finantial, trabalhando com as tribos Massais para definir um circuito turístico numa área de vegetação arbustiva que é, ao mesmo tempo, rústica e confortável. As tribos do local recebem uma renda pelo território e uma taxa por cada visitante, o que lhes proporciona um rendimento de que muito necessitam. Os clientes têm uma experiência de safari que é menos comercial, ficando em tendas e encontrando-se com os Massais. A Shearwater Adventures (propriedade da Innscor), no Zimbabué, vai ao encontro das preocupações conservacionistas dos seus 80 000 visitantes anuais, vendendo passeios com leões e obras de arte (pegadas) de elefantes, além de sobrevoar as cataratas Vitória de helicóptero. Com o seu rendimento a diminuir, devido à crise económica do Zimbabué e ao crescimento do turismo na Zâmbia, do outro lado das cataratas, encontrar formas de gerar mais receita com cada visitante tornou-se essencial à sobrevivência.

As estratégias público-privadas são vitais em toda a parte, mediante a construção de infraestruturas como estradas e portos. No entanto, esta cooperação é importante a um nível mais profundo nos mercados africanos. Perante os problemas sociais, surgem oportunidades de colaborar com os Estados, as ONG e outros agentes no sentido de se construírem as infraestruturas que possam servir de base à atividade económica.

Fornecer Capital Inicial

O espírito de participar no desenvolvimento e na criação de negócios é exemplificado pela Aga Khan Development Network (AKDN), que tem construído escolas, universidades e hospitais, ao mesmo tempo que tem desenvolvido negócios de sucesso, como hotéis, bancos, companhias de seguros e empresas industriais. «A nossa filosofia é o desenvolvimento do país e a melhoria da qualidade de vida do povo», afirmou Anil Ishani, representante local da Aga Khan Development Network (Quénia), numa conversa com o autor em 2006. Tem iniciativas no Quénia, Uganda, Tanzânia, Congo, Costa do Marfim, Mali, Burquina-Faso, Angola, Moçambique e Madagáscar. A AKDN deu literalmente o capital inicial a 30 000 pequenos cultivadores de feijão a nordeste de Nairobi, aos quais foram proporcionadas sementes e um mercado para adquirir as suas produções no fim da época. A AKDN também forneceu formação, instalações médicas, microfinanciamento e outros apoios à sua iniciativa. O resultado final foi uma qualidade de produção tal que podia ser exportada para os mercados europeus, o que teve um tremendo impacto no nível de vida dos agricultores.

As companhias estão também a fornecer financiamento privado a iniciativas públicas. A Goldman Sachs, vários países europeus e o Banco Mundial associaram-se para lançar uma iniciativa importante de vacinação de crianças nos países em vias de desenvolvimento, utilizando obrigações inovadoras num total de mil milhões de dólares, em novembro de 2006, para financiar os programas de saúde da GAVI Alliance (a anterior Global Alliance for Vaccines and Immunization), em 70 dos países mais pobres do mundo, incluindo muitos africanos. Prevê-se que a International Finance Facility for Immunization (IFFIm) proteja 500 milhões de crianças na próxima década, poupando 10 milhões de vidas ([9]). Foi a primeira vez que se emitiu obrigações para apoiar um objetivo específico relacionado com a saúde e a imunização.

Até ao abordar problemas como os cuidados de saúde, que geralmente são considerados desafios do setor público, o Banco Mundial e outros interventores estão a introduzir soluções do setor privado. Isto é o reconhecimento de que num continente em que os Estados têm sido ineficazes no combate às crises dos cuidados de saúde, investir no empreendedorismo pode ser aquilo que melhor perspetiva de futuro oferece.

Os donativos estão a tornar-se mais estratégicos. A Millennium Promise, um projeto cofinanciado pelo economista Jeffrey Sachs, proporcionou investimentos em dúzias de países subsarianos para se criarem atividades de desenvolvimento económico baseadas nas comunidades. Trabalhando com as Nações Unidas, a Millennium Promise faz investimentos estratégicos na agricultura, saúde, educação, estradas, eletricidade e outras áreas para ajudar a quebrar o círculo vicioso da pobreza. Por exemplo, fornecer adubos a uma pequena aldeia da Tanzânia pode ajudar os agricultores a obter melhores resultados dando-lhes os recursos para fazerem mais investimentos nas suas explorações e no desenvolvimento da comunidade ([10]). A Clinton Foundation está a apoiar projetos como o de Neno, no Malawi, onde construiu um hospital e trabalhou com um grupo de 1200 agricultores locais para formarem uma cooperativa e garantirem um empréstimo para adubos com vista a produzir trigo de inverno. A cooperativa também lhes permitiu construir uma moagem para processar o trigo ([11]).

Criar Mercados com o Empreendedorismo Social

Os empresários sociais estão a abrir mercados e a encorajar o empreendedorismo, ao mesmo tempo que tentam solucionar problemas sociais. Organizações como a Draper Richards Foundation estão a encorajar o «empreendedorismo social» para ajudar «pessoas extraordinárias a realizar mudanças sociais de grande alcance». Entre os beneficiários dos apoios da fundação estão Matt Flannery e Premal Shah, fundadores do Kiva (*www.kiva.org*), o primeiro mercado mundial de empréstimos de pessoa a pessoa destinado aos pobres. Flannery teve esta ideia depois de ele e a mulher terem visto como é que desenvolver um pequeno negócio podia alterar radicalmente as vidas de empresários com rendimentos baixos no Uganda. Shah, um gestor de produto na PayPal, tornou-se um pioneiro do microcrédito na Internet após um período sabático na Índia, tendo-se depois associado a Flannery para criar o Kiva. O objetivo deste é reduzir a pobreza global ao criar uma plataforma onde os utilizadores da Internet podem emprestar e relacionar-se *on-line* com um empresário específico do mundo em vias de desenvolvimento. A Draper Richards Foundation apoia também iniciativas sociais como o One Acre Fund (*www.oneacrefund.org*), que trabalha com agricultores pobres no Ruanda e no Quénia; a Living Goods (*www.livinggoods.org*), utilizando um modelo parecido com o da Avon em produtos essenciais para a saúde, no Uganda; e a Scojo Foundation (*www.scojofoundation.org*), que está a promover os empresários locais que vendem óculos para ler a preços acessíveis, em África e noutras partes do mundo.

A Ashoka, fundada por Bill Drayton, em Washington, em 1980, tem sido pioneira no empreendedorismo social, apoiando o trabalho de mais de 1800 beneficiários em mais de 60 países. Entre eles conta-se Victoria Hale, uma ex-empregada da Food and Drug Administration, dos Estados Unidos, que criou a primeira companhia farmacêutica norte-americana sem fins lucrativos para tirar partido da investigação do país que possa ter préstimo em África e noutras partes do mundo em vias de desenvolvimento. A OneWorldHealth, de Victoria Hale, utiliza modelos inovadores para desenvolver medicamentos para doenças como a malária e a cólera ([12]).

O microcrédito inovador do Grameen Bank e as suas telefonistas empreendedoras são exemplos de como as empresas sociais podem lançar as bases dos mercados. Atualmente os telemóveis tornaram-se tão generalizados, mesmo nas aldeias mais pequenas, que há menos procura de telefonistas. O microcrédito foi captado pelos bancos convencionais. Muhammad Yunus, fundador do Grameen e vencedor do Prémio Nobel, em conjunto com a Danone ajudou a criar uma fábrica de iogurtes no Bangladesh que deu origem um novo modelo de desenvolvimento. O iogurte fortificado contribuiria para diminuir a subnutrição e, ao mesmo tempo, beneficiaria os produtores de laticínios e os pequenos vendedores, proporcionando receitas a cerca de 1600 pessoas, num raio de 32 quilómetros em relação à fábrica. Estas «empresas de negócios sociais» são um modelo que pode ser replicado em muitas partes de África e com diferentes produtos, tendo por base a forte presença nelas da Danone ([13]).

Os Estados podem desempenhar igualmente um papel importante. Em Marrocos, o Estado disponibiliza empréstimos a juros baixos para desenvolver o mercado da habitação. Está a demolir zonas densamente povoadas chamadas *bidonvilles* [bairros de lata], a maior das quais se localiza em Sidi Moumen, nos subúrbios de Casablanca, onde moram cerca de 170 000 pessoas. O Estado está a substituí-las por habitações fornecidas por si e com empréstimos à habitação, contra hipoteca, a 4%.

O incentivo ao empreendedorismo e ao desenvolvimento dos mercados consumidores pode fomentar as economias locais. O desenvolvimento sustentável do mercado pode ir a par do desenvolvimento social. Na Cidade do Cabo, na África do Sul, vi esta ideia expressa num poster de forma sucinta: «Compre até que o desemprego diminua» (ver imagem 31).

Designs para a África

Desde a inovação na agricultura aos produtos para o lar, são necessários novos designs para a África e para outras partes do mundo em vias de desenvolvimento. Estes designs necessitam de ser adaptados às necessidades específicas do continente. Visitei uma exposição sobre «Design para os Outros 90%» (*http://other90.cooperhewitt.org/*), no Cooper-Hewitt National Design Museum, da Smithsonian Institution, em Nova Iorque, no início de 2007. Apresenta exemplos importantes das oportunidades para repensar os designs destinados ao mundo em vias de desenvolvimento, como próteses baratas, filtros para a água, saneamento ou computadores.

O Q-drum é um exemplo (*www.qdrum.co.za*). É um recipiente de plástico em forma de donut com o qual se pode facilmente transportar 75 litros de água potável, fazendo-o rodar no chão com o auxílio de uma corda que passa pelo centro. É de utilização tão fácil que até uma criança pode transportar água durante muitos quilómetros. Em muitas zonas rurais, as pessoas vivem afastadas das fontes de água potável, o que as torna vulneráveis à cólera, à disenteria e a outras doenças com origem em águas impróprias que lhes ficam mais próximas. Outro exemplo de design para a África é o Kenya Ceramic Jiko, um fogão portátil que utiliza carvão vegetal e pode reduzir entre 30 e 50% o consumo de combustível, com a poupança que daí resulta para o consumidor, além da redução das emissões de gases e de partículas, de que resulta uma melhor saúde para o utilizador. O fogão é utilizado atualmente em mais de 50% dos lares urbanos e 16% das casas rurais do Quénia, estando a expandir-se para os países vizinhos ([14]). (Como se viu no capítulo 5, «Construir uma Fábrica de Gelo para Mama Habiba: Oportunidades em Infraestruturas», esta é apenas uma das soluções inovadoras que foram desenvolvidas para enfrentar a necessidade de melhorar a eficiência e reduzir o impacto ambiental dos fogões de cozinha.)

Para além dos rádios a manivela, a Freeplay Foundation criou um gerador a pedais chamado Weza (que significa «energia», em suaíli) que distribuiu no Ruanda, onde 95% da população não tem acesso a energia elétrica. O Weza pode ser utilizado para carregar telemóveis, abastecer lanternas e até ligar a ignição dos automóveis. A fundação introduziu os «Weza Pioneers», empresários locais que podem distribuir energia às suas comunidades rurais com base numa taxa. Pensa-se que as microempresas podem passar a dar lucro no prazo de um ano ([15]).

As grandes empresas estão também a encorajar novas perspetivas sobre o design para a África. A Nokia pediu aos consumidores de Acra, no Gana (e de Bombaim e do Rio de Janeiro), para desenharem os seus «telemóveis de sonho». A companhia mostrou esses designs em Londres, em abril de 2008, com soluções realmente inovadoras e que satisfaziam as necessidades locais. Por exemplo, um dos telemóveis tinha várias aberturas para cartões SIM, devido à necessidade de os utilizadores africanos terem acesso a vários operadores para usufruírem de uma cobertura de confiança.

Em 2006, a GE Healthcare desafiou os estudantes do Art Center College of Design, em Pasadena, na Califórnia, a apresentar soluções inovadoras para os problemas dos cuidados de saúde em África. Entre as ideias traduzidas em protótipos havia uma bracelete-rádio que permite a comunicação entre doentes, parteiras e clínicos, um microscópio de campo que simplificaria a pesquisa de parasitas, um cinto de ultrassons para análise fetal que exigiria menos formação dos técnicos, e um scanner para detetar malária examinando a pele da mão do doente ([16]). Em países que não dispõem de grandes recursos financeiros, é essencial usar a imaginação e criar produtos adaptados aos problemas locais. A GE está também a estimular os seus designers a criarem produtos para África e outros mercados em desenvolvimento, como uma máquina de ECG apresentada em 2008 por uma fração do custo das máquinas tradicionais.

Estes são exemplos maravilhosos de como podemos criar soluções inovadoras para enfrentar os problemas dos mercados em desenvolvimento. Mas porque é que a exposição «Design para os Outros 90%» havia de ser especial? Porque não haverá uma conferência anual sobre o tema, semelhante à conferência anual Comdex, que costumava definir o futuro da informática? Poderão a China, a Índia ou a África assumir a liderança neste aspeto?

Comércio Sim, Ajuda Não: Para Além de um Continente de Vítimas

Como se viu no capítulo 1, o Ocidente deu uma atenção sem precedentes ao fornecimento de ajuda à África. Artistas como Bono mantiveram a atenção centrada no continente. A Gates Foundation e a Clinton Foundation, entre outras, anunciaram sucessivos projetos orientados para o continente. Gwyneth Paltrow e David Bowie declararam «Sou africana/o» em campanhas contra a sida. O ator austríaco Karlheinz Böhm fundou a Menschen für Menschen (Humanos para Humanos), em 1981, para desenvolver trabalho humanitário na Etiópia. Bono e Alicia Keys juntaram dinheiro para a sida com o seu disco «Don't Give Up (Africa)» e a iniciativa Keep a Child Alive. Empresas importantes como a Gap, Converse, American Express e Dell, bem como muitas celebridades, estão a promover a campanha dos produtos «Red», que está a proporcionar milhões de dólares para combater a sida, a tuberculose e a malária em África, ao mesmo tempo que permite que estas empresas tenham lucro [17].

Há um intenso debate sobre o impacto das centenas de milhares de milhões de dólares de ajuda que têm sido canalizados para África. William Easterly, ex-economista do Banco Mundial, comentou no seu livro *The White Man's Burden* que a verdadeira tragédia da ajuda aos pobres é que «o Ocidente gastou 2,3 biliões de dólares em ajuda externa durante as últimas cinco décadas e ainda não conseguiu obter medicamentos para crianças a 12 cêntimos a fim de evitar metade das mortes por malária» [18]. Assumindo uma perspetiva histórica sobre a evolução económica das sociedades, Gregory Clark, da Universidade da Califórnia, em Davis, argumenta em *Farewell to Alms* [Um Adeus às Esmolas] que a chave do progresso económico no nosso mundo pós-industrial têm sido as mudanças de comportamento, e não a caridade [19].

A investigação sobre o impacto da ajuda do Fundo Monetário Internacional (FMI) permitiu concluir que milhares de milhões de dólares de ajuda não fizeram disparar o crescimento e podem ter tido efeitos adversos na competitividade, como o enfraquecimento do setor exportador dos países que receberam ajuda. Michael Homan e Greg Mills chamaram a atenção para o facto de 580 mil milhões de dólares de ajuda ocidental à África, durante os últimos 50 anos, terem tido pouco impacto. Acrescentam ainda que se as taxas de poupança em África duplicassem em cinco anos, para 30% do PIB, isso significaria um total de 100 mil milhões de dólares disponíveis para investir [20].

Há sobretudo duas dificuldades. A primeira é que a ajuda pode apresentar quem a recebe como uma vítima, em vez de um trabalhador ativo a fomentar a mudança. A segunda é que os apelos à ajuda ao continente reforçam a perceção global que atualmente existe sobre os seus problemas. Quanto mais o mundo se centra nas doenças, na subnutrição, na corrupção e noutros problemas, mais a perspetiva sobre a África é afetada negativamente. As campanhas de caridade contribuem involuntariamente para a perceção negativa que o público tem sobre ela. Como comentava Uzodinma Iweala, autor de *Beasts of no Nation*, sobre a campanha «Sou africano», em que celebridades ocidentais se apresentavam com pinturas tribais na cara, «Tais campanhas, por mais bem intencionadas que sejam, promovem o estereótipo da África como um buraco negro de doença e morte. As reportagens jornalísticas centram-se continuamente nos líderes corruptos, nos senhores da guerra, nos conflitos "tribais", no trabalho infantil e nas mulheres desfiguradas pelos maus-tratos e pelas mutilações genitais.» [21] Pretende-se que o mundo simpatize com os problemas que a África enfrenta, mas ver o continente como um caso irremediável de incapacidade diminui o interesse em abrir negócios e em investir nele.

Os projetos de ajuda tornaram-se mais orientados e rigorosos com iniciativas como a Gates Foundation e a Clinton Foundation, e abordagens pensadas como a utilizada pela Novartis Foundation (ver caixa na página 234). O Millennium Project, das Nações Unidas, a Commission on Africa, do Reino Unido, e a U. S. Commission on Capital Flows to Sub-Saharan Africa concentraram a sua atenção nas necessidades do continente, tal como o fez o concerto Live 8, concebido para encorajar os líderes do G8 a centrar-se em África. De facto, em julho de 2006, os líderes dos países do G8 concordaram em duplicar a ajuda internacional para 50 mil milhões de dólares, em 2010, metade dos quais iria para África, e em anular 55 mil milhões de dólares de dívidas de 18 países, 14 dos quais africanos. (Em 2007, foi noticiado que muitos destes países ainda não tinham cumprido as suas promessas em relação a África.) ([22])

Embora o apoio externo tenha dado o seu contributo, recordemo-nos de que as transformações na China, na Índia e no Vietname se basearam em reformas internas, além da ajuda externa ([23]). Como escreveu o ex-ministro da cultura do Mali ao presidente francês Jacques Chirac, em abril de 2005, «A luta contra a pobreza resume-se a pedir e a submissão, conduzindo a reformas que nos tornam ainda mais pobres.» ([24]) A Commision for Africa, de Tony Blair, concluiu no seu relatório de 2005 que «a África deve orientar o seu próprio desenvolvimento» com apoio da comunidade internacional. «Se a África não criar as condições certas para o desenvolvimento, então qualquer que seja a ajuda externa ela falhará.»

Temos de ir para lá da caridade e passar ao desenvolvimento sustentável do mercado. Estes são projetos que melhoram as condições de vida e dão lucro, o que faz deles investimentos económicos viáveis. Como afirma o lema do Good African Coffee, de Andrew Rugasira, do Uganda, «para combater a pobreza, a África necessita de comércio, não de ajuda» ([25]). Num artigo de 2005 no *Telegraph* londrino, Rugasira chamou a atenção para o facto de que quando o Uganda obteve a sua independência da Grã-Bretanha, em 1962, o PIB do país era igual ao da Malásia (que obteve a independência do Reino Unido apenas cinco anos antes, em 1957). Atualmente, o PIB da Malásia é 20 vezes maior do que o do Uganda, um resultado que Rugasira apenas parcialmente atribui ao regime repressivo e despótico de Idi Amin. A Malásia criou incentivos económicos e aplicou políticas que encorajaram a sua industrialização ([26]).

Rugasira aplicou o seu próprio conselho. A companhia criou um negócio global de exportação de café, partilhando os lucros (50/50) com os seus 10 000 agricultores e as suas comunidades, a maior parte das quais se situam na região da montanha Ruwenzori, no Uganda. Rugasira e outros provaram que a África não é um caso de caridade. Rugasira está a fazer surgir agricultores de sucesso. Estes fazem parte dos mais de 900 milhões de consumidores neste continente, que representam uma oportunidade de mercado global importante e estão a contribuir para o despertar da África.

Fundação Novartis: Para Além das Perspetivas Simplistas

A Fundação Novartis para o Desenvolvimento Sustentável, criada em 1979, é um grupo de reflexão, um instrumento para criar redes e uma iniciativa filantrópica. É «como que uma ONG para a companhia». A par de outros inovadores, está a desenvolver um novo modelo de «setor privado esclarecido». «Daqui a 10 anos, teremos um tipo de assistência ao desenvolvimento completamente diferente, por várias razões», disse o presidente da fundação Klaus Leisinger, numa conversa por telefone com o autor, em outubro de 2006.

A fundação realiza investigações para fornecer recomendações à Novartis que a habilitem a realizar investimentos do maior impacto. Colabora com ONG. Tem enfrentado problemas como a malária e a sida, além de ter criado programas inovadores, tais como fornecer seguros de saúde aos africanos rurais pobres e educar para diminuir o estigma associado à lepra na Tanzânia e em Madagáscar.

Neste último projeto, os investigadores verificaram que o maior obstáculo para os leprosos não podia ser ultrapassado entregando medicamentos. Tinha de se enfrentar o estigma que impedia os leprosos de procurar ajuda. Isto foi feito com formação e marketing social envolvendo os aldeãos mais velhos e as parteiras a fim de fazer passar a mensagem. Utilizaram megafones e telenovelas. Necessitavam de «vender» a ideia de que a lepra pode ser curada da mesma forma que as empresas vendem sabonetes ou bebidas sem álcool.

A fundação «analisou quanto foi gasto com a malária e o pouco que se conseguiu», disse Leisinger. As conversas com os doentes permitiram concluir que tinham dificuldade em reconhecer os sintomas, pelo que só um em cada três pacientes tratados em relação à malária tinha realmente a doença. A maioria fizera um autodiagnóstico. Trabalhar oito horas ao sol africano pode provocar as vertigens e as dores de cabeça associadas a esta doença. Os investigadores também verificaram que os doentes não seguiam o tratamento completo quando passavam a sentir-se melhor. Inovações simples nas caixas dos medicamentos, como as lamelas de comprimidos, podiam ter um impacto enorme. As caixas com lamelas impediam que os medicamentos se perdessem ou ficassem estragados pelo pó ou a água, para além de ser mais fácil aos doentes recordar-se das doses certas a tomar. Por último, os trabalhadores dos cuidados de saúde podiam controlar a toma da medicamentação ao pedir aos doentes para devolverem as lamelas de medicamentos antes de receberem uma nova dose.

A fundação também ajudou a lançar um plano privado de cuidados de saúde no Mali, começando com 10 aldeias perto de uma estação de investigação da Novartis. Muitos países em vias de desenvolvimento estão a afastar-se dos cuidados de saúde grátis ou subsidiados, o que teve maior impacto nas zonas rurais. O novo seguro de saúde do Mali custa cerca de dois dólares por ano a cada indivíduo. Os segurados podem ir a clínicas locais, sendo também dada ênfase à vacinação e à prevenção. Uma vez mais, a educação foi fundamental para se conseguir que os segurados aceitassem esta prática. «Não estavam habituados a pensar em termos de seguro, em que os riscos são partilhados por muitos», disse Leisinger.

Pelo terceiro ano consecutivo, registaram-se 1500 pessoas no programa do Mali (sendo de 20 000 indivíduos a população total das aldeias em que foi lançado o programa-piloto). A iniciativa poderá atingir o equilíbrio financeiro dentro de cinco anos, podendo depois ser aplicada na Tanzânia e outras áreas. Por que razão nenhuma companhia privada fez o mesmo? «Há muitas pessoas que não se querem envolver em coisas complicadas, no entanto, se se olhar para os problemas reais, eles são complicados», afirmou Leisinger. «As pessoas têm de enfrentar seriamente a complexidade e o contexto da maioria das questões de saúde. Se abandonarmos as ideias simplistas, então poderemos alcançar muito.»

Como comentou Jason Pontin, editor da *Technology Review*, num editorial do *New York Times*: «Na verdade, a África irá necessitar de investimento em empreendedorismo e de ajuda, orientada de forma inteligente para a educação, a saúde e a alimentação.» ([27]) A ajuda é fundamental para resolver problemas imediatos, ao passo que o desenvolvimento dos negócios irá criar riqueza sustentável a longo prazo ([28]). Homan e Mills recomendam que se use a «ajuda especificamente para fins humanitários» e se desenvolvam as economias africanas com mais propriedade da terra, mais investimento estrangeiro direto, crescimento do setor privado e políticas bancárias com menores margens para contrariar as transferências ilegais.

Dar uma Nova Marca à África

Os líderes de toda a África reconheceram que a imagem pública da África não acompanhou o otimismo que se sente no continente. «Deveríamos construir a nossa marca de forma adequada a contar esta história muito, muito positiva», afirmou o presidente sul-africano Thabo Mbeki, durante o Fórum Económico Mundial sobre África, na Cidade do Cabo, em 2006. Alguns países deram passos no sentido de apresentarem uma nova imagem de si mesmos, e do continente em geral. O Uganda, por exemplo, tornou-se o «País mais Amigo de África». A Etiópia apregoa «Treze Meses de Sol» e a Nigéria posiciona-se como o «Coração da África». Alguns países africanos já desenvolveram marcas nacionais valiosas. O Anholt Country Branding Index and Financial Branding calcula que a marca África do Sul valia cerca de 94 mil milhões de dólares no quarto trimestre de 2005, ou seja, 44% do PIB de 2004. A marca nacional do Egito está avaliada em 67 mil milhões de dólares, ou seja, 21% do seu PIB. O valor *per capita* da marca África do Sul (2282 dólares) e o do Egito (976 dólares) são superiores aos da China (549 dólares) e da Índia (270 dólares) ([29]).

Como vimos ao longo do livro, o entretenimento, a música e a literatura africanos estão a ganhar públicos e um reconhecimento cada vez maiores. A arte africana está também a atrair maior atenção e a conseguir preços mais elevados, como se pode verificar com a grande coleção de arte africana contemporânea do empresário italiano Jean Pigozzi. O mundo está a mudar a forma como vê a África.

Parte desta reformulação das marcas está orientada para os graves problemas que o continente tem à sua frente, bem como para temas como a corrupção e a deficiente liderança. Um executivo importante com quem falei apelidou o continente retratado pelos *media* ocidentais como a «África CNN». Apesar de esta cobertura salientar os problemas reais das doenças e das perturbações políticas, não apresenta o quadro completo da África. Don Cheadle, o ator que desempenhou o papel do herói em *Hotel Rwanda* [*Hotel Ruanda*] e é coautor de *Not Our Watch*, sobre a crise do Darfur, disse numa entrevista à revista *Time* que a maior necessidade do povo africano são melhores relações públicas. «Os noticiários adoram falar sobre todas as situações terríveis, mas resistem muito a falar dos sucessos.» ([30])

Iniciativas como os Diageo Africa Business Reporting Awards estão a ajudar a mudar este modo de ver. Estes prémios foram criados em 2004 para estimular e promover uma compreensão mais rigorosa e ampla do ambiente dos negócios – e das oportunidades – em África. A Diageo acredita que esta mudança de modo de ver é essencial para atrair mais investimento para o continente. A companhia, que fornece 4,5 mil milhões de unidades dos seus produtos todos os anos, em África, reconhece a força do mercado.

Os países e os empresários africanos estão também a criar produtos de marca como o Highland Teas, do Quénia, para se apropriar de uma maior fatia do valor das suas exportações. Este reconhecimento do valor da marca conduziu a um confronto entre a Starbucks e a Etiópia. O café etíope, pelo qual os agricultores são pagos a cerca de 66 cêntimos por quilo, é vendido nos Estados Unidos, pela Starbucks, por cerca de 11,79 dólares. A Etiópia tentou registar como marca comercial no U. S. Patent and Trademark Office o nome de três regiões etíopes produtoras de café (Yirgarcheffe, Harrar e Sidamo). O problema foi que a Starbucks já tinha registado a marca comercial Sidamo como «Shirkina Sun-Dried Sidamo». Isto levou a uma disputa entre um dos mais importantes países produtores de café e um dos mais importantes retalhistas vendedores de café. Chegaram a acordo em 2007, e em novembro desse ano a Starbucks anunciou planos para abrir um centro na Etiópia para ajudar os agricultores a aumentar a sua rentabilidade. Esta disputa sobre uma marca comercial mostra como os países africanos começam a reconhecer e a tirar partido do valor das suas marcas ([31]). Não estão dispostos a cedê--las com facilidade.

A nova empresa TCHO, com sede em São Francisco, desenvolveu um sistema sofisticado para analisar e classificar os grãos de cacau, uma exportação-chave da África. Para além da marca, isto poderia tornar o setor do chocolate mais parecido com os do vinho e do café, permitindo aos produtores reconhecer nele um maior valor.

Apelo à Ação

Um mercado com mais de 900 milhões de consumidores em África tem enormes implicações nos negócios (no continente e fora dele), nos investidores, nos decisores políticos e nos filantropos. A África está a transformar-se, mas há ainda muito trabalho a fazer. Há oportunidades para continuar a transformar a África num dos mais importantes mercados emergentes. Mas aproveitar esta oportunidade apresenta uma dificuldade aos vários acionistas que têm interesse que o mercado africano tenha êxito. Todos necessitam de estar concentrados em harmonizar o desenvolvimento social com o progresso económico sustentável.

O Setor Privado

Tal como se disse anteriormente, as companhias sabem que as pessoas que estão a ajudar em África são seus clientes e seus empregados. Nenhuma companhia pode operar em África, tal como noutros mercados emergentes, sem se envolver na saúde, na educação e noutros fatores de bem-estar que afetam diretamente as comunidades. As necessidades são grandes, mas as oportunidades também, porque as companhias têm as infraestruturas de comunicação, distribuição e inovação mais desenvolvidas para satisfazer essas necessidades.

Há muitas oportunidades em África que não foram aproveitadas. Embora agentes locais como o Mr. Biggs, na Nigéria, e a Innscor, no Zimbabué e em muitas outras zonas, tenham construído negócios de restauração florescentes, os agentes importantes como a McDonald's e a Pizza Hut têm uma presença reduzida na África subsariana. Quando pedi a Marcel Portman, da International Franchise Association, em Washington, para me apresentar a algumas companhias de restaurantes norte-americanas que estivessem presentes na África subsariana (exceto na África do Sul), em 2006, não pôde. Elas simplesmente não operavam ali. Em vez disso, apresentou-me a companhias com sede em África, como a Innscor, que vimos no capítulo 1, «Fabricar Pão no Zimbabué».

As companhias que estão presentes em África têm de pensar em transferir a sua sede para aqui. Muitas delas ainda têm sede no Reino Unido ou em França, mas com a melhoria das ligações aéreas e de outras infraestruturas pode ser que seja este o momento certo para gerir o continente a partir dele mesmo. Se se quiser vender em África, há que ir para lá. Muitos países ainda não perceberam como se faz negócio em África.

Como dissemos anteriormente, as companhias necessitam de criar produtos concebidos para este mercado. Também podem organizar aquelas partes do mercado que estão desorganizadas, como analisámos no capítulo 4. Por exemplo, uma companhia na Índia, a Babjob.com, criou um sítio de rede social para relacionar criadas, cozinheiros e motoristas com os empregadores. A companhia, fundada por um ex-empregado da Microsoft, está a organizar um mercado que era informal. Poderá o mesmo ser feito em África?

Também necessitamos de expandir a investigação farmacêutica em África. Poderemos instalar novos laboratórios de pesquisa e institutos em África para fazer investigação sobre doenças do continente, talvez com o auxílio de companhias farmacêuticas importantes, quer dos países desenvolvidos quer dos países em vias de desenvolvimento? Se as doenças estão em África, qual é a vantagem de fazer a sua investigação nos Estados Unidos? Também necessitamos de inovações na fixação dos preços e no marketing dos medicamentos. Por exemplo, a Wal-Mart anunciou em 2006 que, durante 30 dias, forneceria 150 genéricos por apenas 4 dólares, nos mercados dos Estados Unidos, e a Target rapidamente fez a mesma oferta. Se isto pode ser feito no país mais rico do mundo, por que razão um retalhista importante não o poderá fazer também em África?

As companhias necessitam de melhorar a qualidade dos seus dados sobre os mercados africanos (vd. p. seguinte). A África é um continente pobre em dados. As câmaras de comércio em África estão a ajudar a fornecer formação e informação aos seus membros. A África necessita de um recurso como o Marketing Science Institute (MSI), nos Estados Unidos, uma instituição com sede em Boston patrocinada por muitas companhias e que aborda o comportamento urgente dos consumidores e temas de marketing. Muitas companhias estão a financiar a sua própria investigação na África do Sul, mas se partilhassem os seus dados obteriam um retrato mais fiel do mercado africano e teriam uma melhor perspetiva de como penetrar nele. A identificação do segmento do «Diamante Negro» pelo Unilever Institute, na University of Cape Town, na África do Sul, é um exemplo de como a investigação pode ajudar a chamar a atenção para uma oportunidade crescente e atrair recursos para a aproveitar. Será possível às universidades e companhias de África apoiarem o lançamento de uma iniciativa mais ampla como o MSI que possa encorajar a investigação sobre os consumidores e os mercados africanos?

Deram-se passos importantes no sentido de preencher a lacuna dos dados. O African Development Bank, bem como a OCDE estão a apresentar relatórios anuais sobre a maior parte dos países africanos num formato padrão que facilita as comparações, embora não apresente informações específicas por atividade económica. Companhias de investimento como a Renaissance Capital estão também desenvolver operações sofisticadas de investigação e análise em África para orientar os investimentos.

Escassez de Dados

Há falta de dados fiáveis em África sobre os mercados. Daí a necessidade de ir para as ruas. Quando Deeppak Karcher, da Far East Mercantile Co. Ltd., quis entender o mercado de pneus da Nigéria, enquanto importador de pneus Firestone, enviou agentes para fazer o inventário das marcas nos camiões de 18 rodas. Desenharam folhas de registo e identificaram as marcas dos pneus nos referidos camiões. Karcher percebeu que sem dados fiáveis é necessário sair à procura deles nos locais adequados. O trabalho de campo permitiu-lhe expandir o negócio da Firestone de 256 000 dólares, em 1995, para mais de 2 milhões de dólares, em 2006.

De igual modo, a firma alemã de produtos de consumo Henkel entrou na Argélia através da sua divisão francesa, adquirindo em 2000 uma companhia estatal de detergentes, a Enad, que vendia um produto muito conhecido, o Isis. Ao longo dos anos, lançou vários novos produtos de sucesso para atrair diversos segmentos de mercado e competir com os novos concorrentes multinacionais. Numa conversa com o autor, Michael Katlama, atual diretor executivo, disse que uma das suas principais dificuldades era a falta de informação sobre o mercado. Não fazia ideia nenhuma de como era o mercado dos seus produtos. Embora fosse quase impossível obter boa informação na altura, a sua perseverança e a crença no mercado ajudaram-no a construir um negócio de sucesso e a desenvolver a sua própria informação sobre o mercado. Naturalmente, mostrou-se relutante em partilhar esta informação adquirida com tanta dificuldade quando falei com ele, em 2007.

Quando Bhudeb Mukherjee começou a fazer o marketing da Indo Mie Noodles, na Nigéria, em 2000, tirava a gravata ao fim do dia e, assumindo o papel de um humilde investigador, ia de porta em porta na cidade de Lagos perguntar como é que as famílias comiam a massa. Foi assim que Mukherjee ficou a saber que o produto era visto como uma refeição ligeira para as crianças, e não como um prato para a família. Não que os nigerianos fossem avessos a comer massa; apenas não a consideravam uma refeição. Com base nesse conhecimento, a companhia modificou o posicionamento do produto, passando a dar ênfase às refeições familiares. As vendas dispararam.

A Danone enfrentou dificuldades semelhantes no que respeita a dados quando começou a fabricar biscoitos, na Argélia, em 2004. Claude Joly, da Danone, contou-me, numa conversa em Tunes, em 2007, que um dos seus principais problemas era obter estimativas fiáveis e rigorosas sobre a dimensão do mercado e a sua repartição entre a concorrência local e a sua própria empresa. Com o passar dos anos, construiu uma organização de grande sucesso, fabricando produtos localmente e importando outros da Tunísia. Para obter melhores dados, trabalharam com a AC Nielsen, montando um painel nalgumas das lojas destinado a recolher informação sobre o mercado que fosse mais rigorosa.

Embora estes trabalhos heroicos sejam impressionantes e tenham prestado bons serviços aos gestores das empresas, continua a haver uma enorme necessidade de melhores dados em toda a África.

As ONG e os Ativistas

Os ativistas precisam de reconhecer a capacidade do povo africano para se ajudar a si mesmo e de aproveitar essa capacidade. Ao mesmo tempo, precisam de encorajar os empresários a concentrar-se nas necessidades imediatas. Algumas ONG estão a estabelecer parcerias com o setor privado para enfrentar questões como a melhoria da higiene e a promoção das mulheres.

As ONG necessitam de ser cuidadosas para ver como é que a sua atuação incentiva a dependência. Pode surgir o dia em que os países africanos, tal como a Índia após o *tsunami* de dezembro de 2004, recusem a ajuda externa e desenvolvam a sua própria capacidade de resposta a tais catástrofes. A ajuda necessita de se concentrar na remoção dos obstáculos e na criação de empresas sustentáveis. Neste aspeto, os agentes públicos e privados podem apresentar-se em perfeita sintonia.

Os Educadores

A África precisa desesperadamente de novas escolas, e em especial de adquirir competências técnicas e na área dos negócios, como vimos no capítulo 6. Universidades importantes estão a considerar criar novas faculdades de gestão, mas cerca de 80 dessas escolas para um continente de mais de 900 milhões de pessoas é ainda muito pouco. Por que razão é que Harvard, Wharton e outras faculdades de topo, que trabalham com dirigentes do setor privado, não poderão desenvolver uma escola em África semelhante à Indian School of Business ou às faculdades de Xangai, da Argentina e de outras partes do mundo? (Penso que esta ideia, cujo momento adequado chegou, pode estar já em discussão, mas há necessidade de muitas faculdades dessas.) Onde há uma tão grande necessidade de conhecimento e uma tão grande concentração de jovens, há oportunidade para fundar novas instituições que terão um enorme impacto no desenvolvimento da África. Os investimentos planeados pela International Finance Corporation na Universidade Mediterrânica do Sul, na Tunísia, bem como o envolvimento com a diáspora tunisina, constituem um exemplo do potencial dos esforços concertados para melhorar a educação em toda a África.

Empresários e fundações africanos e não africanos importantes deveriam pensar em criar instituições profissionais em África. A Monterrey Tech, uma universidade do México reconhecida em todo o mundo, foi criada em 1943 por um grupo de homens de negócios que pretendiam que fossem promovidos talentos destinados à economia mexicana. O multimilionário turco Hüsnü Özyegin investiu mais de 50 milhões de dólares na construção de uma rede de 36 escolas primárias e dormitórios nas zonas mais pobres da Turquia ([32]). Há muitas oportunidades para o setor privado e mesmo para os indivíduos privados terem impacto na educação em África.

Os Estados também podem desempenhar um papel, como se pôde ver com a colaboração entre os Estados francês e argelino para fundar L'École Supérieure Algérienne des Affaires (ESAA), na Argélia, com corpo docente vindo das faculdades francesas. Para compreender o impacto das iniciativas dos Estados, atentemos no Indian Institute of Technology (IIT), que foi inaugurado pelo primeiro ministro indiano Jawaharlal Nehru, em 1950, para dar ao país os engenheiros qualificados necessários para promover o seu progresso. Em 2007, havia mais de 100 000 licenciados, um quarto dos quais vivia nos Estados Unidos. Em julho desse ano, mais de 3500 alunos do ITT juntaram-se para uma reunião na Califórnia, que foi patrocinada pela Google, pela Microsft e pela General Eletric (que emprega 1500 licenciados pelo ITT) e onde foram apresentadas ideias importantes por Jeffrey Immelt, diretor geral da GE, e pela senadora Hillary Clinton (via satélite) ([33]). O IIT é muito competitivo e é considerado um líder global no domínio da engenharia. Não se poderia ter em África uma iniciativa similar? Onde está a versão africana do Indian Institute of Technology ou do Indian Institute of Management? O previsto Nelson Mandela African Institute of Science and Technology, concebido segundo o modelo do ITT, é um passo nessa direção, mas são necessárias mais instituições de ensino como esta.

Os estudantes africanos necessitam também de mais oportunidades para estudar no estrangeiro. Os estudantes internacionais, em primeiro lugar indianos e chineses, contribuíram no seu todo com 14,5 mil milhões de dólares para a economia dos Estados Unidos, em 2006-2007. A Índia enviou o maior contingente de estudantes (83 833), seguida da China (67 723). Entre os 25 primeiros, os únicos países africanos a enviar estudantes para programas norte-americanos foram o Quénia, com 6349, e a Nigéria, com 5943, segundo o relatório anual «Open Doors», do Institute of International Education (IIE), e o Bureau of Educational and Cultural Affairs, do Departamento de Estado norte-americano. Os licenciados indianos das universidades norte-americanas tiveram um grande impacto no seu país. Com mais de 900 milhões de pessoas em África, por que razão as universidades norte-americanas não recrutam mais estudantes africanos? O African American Institute, que atribui bolsas a estudantes e licenciados universitários, bem como para formação profissional a africanos no estrangeiro, desde 1953, deu importantes contributos nesta área. No entanto, há muito mais para ser feito.

Há também carências graves de ensino das crianças e dos jovens antes de entrarem para a universidade. Os investimentos nas escolas primárias e secundárias são fundamentais. A Índia privatizou essas suas escolas. O Estado não pode sustentá-las na totalidade, pelo que o setor privado assumiu a iniciativa e as companhias começaram a construir as suas próprias escolas. Embora haja escolas privadas em África, são necessárias muito mais escolas de qualidade. Também é vital apoiar ações que eliminem obstáculos à educação, como a iniciativa «Sempre na Escola», da P&G.

A Diáspora Africana

A diáspora africana está a surgir como um dos principais fatores de progresso no continente, como vimos no capítulo 8. Mais ninguém no mundo tem uma melhor compreensão das oportunidades que há em África e dos problemas específicos que podem ser ultrapassados com investimentos e novas empresas. Nenhum outro grupo tem maior interesse no sucesso da África. Os membros da diáspora necessitam de reconhecer que os seus investimentos se justificam, não só do ponto de vista do apoio humanitário às suas pátrias, mas também porque há uma oportunidade real de investir em empresas muito promissoras centradas nos mercados africanos.

Como estes investimentos são mais considerados investimentos, e não tanto como caridade, um grupo mais alargado de investidores da diáspora – incluindo afro-americanos, por exemplo – pode sentir-se atraído por estes mercados por razões económicas e culturais. A diáspora desempenhou um papel significativo no desenvolvimento da Índia e da China, facultando recursos e conhecimentos que não havia nestes países. Não poderia suceder o mesmo em África?

Os Meios de Comunicação Social

O desafio lançado aos meios de comunicação social é o de mostrarem um retrato completo de África, e não centrarem-se apenas nos títulos negativos que reforçam os estereótipos existentes. Há mudanças nesse sentido, com os prémios de reportagem sobre negócios da Diageo, as reportagens de Charlayne Hunter-Gault na NFR (e o seu livro *New News Out of Africa*) e a série televisiva e o documentário «Africa Open for Business» (*www.africaopenforbusiness.com*), de Carol Pineau. Novas fontes diretas de informação sobre a África estão a contribuir para preencher a lacuna, incluindo a *African Business*, a *Jeune Afrique*, em francês, e a Bizcommunity.com, que mostram um continente dinâmico com negócios prósperos. Artigos recentes de Thomas Friedman, do *New York Times*, chamaram a atenção para histórias positivas sobre empreendedorismo e negócios no continente. Precisamos de modificar o modo como vemos a África. Como Stephen Cohen, da Brookings Institution, disse em relação à Índia, num artigo no *Financial Times*, em agosto de 2007, já «não é um caso enorme e exótico de incapacidade irremediável» ([34]). Temos de fazer a mesma transformação na nossa ideia de África.

Os Líderes

Como Mo Ibrahim reconheceu, ao criar o seu prémio, a liderança nos negócios e na política dará forma ao futuro da África. Ao premiar os líderes, está a contribuir para que os incentivos económicos e uma melhor governação caminhem a par. Embora o Ruanda e outros países alimentem a esperança de desempenhar um papel de porta de entrada nas regiões da África semelhante ao de Singapura, têm de reconhecer que parte do segredo das reformas bem sucedidas de Singapura consistiu no facto de o Estado ter começado por oferecer salários competitivos aos seus funcionários. Sem este tipo de alteração, as iniciativas anticorrupção serão uma luta muito difícil de travar.

A ausência de estabilidade política tem custos elevados. Os conflitos armados em África custaram cerca de 284 mil milhões de dólares entre 1990 e 2007, o que equivale ao total dos donativos de ajuda mais importantes durante o mesmo período, segundo um estudo de 2007 da Oxfam International e dois grupos sem fins lucrativos de controlo de armas. (A boa notícia, contudo, foi que o estudo permitiu concluir que houve menos guerras destas do que cinco anos antes.) Todavia, a liderança e a estabilidade políticas são essenciais ao progresso económico.

Há necessidade de mais líderes políticos com visão e compaixão, bem como de líderes económicos com energia, conhecimento e perspetiva para dirigir as suas empresas num ambiente de tantas dificuldades como as que têm de enfrentar em África. Precisamos de líderes que demonstrem o género de compaixão e de empenho revelados no longínquo Butão por Sua Alteza a Rainha Ashi Dorji Wangmo Wangchuck. Ela entrou literalmente a pé pelas aldeias das zonas mais remotas do país, indo a lugares onde nem as ONG chegam, o que a levou a criar a Fundação Tarayana para servir o seu povo. Ela traçou o objetivo nacional de ter um Butão feliz e sem pobreza mediante programas que proporcionem educação, cuidados de saúde e outros serviços, envolvendo neles a juventude. O país está a transformar-se de outras maneiras, tornando-se voluntariamente numa monarquia constitucional, com o rei a abdicar a favor do filho. O país teve as suas primeiras eleições em março de 2008. Se um país pequeno e de recursos modestos como o Butão o pode realizar, então será possível em qualquer parte do mundo. Tudo o que é necessário é alguém de valor que o ponha em prática.

Estamos a ver surgir mais líderes competentes de que a África necessita para progredir. Ngozi Okonjo-Iweala, ex-ministra das Finanças e ex-ministra dos Negócios Estrangeiros da Nigéria, foi nomeada directora-geral do Banco Mundial, em outubro de 2007. Ela ajudou a orientar reformas económicas na Nigéria, incluindo o combate à corrupção, e chefiará agora o trabalho do banco na África, Sul da Ásia, Europa e Ásia Central. Economista formada pela Universidade de Harvard e pelo Massachusetts Institute of Technology, ela é um dos novos líderes que estão a ter impacto em África, e agora tê-lo-á também numa organização que está a desempenhar um papel importante no desenvolvimento deste continente. Precisamos de mais líderes como ela. A Goldman Sachs lançou uma iniciativa importante, em 2008, para ajudar a que estejam bem preparados. A iniciativa «10 000 Mulheres», financiada com um donativo de 100 milhões de dólares da Goldman Sachs e a colaboração de mais de uma dúzia das melhores faculdades e universidades de gestão de todo o mundo, ajudará a desenvolver as capacidades empresariais e de liderança das mulheres dos países em vias de desenvolvimento, incluindo o Quénia, a Tanzânia, a Nigéria e o Ruanda.

O Fórum Económico Mundial sobre África está congregar líderes empresariais e políticos africanos e do resto do mundo para lidar com os problemas com que o continente se defronta. O seu 17.º fórum em África, realizado na Cidade do Cabo, em junho de 2007, analisou os progressos e as dificuldades do continente, incluindo a necessidade de capacidade de construção e implementação melhoradas ([35]). Proporcionou um fórum crítico para discutir temas, fornecer informações e chamar a atenção para o continente. O Commonwealth Business Council, do Reino Unido, fundado em 1997, está também a encorajar os estudos, a cooperação e os investimentos informados entre as economias desenvolvidas e a África. Quando a African Venture Capital Association, que tem chamado a atenção mundial para os investimentos no continente, realizou o seu sétimo encontro anual no Botsuana, em março de 2008, o título da conferência foi «O Despertar da África». Este é outro sinal do interesse crescente e do otimismo em relação a estes investimentos ([36]). Os novos African Business Awards, criados pela revista *African Business*, em 2008, foram pensados para homenagear a excelência empresarial, promovendo as melhores práticas a nível mundial no domínio dos negócios (*www. theafricanbusinessawards.com*). Ao reconhecer a liderança, estas iniciativas encorajarão o seu desenvolvimento.

Aproximar os Mundos Desenvolvido e em Vias de Desenvolvimento

Em 2006, os norte-americanos gastaram 41 mil milhões de dólares em comida para animais de estimação. Este valor é quase igual às remessas enviadas para o continente africano pelos seus emigrantes fora dele (se incluirmos as remessas não oficiais). Este dado estatístico é surpreendente. É um sinal de como os Estados Unidos são hoje muito mais ricos.

Por outro lado, quando visitei Harare, no verão de 2006, havia comida para gatos nas prateleiras do supermercado. Havia alguém que comprava comida para animais domésticos num país onde a maioria dos consumidores tem grande dificuldade apenas para comprar o suficiente para se manter viva. Apesar das estatísticas dos Estados Unidos mostrarem a distância que a África tem de percorrer, também revelam o seu potencial de crescimento.

Vimos em muitos países desenvolvidos a rapidez com que puderam ser transformados pelo que se designou «milagres económicos». De facto, estes chamados milagres são o produto de políticas esclarecidas e de energia empresarial que desbloqueiam o potencial dos países. Ora, por um lado, este tipo de energia empresarial já pode ser detetado por toda a África e, por outro, as mudanças políticas estão a ser introduzidas. É improvável que algum país africano possa criar riqueza que rivalize com os Estados Unidos, a Europa ou o Japão durante a minha vida. No entanto, também é claro que, face aos dados da demografia e às respetivas taxas de crescimento, estes mercados são o futuro. Terá o continente potencial para demonstrar o mesmo nível de crescimento que a Índia e a China? Penso que sim.

Vivemos num mundo que mudou em aspetos fundamentais. As relações entre o mundo desenvolvido e o mundo em vias de desenvolvimento estão mais fortes. O fluxo de emigrantes e de ideias está a processar-se nos dois sentidos. Os mercados estão ligados de formas novas. Isso pode ser verificado com o aumento do *software* livre, que está a mudar os conceitos de negócio e de comércio. Na verdade, um destes sistemas operativos desenvolvidos pela comunidade e de acesso livre tem um nome surpreendentemente familiar: Ubuntu. Este *software* grátis, o Ubuntu (*www.ubuntu.com*), um sistema operativo para ambientes de trabalho, mostra a capacidade que a comunidade tem para promover o desenvolvimento e oferecer recursos ao mundo em vias de desenvolvimento.

Em África, tal como tem acontecido noutras áreas em desenvolvimento como a Índia e a China, apesar dos estilos diferentes de governo, a maior esperança para apoiar o progresso pode ser o desenvolvimento económico e o empreendedorismo. Como continente, a África tem muitos problemas. Mas os empresários reconhecem que os problemas são também oportunidades e estão a aproveitá-las, desde as pequenas empresas estimuladas pelo microcrédito até às companhias africanas pioneiras e às multinacionais. Há um espírito otimista e uma determinação cada vez maiores, sobretudo entre a crescente população jovem. Tal como disse em 2008 numa entrevista ao *Financial Times* a cantora sul-africana Simphiwe Dana, vencedora do Prémio SAMA: «A minha esperança em relação às crianças do continente africano é que onde os seus pais falharam elas possam ter êxito» ([37]).

Reinventar a África

Chak de India! é uma expressão de incentivo na Índia, bem como o título de um filme de sucesso de Bollywood que conta a história fictícia de uma equipa feminina de hóquei em campo de estatuto inferior e um treinador desonrado que acabam por ganhar o título mundial. Significa mais ou menos «Índia, tu consegues!» Um colega meu diz que talvez devêssemos dizer *«Chak de Africa!»* Concordo com ele, e este sentimento está a ser expresso por todo o continente, embora não exatamente com estas palavras. Há um novo espírito de otimismo.

Uma das coisas que mais me surpreenderam na maior parte das minhas vistas ao continente e nas conversas com uma extraordinária amostra de empresários, executivos de topo e outros líderes dos setores sem fins lucrativos e privado foi a resistência da África. Tem a capacidade de se reinventar continuamente.

Há camadas e camadas de civilizações que convivem lado a lado, como os olhos da esfinge que olham com atenção na direção dos edifícios modernos do Cairo e, à distância, para um novo supermercado Carrefour. O Khan Al-Khalili, no Cairo, é um dos bazares mais antigos de todo o mundo, tendo sido fundado mais de um século antes de Cristóvão Colombo ter feito a sua viagem ao Novo Mundo. Passear pelas suas ruas estreitas faz os visitantes regressar ao passado. No entanto, nele também existe um restaurante moderno de cinco estrelas, o Naguib Mahfouz, nome do laureado com o Nobel da Literatura que era seu cliente assíduo. O restaurante, gerido pelos Oberoi Hotels, da Índia, é um acrescento moderno que se integra harmonicamente no centro deste bazar antigo e movimentado. A companhia gere também um dos melhores hotéis, à sombra das pirâmides, no Cairo, um dos *resorts* mais luxuriantes do mar Vermelho e alguns dos mais bonitos navios de cruzeiro do Nilo.

Um dos exemplos mais surpreendentes do caráter integrador da sociedade africana, e sobretudo da sul-africana, é o imponente Voortrekker Monument. É uma torre monumental, entre Joanesburgo e Pretória, donde se tem uma vista espantosa sobre o campo. Este memorial comemora a viagem dos holandeses desde o cabo da Boa Esperança até ao coração da África do Sul. As pinturas no museu da cave mostram os pioneiros em batalhas com os Zulus, uma guerra que os colonos europeus começaram por vencer, mas acabaram por perder com o fim do *apartheid*. O museu ainda ali está, integrado pacificamente na rica tapeçaria que é a história complexa do país.

O El Djazair Hotel, onde fiquei quando estive em Argel, tem mais de 100 anos. Chamava-se originalmente St. Georges Hotel e acolheu reis, duques e outros dignitários. Durante a II Guerra Mundial, de novembro de 1942 a dezembro de 1943, o general Dwight D. Eisenhower fez do hotel o seu quartel-general. Quando lá me hospedei, pedi para dar uma olhadela ao quarto de Eisenhower. Este ficaria certamente surpreendido se o visse hoje. Depois da placa que recorda a sua passagem, a primeira coisa que se vê é uma televisão Samsung de ecrã plano. Eisenhower nunca teria imaginado, numa época em que os Aliados estavam em guerra na Ásia, que o quarto teria um produto de uma companhia coreana. É um sinal das enormes transformações que o mundo sofreu e a que a África naturalmente não foi alheia.

Moulay Idriss, no Norte de Marrocos, é uma das cidades mais antigas e mais santas do país. Muitos peregrinos muçulmanos vão todos os anos visitar ali o túmulo do imã homónimo, bisneto do profeta Maomé. Apesar disso, na cidade mais santa de Marrocos, logo à porta do lugar de sepultura, vi os vendedores ambulantes com filmes de Bollywood pirateados, bem como sapatos, roupa e outros produtos chineses. Estes comerciantes asiáticos penetraram no coração da mais velha e santa das cidades. É um sinal das profundas transformações dos mercados africanos.

A África está cheia destas surpresas, como vimos múltiplas vezes no «safari aos consumidores» descrito neste livro. Antigas zonas de guerra tornam-se centros de comércio estáveis. Companhias como a Samsung e muitas outras estão a descobrir oportunidades por toda a África, não só para fornecer televisores a hotéis de cinco estrelas como o El Djazair, mas igualmente nas mais pobres e populosas das ruas vizinhas. Apesar das múltiplas dificuldades, a África está a crescer, a mudar e a progredir mais rapidamente do que muitos esperariam.

Se o leitor pôs a África de parte, é tempo de dar uma olhadela. «Passe pelo mercado», como nós fizemos neste livro. É evidente nas ruas e nos parlamentos que a África está a mudar, que a África está a despertar. Há paixão na voz dos empresários, interesse crescente e até entusiasmo nas lideranças das companhias globais, determinação nas palavras dos membros da diáspora e otimismo entre a juventude africana. O mercado africano está a mexer-se. Para quem não fez investimentos, nem está envolvido com o que se passa aqui, pode não ser demasiado tarde para participar no despertar da África. Como diz um velho provérbio africano, «A melhor época para plantar uma árvore foi há 20 anos. A segunda melhor é agora».

Oportunidades Crescentes

- Quais são as oportunidades que permitem participar no despertar da África?
- Quais são as oportunidades que permitem abrir negócios em África, ao mesmo que se satisfazem necessidades sociais? Como se poderá ter bons resultados quando se pratica o bem?
- Quais são as abordagens empresariais para satisfazer as necessidades médicas, de água, higiene, etc.?
- Que contribuições são possíveis para a tripla linha de baixo?
- Quais os desafios para participar no despertar da África e como podem ser ultrapassados?

Notas

Prefácio

(¹) Ramachandra Guha, «Great Expectations», *Financial Times*, 6 de abril de 2007, W6.

Capítulo 1

(¹) *New York Times*, 2 de maio de 2006.
(²) «At African Waterfall Visitors Confront a Tale of Two Cities», *Wall Street Journal*, 29 de dezembro de 2006, Al.
(³) «Africa's Top 1000 Companies», *African Business*, abril de 2006, 34.
(⁴) «Kroners for Cronies», *The Economist*, 26 de julho de 2007, 47.
(⁵) «Zimbabwe: Heinz Sheds Its Interest», *New York Times*, 4 de setembro de 2007.
(⁶) «Zimbabwe's Battle of the Brands», *African Marketing*, <www.bizcommunity com/Article/410/82/16734.html>.
(⁷) Desmond Walters, «SA Retailers Rough It Out in Zim», 25 de julho de 2007, *Bizcommunity.com, www.bizcommunitycom*.
(⁸) Sarah Childress, «Investors Go to Treacherous Places Seeking Returns», *Wall Street Journal*, 17 de novembro de 2007, B-1.
(⁹) Michael Bleby, «Black Middle Class Drives Demand», *Financial Times*, 22 de maio de 2007.
(¹⁰) Jenny Wiggins, «Diageo to Expand Guinness Sales in Africa», *FT.com*, 25 de julho de 2007.
(¹¹) Laura Blue, «Life in the Land of a Thousand Welcomes», *Time*, 6 de setembro de 2007.
(¹²) «As Its Brands Lag at Home, Unilever Makes a Risky Bet», *Wall Street Journal*, 22 de março de 2007.

(¹³) Jonathan Guthrie, «The Emigrant Empire-Builder», *Financial Times*, 14 de junho de 2006.
(¹⁴) «China, Filling a Void, Drills for Riches in Chad», *New York Times*, 13 de agosto de 2007.
(¹⁵) William Wallis, «Drawing Contours of a New World Order», *Financial Times*, 24 de janeiro de 2008, número especial, l.
(¹⁶) «Egypt Sees China Replacing US as Top Trade Partner by 2012», *Wall Street Journal*, 7 de setembro de 2006, A8.
(¹⁷) Harry G. Broadman, «Africa's Silk Road: China and India's New Economic Frontier», Washington, *The World Bank*, 2007, 2.
(¹⁸) Celia W. Dugger, «In Africa, a More Business-Friendly Approach», *New York Times*, 6 de setembro de 2006.
(¹⁹) Anver Versi, «Donald Kaberuka: Africa's Unique Window of Opportunity», *African Banker*, verão de 2007, 16.
(²⁰) «Going on Down», *The Economist*, 8 de junho de 1996.
(²¹) Nicholas Kristoff, «Optimism and Africa», *New York Times*, 3 de outubro de 2006.
(²²) Andrew England, «Rwanda: The Task of Rebuilding A Nation», *Financial Times*, 5 de dezembro de 2006.
(²³) «Oil Could Break or Make Africa's Largest Country. But At the Moment There Is More Breaking Than Making», *The Economist*, 9 de dezembro de 2006.
(²⁴) <www.moibrahimfoundation.org>.
(²⁵) Mo Ibrahim, conversa telefónica com o autor, 16 de agosto de 2007.
(²⁶) Patrick Awuah, conversa telefónica com o autor, 30 de maio de 2007.
(²⁷) Lydia Polgreen e Marjorie Connelly, «Poll Shows Africans Wary, but Hopeful about the Future», *New York Times*, 25 de julho de 2007, A6.
(²⁸) «2004's Nobel Peace Prize Winner Looks Back», CNN, <wvw.msnbc.msn.com/id/9533147/>.

Capítulo 2

(¹) <www.diplomatie.gouv.fr/en/country-files_l56/north-africa_5493/france-and-maghreb_5495/france-maghreb-relations_8837.html>.
(²) Comunicação ao autor, por e-mail, 17 de dezembro de 2007.
(³) <www.bizcommunitycom/Article/410/78/19999.html>.
(⁴) Paul Collier, *The Bottom Billion: Why the Poorest Countries Are Failing and What Can Be Done About It*, Oxford University Press, 2007.
(⁵) Peter Wonacott, «Lawless Legislators Thwart Social Progress in India», *Wall Street Journal*, 4 de maio de 2007, Al.
(⁶) «The Good, The Bad, and The President», *The Economist*, 3 de janeiro de 2008.

(⁷) *2007 African Development Indicators*, International Bank for Reconstruction and Development, The World Bank, outubro de 2007, vii.
(⁸) Neil Ford, «African Growth Will Hit 6% This Year, Says Report», *African Business*, outubro de 2007, 72-73.
(⁹) «2007 World Population Data Sheet», Population Reference Bureau, <www.prb.org/pdf07/07WPDS_Eng.pdf>.
(¹⁰) «Foreign Direct Investment Reached New Record in 2007», UNCTAD, 8 de janeiro de 2008, <www.unctad.org/'Templates/Webflyer.asp?docID=9439&intItemID=2068&lang=l>.
(¹¹) Stephen Williams, «The Henshaw Fund's Barbara James», *African Banker*, outono de 2007, 15-16.
(¹²) Neil Ford, «South Africa Joins Elite FDI Destinations», *African Business*, março de 2008, 26-27.
(¹³) Neil Ford, «Record FDI for Africa», *African Business*, janeiro de 2008, 24.
(¹⁴) «Once Bitten, Twice Shy», *The Economist*, 7 de junho de 2007.
(¹⁵) A African Venture Capital Association anunciou que os investimentos no continente atingiram 948 milhões de dólares em 2005.
(¹⁶) Kate Burgess, «Private Equity Explores the Sub-Sahara», *Financial Times*, 10 de agosto de 2007.
(¹⁷) Omar Ben Yedder, «Neil Harvey of Renaissance Capital», *African Banker*, 1.º trimestre de 2008, 24-27.
(¹⁸) Alec Russell, «Angola Turns into Investors' Hot Spot», *Financial Times*, 23 de agosto de 2007.
(¹⁹) «Nigerian Bonds: No Laughing Matter», *The Economist*, 25 de janeiro de 2007, 77.
(²⁰) «On Safari», *The Economist*, 15 de dezembro de 2007, 84.
(²¹) Friedrich Schneider, «Size and Measurement of the Informal Economy in 110 Countries Around the World», apresentado num seminário do Australian National Tax Centre, ANU, Camberra, Austrália, 17 de julho de 2002.
(²²) Men and Women in the Informal Economy. International Labour Organisation (2002).
(²³) «Forces for Change: Informal Economy Organizations in Africa», War on Want, 2006, <www.waronwant.org/forcesforchange>.
(²⁴) «Mobiles Lead Growth in African Media», *African Business*, março de 2007, 8.
(²⁵) «Buy, Cell or Hold», *The Economist*, 25 de janeiro de 2007.
(²⁶) <www.bizcommunitycom/Article/410/78/16382.html>.
(²⁷) Abeer Allam, «Egyptian Mobile Phone Provider Treads Where Others Dare Not», *New York Times*, 13 de fevereiro de 2006, 6.
(²⁸) Leonard Waverman, Meloria Meschi e Melvyn Fuss, «The Impact of Telecoms on Economic Growth in Developing Countries», Vodafone Policy Paper Series: Africa: The Impact of Mobile Phones, n.º 2, março de 2005.

(²⁹) Jane Croft, Peter Thal Larsen e John Reed, «Barclays plans integration after Absa bank deal», *Financial Times*, 9 maio de 2005, <http://search.ft.com/ftArt icle?queryText=barclays+purchases+absa&y=0&aje=true&x=0&id=0505090 05334&ct=0>.
(³⁰) <www.africasia.com/resources/pressreleases/ AfricanBankerAwardsWinners.pdf>.
(³¹) John Reed, «Mobile Users Branch Out», *Financial Times*, 6 de outubro de 2005.
(³²) Martin Meredith, *The Fate of Africa: From the Hopes of Freedom to the Heart of Despair*, New York, Public Affairs, 2005, 14.
(³³) «Hallelujah!» *The Economist*, 22 de julho de 2006, 46.
(³⁴) James McBride, «Hip-Hop Planet», *National Geographic*, abril de 2007.
(³⁵) «What Muslim Women Want», *Wall Street Journal*, 13 de dezembro de 2006.

Capítulo 3

(¹) Eric Bellman, «In India, a Retailer Finds Key to Success Is Clutter», *Wall Street Journal*, 8 de agosto de 2007, A-1.
(²) A classe C é diferente das definições de «classe média». O Banco Mundial calcula que haja 43 milhões de pessoas na classe média oficial, em África, em 2030, ou seja, mais do triplo dos 12,8 milhões de 2000. No entanto, o Banco Mundial define a classe média em geral como os indivíduos com rendimentos entre cerca de 4000 dólares e 17 000 dólares (PPC) (*), ou seja, entre os rendimentos *per capita* do Brasil e da Itália. Com apenas quatro pessoas por família, em geral, isso significa um rendimento anual por família de 16 800 dólares a 72 000 dólares (PPC). Isto representa um limiar muito elevado para a classe média e não reflete necessariamente a verdadeira dinâmica do mercado. Cf. «Global Economic Prospects, 2007: Managing the Next Wave of Globalization», The World Bank, Washington, 2007.
(³) Michael M. Phillips, «In Africa, Mortgages Boost an Emerging Middle Class», *Wall Street Journal*, 17 de julho de 2007, A-1.
(⁴) «Africa's Rich Grow Richer», *African Business*, agosto/setembro de 2007, 8.
(⁵) Haig Simonian, «Nestlé Charts Low-Income Territory», *Financial Times*, 12 de julho de 2004.

(*) PPC: paridade do poder de compra. É um método de estimar o poder de compra que utiliza a taxa de câmbio implícita na despesa necessária para comprar o mesmo cabaz de bens e serviços em diferentes países. Foi concebido para ultrapassar as deficiências das taxas de câmbio efetivas, que subestimam sistematicamente o nível de vida dos países mais pobres. Todavia, o método tem as suas próprias limitações, como, por exemplo, a que resulta da dificuldade de definir um cabaz de compras que seja significativo para todos os países. (N. T.)

Capítulo 4

(¹) Oliver Heins, analista de retalho, Planet Retail, «A Race for Opportunities: Top 30 Grocery Retailers in Africa & the Middle East, 2006», <http://planetretail.net>.
(²) <www.pepkor.co.za/index.html>.
(³) <vwvw.bizcommunitycom/Article/410/78/17144.html>.
(⁴) Sherif Coutry, FP7egypt.com.
(⁵) Clark Boyd, «Pay-as-You-Go Software for the Developing World», *Technology Review*, 25 d julho de 2007.
(⁶) Dan Chapman, «Your Cast-offs, Their Profits», *Atlanta Journal Constitution*, 24 de dezembro de 2006, A-l.
(⁷) <http://abcnews.go.com/WNT/story?id=2851172&page=l&CMP=OTCRSSFeeds0312>.
(⁸) Jason McClure, «The Makings of Motown in Addis Ababa?», *BusinessWeek*, 10 de setembro de 2007.
(⁹) «Uganda to Assemble Chinese Cars», *African Business*, janeiro de 2008, 8.
(¹⁰) John W. Miller, «Africa's New Car Dealer: China», *Wall Street Journal*, 28 de agosto de 2007, BI.
(¹¹) David Gauthier-Villars, «Ghosn Bets Big on Low-Cost Strategy», *Wall Street Journal*, 4 de setembro de 2007, A8.
(¹²) Michael Arndt e Caroline Ghobrial, «Knock Knock, It's Your Big Mac», *Business Week*, 23 de julho de 2007, 36.
(¹³) Andrew Jack, «Lethal Doses», *Financial Times*, 7 de abril de 2007.
(¹⁴) Barney Jopson, «Unilever Looks to Clean Up in Africa», *Financial Times*, 15 de novembro de 2007.
(¹⁵) Michael Fleshman, «Global Aids Treatment Drive Takes Off», *Africa Renewal*, abril de 2005, 20.
(¹⁶) «Aspen's upward slope», *The Economist*, 6 de outubro de 2005, <www.economist.com/business/displaystorycfm?story_id=E1_QQJNRRQ>; Relatório annual Aspen Holdings 2007, <www.aspenpharma.com/aspen_ar_2007/financial_ highlights.htm>.
(¹⁷) «Africa: LG Advances into Emerging Continent: Korean Companies Hope to Tap into Rising African Consumer Market», *Korea Times*, quinta-feira, 9 de novembro de 2006.

Capítulo 5

(¹) Michael Wines, «Toiling in the Dark: Africa's Power Crisis», *New York Times*, 29 de julho de 2007.

(²) Barry Bearak e Celia W. Dugger, «Power Failures Outrage South Africa», *New York Times*, 31 de janeiro de 2008.
(³) «The Dark Ages», *The Economist*, 31 de janeiro de 2008.
(⁴) «Western Union Awards Winners», *African Banker*, 1.º trimestre de 2008, 4.
(⁵) Michael Wines, «Toiling in the Dark: Africa's Power Crisis», *New York Times*, 29 de julho de 2007.
(⁶) <www.kickstart.org/home/>.
(⁷) Sam Olukoya, «Answering the Call of Nature in Lagos», BBC News, 16 de novembro de 2006.
(⁸) Priya Sahgal, «Toilet Training», *India Today International*, 19 de novembro de 2007, 42-43.
(⁹) Neil Ford, «Seeking Water Solutions for Africa», *African Business*, janeiro de 2008, 30-32.
(¹⁰) Amanda Leigh Haag, «Stove for the Developing World's Health», *New York Times*, 22 de janeiro de 2008.
(¹¹) Christopher Rhoads, «An Entrepreneur Has Quixotic Goals of Wiring Rwanda», *Wall Street Journal*, 17 de agosto de 2006, A-1.
(¹²) <www.internetworldstats.com/statsl.htm>, acedido em 7 de fevereiro de 2008.
(¹³) Zachary Ochieng, «Race for Fibre Optic Cable Heats Up», *Africa Marketing*, 31 de julho de 2007, <www.bizcommunity.com/Article/410/144/16700.html>.
(¹⁴) «High-Speed Internet for Africa», *Time*, 20 de agosto de 2007, 17.
(¹⁵) «African Nations Agree to $1 Billion Indian Satellite Project», Tripoli Post, <www.tripolipost.com/articledetail.asp?c=2&i=1402>.
(¹⁶) <www.fgcwireless.com>.
(¹⁷) <www.bibalex.org>.
(¹⁸) Alina M. Chircu e Vijay Mahajan, «Revisiting the Digital Divide: An Analysis of Mobile Technology Depth and Service Breadth in the BRIC Countries», 21 de junho de 2007, McCombs Graduate School of Business, University of Texas, Austin.
(¹⁹) «Bleak Publishing Houses», *The Economist*, 24 de novembro de 2007, 54.
(²⁰) «Africa's Green Revolution», *African Business*, dezembro de 2006, 12-16.
(²¹) «Impact of Biotechnology in Africa», Peter Rammutla, National African Farmer's Union.
(²²) Celia Dugger, «In Africa, Prosperity from Seeds Falls Short», *New York Times*, 10 de outubro de 2007.
(²³) Thandiwe Myeni, «Benefits of Biotechnology to Small Scale Farmers: Case Study Makhatini», conferência Bio 2003.
(²⁴) «Local heroes», *The Economist*, 3 de fevereiro de 2007.
(²⁵) Prefácio a «Comprehensive Africa Agriculture Development Program» (CAADP), projeto da NEPAD para revitalizar o setor agrícola do continente.

Capítulo 6

(¹) *2007 World Population Data Sheet*, Population Reference Bureau, 6, <www.prb.org/pdf07/07WPDS_Eng.pdf>.
(²) «World Population Prospects: Highlights», The United Nations, Department of Economic and Social Affairs, Nova Iorque, 2007.
(³) George B. N. Ayittey, *Africa Unchained: The Blueprint for Africa's Future*, Palgrave MacMillan, 2005.
(⁴) Binyavanga Wainaina, «Nairobi: Inventing a City», *National Geo*graphic, setembro de 2005, <www.nationalgeographic.com/ngm/0509/ feature2/index.html>.
(⁵) <wvw.bizcommunitycom/Article/410/66/16325.html>.
(⁶) <vww.bizcommunitycom/Article.aspx?c=74&1=410&i=17252&#contact>.
(⁷) <www.henry4gold.com/index.htm>.
(⁸) Susan Taylor Martin, «Doll that has it all (almost)», *St. Petersburg Times*, 18 de maio de 2005, <http://www.sptimes.com/2005/05/18/Tbt/Doll_that_has_it_all_.shtml>.
(⁹) NPD Group, <http://www.toyassociation.org/AM/Template.cfm?Section =Industry_Statistics&CONTENTID_3884&TEMPLATE_/CM/Content Displaycfm>.
(¹⁰) <http://www.toysrus.com/our/intUintlAfrica.cfm>.
(¹¹) «A Not-So-Simple Plan to Keep African Girls in School», *New York Times*, 12 de novembro de 2007, A-11.
(¹²) <www.nepad.org/2005/news/wmview.php?ArtID=36>.
(¹³) Andrea Bohnstedt, «Top Marks for Classmate», *African Business*, janeiro de 2008, 46.
(¹⁴) Case Study: Bridging the Digital Divide in South Africa's Western Cape School System, <www.ncomputing.com>.
(¹⁵) <vww.cu.edu.eg/english/> .
(¹⁶) <http://ed.sjtu.edu.cn/rank/2007/ARWU2007TOP5001ist.htm>.
(¹⁷) «Global MBA Rankings», *Financial Times*, <http://rankings.ft.com/global-mba-rankings>.
(¹⁸) «Deans Create First Africa-wide Association of African Business Schools», comunicado à imprensa da IFC, <http://ifc.org/ifcextlbsn.nsf/AttachmentsByTitle/Association_Joint_Press_Release_Oct_05/$FILE/Association_Joint_Press_Release_Oct_05.pdf>.
(¹⁹) Della Bradshaw, «A Study in African Ingenuity», *Financial Times*, 13 de janeiro de 2008.
(²⁰) Della Bradshaw, «African Schools in Search of New Ideas», *Financial Times*, 19 de fevereiro de 2007.
(²¹) Anthony Njagi, «PS Warns Illegal Colleges», *Daily Nation*, 24 de julho de 2006, 6.

(²²) David White, «Business Education: A University at Minimum Cost», *Financial Times*, 12 de julho de 2004.
(²³) Eileen Daspin e Ellen Gamerman, «The Million-Dollar Kid», *Wall Street Journal*, 3 de março de 2007.
(²⁴) Allison Samuels, «Oprah Goes to School», *Newsweek*, 8 de janeiro de 2007.
(²⁵) <www.ft.com/appea12007>.
(²⁶) Celia W. Dugger, «Very Young Populations Contribute to Strife, Study Concludes», *New York Times*, 4 de abril de 2007.
(²⁷) Sam Knight, «Births of a Nation», *Financial Times*, 29 de fevereiro de 2008.

Capítulo 7

(¹) A. O. Scott, «Ousmane Sembene, 84, Led Cinema's Advance in Africa», *New York Times*, 11 de junho de 2007, A-1.
(²) «Nollywood Dreams», *The Economist*, 27 de julho de 2006; «Nollywood Blazes a Trail in Africa», *Hindustan Times*, 24 de março de 2006, 16.
(³) <www.bizcommunitycom/Article/196/17/16359.html>.
(⁴) <www.bizcommunitycom/Article/196/122/16251.html>.
(⁵) «Precious Goes to Hollywood», *The Economist*, 26 de julho de 2007, 47.
(⁶) Merissa Marr, «Disney Rewrites Script To Win Fans in India», *Wall Street Journal*, 11 de junho de 2007, Al.
(⁷) <www.multichoice.co.za>.
(⁸) <www.worldspace.com>.
(⁹) «New Kid on the Stock», *The Economist*, 7 de junho de 2007.
(¹⁰) Ted Johnson, «Cost Conundrum: As Congloms Squeeze Movie Prod'n Costs, Primetime TV Budgets Start to Soar», *Variety*, 29 de outubro de 2006, <www.varietycom/article/VR1117952819.html?categoryid=l4&cs=1&query=cost+of+producing+television+episode>.
(¹¹) «Polygamy Beams», *The Economist*, 19 de novembro de 2005, 90.
(¹²) Thomas Crampton, «Wireless Technology Speeds Health Services in Rwanda», *New York Times*, 5 de março de 2007.
(¹³) Timothy Kasonde, «Interactive Mobile Phones for Zambian Farmers», Biz community.com, junho de 2007, <www.bizcommunitycom/Article/410/78/15689.html>.
(¹⁴) David Wessel, «Paper Chase: South Africa's Sun Targets New Class», *Wall Street Journal*, 17 de agosto de 2007, A-1.
(¹⁵) Lydia Polgreen, «Monrovia Journal; All the News That Fits: Liberia's Blackboard Headlines», *New York Times*, agosto 4, 2006.
(¹⁶) «Oprah Winfrey of Middle East Under Fire», *Egyptian Gazette*, 18 de setembro de 2006, 1.
(¹⁷) David White, «Hollywood's Flirtation with Africa», *Financial Times*, 7 de fevereiro de 2007.

Capítulo 8

[1] «Home Sweet Home, for Some», *The Economist*, 11 de agosto de 2005.
[2] Jason DeParle, «In a World on the Move, a Tiny Land Strains to Cope», *New York Times*, 24 de junho de 2005, A-1.
[3] <http://ipsnews.nednews.asp?idnews=34964>.
[4] <www.migrationinformation.org/datahub/countrydata/data.cfm>.
[5] Renwick Mclean, «Spain Scrambles to Cope with Tide of African Migrants», *New York Times*, 19 de março de 2006.
[6] Carol Matlack e Joan Tarzian, «Say Hello to the Folks Back Home», *Business Week*, novembro 2006, 14.
[7] «Africa's Share of Remittances: $20 Billion and Counting», *African Banker*, 1.º trimestre de 2008, 14-15.
[8] Jason DeParle, «Western Union Empire Moves Migrant Cash Home», *New York Times*, 22 de novembro de 2007.
[9] Charlene Smith, «Beating Poverty through the Black Market», *Business in Africa*, maio de 2006, 59-61.
[10] <www.africadiaspora.com/2005/events/ag/index.php>.
[11] Charlene Smith, «Beating Poverty through the Black Market», *Business in Africa*, maio de 2006, 59-61.
[12] Richard Lapper, «The Tale of Globalisation's Exiles», *Financial Times*, 27 de agosto de 2007.
[13] William Wallis, «The Brotherhood», *Financial Times*, 30 de agosto de 2007.
[14] «Program Speeds Remittances with Cell Network», *Marketing News*, 1 de março de 2007, 29.
[15] <www.waterhealth.com/worldwide-operations/ghana.php>.
[16] «Africa Is Global Star Again», *African Business*, março de 2007, 12.
[17] Vishakha Talreja e Moinak Mitra, «Incredible India Not Too Credible Among Tourists», *Economic Times*, 27 de setembro de 2007, 5.
[18] Trevor Ward, «International Hotel Chains Wake Up to African Potential», *African Business*, agosto/setembro de 2007, 48-50.
[19] <wwv.pataks.co.uk/storyhtml>.
[20] Monica Davey, «In Bridge Collapse, Refugee Group Faces a New Ordeal», *New York Times*, 8 de agosto de 2007.
[21] <www.maishafilmlab.com>.
[22] Michael Backman, «UK Indians Taking Care of Business», *The Age*, 8 de março de 2006.
[23] William St. Clair, *The Grand Slave Emporium*, Londres, Profile Books, 2006, 3.
[24] <http://abcnews.go.com/Business/WireStory?id=2857064&page=1>.
[25] Caroline Brothers, «Immigrants Flock Proudly to Musee du Quai Branly», *New York Times*, 21 de agosto de 2006.
[26] Conversa com os autores, 8 de fevereiro de 2008.

Conclusão

[1] <www.highlandteacompany.com>.
[2] Taressa Stovall, «High (land) Tea Come to Montclair», *Montclair Times*, 18 de janeiro de 2006.
[3] <http://rainwater.org/rainwater_press.html>.
[4] *Parade* (revista), 10 de dezembro de 2006, 24.
[5] Michael D. Conway, Srishti Gupta e Kamiar Khajavi, «Addressing Africa's Health Workforce Crisis», *McKinsey Quarterly*, novembro de 2007, 1-12.
[6] «Health Care in Africa: Of Markets and Medicines», *The Economist*, 22 de dezembro de 2007, 121.
[7] «Malaria: Net Benefits», *The Economist*, 31 de janeiro de 2008.
[8] Donald G. McNeil, «Child Mortality at Record Low; Further Drop Seen», *New York Times*, 13 de setembro de 2007.
[9] <www.goldmansachs.com/iffim/>.
[10] Jeffrey D. Sachs, «What a Little Fertilizer Can Do», *Time*, 26 de julho de 2007, 54.
[11] <http://abcnews.go.com/International/Politics/story?id=3399100>.
[12] <www.ashoka.org/node/3915>.
[13] Sheridan Prasso, «Saving the World with a Cup of Yogurt», *Fortune*, 5 de maio de 2007.
[14] <http://other90.cooperhewitt.org>.
[15] <www.freeplayfoundation.org/>.
[16] Christopher Palmeri, «Innovation Case Study: GE», *Business Week*, 12 de março de 2007, 24.
[17] No final do seu primeiro ano, a campanha Red gerou cerca de 20 milhões de dólares para África, mas os retalhistas gastaram no conjunto entre 50 milhões e 100 milhões de dólares a fazer o marketing dos seus produtos. Os críticos também disseram que há falta de transparência em relação ao lucro da campanha. (Ron Nixon, «Bottom Line for (Red)», *New York Times*, 6 de fevereiro de 2008.)
[18] William Easterly, *The White Man's Burden: Why the West's Efforts to Aid the Rest Have Done So Much Ill and So Little Good*, Nova Iorque, Penguin Press, 2006, 4.
[19] Gregory Clark, *A Farewell to Alms: A Brief Economic History of the World*, Princeton, N. J., Princeton University Press, 2007.
[20] Michael Holman e Greg Mills, «The 2,000-Day Challenge: Planning an End to Aid in Africa», Brenthurst Discussion Papers, abril de 2006.
[21] Uzodinma Iweala, «Stop Trying to "Save" Africa», *New York Times*, 15 de julho de 2007, B07.
[22] Celia Dugger, «Rock Star Still Hasn't Found the African Aid He's Looking For», *New York Times*, 15 de maio de 2007.
[23] «Helping Africa Help Itself», *The Economist*, 2 de julho de 2005, 11.

(24) *The Trouble With Africa: Why Foreign Aid Isn't Working*, Robert Calderisi (org.), Nova Iorque, Palgrave MacMillan, 2006.
(25) <www.goodafrican.com/index.php>.
(26) Andrew Rugasira, «The Economic Medicine That Kills», *Telegraph*, 31 de julho de 2005, <www.telegraph.co.uk/money/main.jhtml?xm1=/money/2005/07/31/ ccuganda31.xm1&menuId=242&sSheet=/money/2005/07/31/ixcoms.html>.
(27) Jason Pontin, «What Does Africa Need Most: Technology or Aid?» *New York Times*, 17 de junho de 2007, <http://select.nytimes.com/mem/tnt. html?tntget=2007/06/17/business/yourmoney/17stream.html&tntemaill=y&e mc=tnt&pagewanted=print>.
(28) Alguns indivíduos estão a contornar os Estados e as organizações de ajuda para fornecer assistência às comunidades africanas. Pelo menos 30 organizações, como a Ambassadors for Children e a Nomad Foundation, oferecem oportunidades para cidadãos particulares utilizarem o seu período de férias em projetos de serviços em África, incluindo no Níger, Malawi, Quénia, Marrocos, Tanzânia e África do Sul. Estas «férias de voluntários» proporcionam oportunidades de serviço que vão de menos de uma semana a seis meses. Claire Spiegel, «In Niger, Using Vacation to Help the World's Poor», *New York Times*, 20 de agosto de 2006.
(29) National Brands Index, Q4 Report, 2005, 3.
(30) «10 Questions», *Time*, 28 de maio de 2007, 6.
(31) Stephan Faris, «Starbucks vs. Ethiopia», *Fortune*, 26 de fevereiro de 2007; «Ending Dispute, Starbucks Is to Help Ethiopian Farmers», *New York Times*, 29 de novembro de 2007.
(32) Landon Thomas, Jr. «Emerging Marketing Produce New Giving», *International Herald Tribune*, 14 de dezembro de 2007, 1.
(33) Jyoti Thottam, «A Reunion at the "MIT of India"», *Time*, 9 de julho de 2007, <www.time.com/time/business/article/0,8599,1641232,00.html>.
(34) Stephen Cohen, «No Longer a Large, Exotic Basket Case», *Financial Times*, 14 de agosto de 2007.
(35) <www.weforum.org/en/events/ArchivedEvents/WorldEconomicForumon Africa2007/index.htm>.
(36) <http://2008conference.avcanet.com/conference_Home.html>.
(37) David Honigmann, «That Old Fighting Spirit», *Financial Times*, 1 de março de 2008.

Agradecimentos

Um livro com um âmbito tão amplo depende do apoio e da amabilidade de muitas pessoas, que partilharam o seu conhecimento e as suas histórias de sucessos e fracassos. Embora não seja possível nomear todos os que de alguma forma contribuíram para este projeto ao longo dos anos da sua incubação e execução – e aqui apresento as minhas desculpas pelas omissões –, gostaria de agradecer a tantas pessoas quanto me é possível.

Estou agradecido pelo entusiasmo da Coca-Cola no planeamento e desenvolvimento deste projeto, sobretudo pelo envolvimento de Alex Cummings, na África do Sul, Andrew Morrison e Andrew Bienkowski, em Londres, bem como Vikas Tiku, Anne Sefu, Anne Sefu-Kobai e Racquel White. Estou grato pela ajuda de Maria Sidel, Zanele Sisilana, Angie Ho e Tshidi Lebobe, da Coca-Cola da África do Sul; Lanya Stanek da Coca-Cola África; Niyi Ayanlowo e Adeyanju Olomola da Nigerian Bottling Company Plc; e Venkatesh Kini, da Coca-Cola Índia. Agradeço também os conhecimentos de Alison Clark, Selina Masooane e Sgidi Sibeko, da Hope Worldwide; e Corne Theron, Boyce Lloyd e Melanie Louw, da ABI; da Coca-Cola Nigéria e África Equatorial, Irene Ubah, Anne Harte, Ruth Ode, Dayer Oluwla e Emka Mba; da Coca-Cola África Central & Oriental (Quénia), Maserame Mouyeme, Titus Mutiso, Suzan Maioienga, Suzan Maioienga e Clarice Odhiambo; no Egito, Simon Bartlett e Sherif Coutry (Fortune Promoseven); e em Marrocos, Jamila Diani, Curt Ferguson, Adel El Fakir, Samia Bouchareb, bem como Souane Abdelrahmain e Abdelkrim El Boukhari, da COBEGA Bottling.

Muitas pessoas da Unilever contribuíram para este projeto, incluindo Gail Klintworth, Ed Hall, Kim Daniel, Gavin Neath, Cliff Grantham e

Debby Lee, da Unilever South Africa (Pty) Ltd.; Richard Morgan do Africa, Middle East and Turkey Group, da Unilever; e Gill Harrower, que pertenceu ao Unilever HIV/AIDS Resource Centre; na Nigéria, Fidelia Osime, Tim Rump e Vera Ezomo; no Quénia, David Mureithi, Dominic Kimani, Richard Ponsford, Margaret Mwaura e Hilda Maina; em Marrocos, Ton Anbeek e Kenneth Bornauw; e da Unilever África Austral (Zimbabué), Johnson Gapu, Vimbai Mkhosana, Edith Dewe e Emilia Ndawana. Estou também grato pela ajuda de Doug Baillie, da Hindustan Lever.

Estou agradecido pelo envolvimento desde a primeira hora, e depois constante, de Mathew Barwell, da Diageo Africa, bem como dos seus colegas Norah Odwesso, Ivan Menezes, Bev Burnham, Gail Bradley, Reema Kapadia, Matthew Charlick, Ese Akpogheneta e Janette Kuntscher; ao pessoal da Guinness na Nigéria, incluindo Archie Sadza, Cherry Eromosele, Charles Ogunwuyi, Francis Agbonlahor, Onyekachi Onubogu, Michael Onuoha, Doug Nicholls e Ted Engelke; e, no Quénia, a Patricia Ithau, Gerald Mahinda e Ken Kariuki, da East African Breweries Limited.

O Barclays Bank foi um parceiro de enorme valor, incluindo o tempo generoso de Dominic Bruynseels, Anurag Saxena, Jackie J. Wilken e Janice Kemoli, no Quénia; Stewart Lockie, Fatima El Ibrashi, Rasha Negm e Maha Wafai, no Egito.

Pelo seu entusiasmo sobre o mercado africano e *The 86% Solution*, os meus agradecimentos ao grupo do Novartis Emerging Growth Market (EGM) – Jesus Acebillo, Hans Berger, Lorenzo Cazzoli e Laura Utsat – e aos seus muitos colegas na Novartis, incluindo Kevin Kerr, Stefan Stroppel, Christian Ripoche, Chris Ufomadu, Mburu Karanja e Usegun Omalambe (Nigéria); bem como ao Dr. Klaus Leisinger e Marta Ros, da Novartis Foundation, e Noëlle Jude, das Novartis Malaria Initiatives. No Egito, os meus agradecimentos ao Dr. Frederic Guerard, Dr. Ali Ghamrawy, Dr. Hussein El-Shishtawi e Mounaz Attar, bem como a Omneya Ismail, da Thomas Cook Novartis. Muitos agradecimentos também a Ranjit Shahani, da Novartis Índia, por me apresentar ao colegas do grupo EGM.

As agências publicitárias de toda a África foram muito úteis a este projeto. Da Saatchi & Saatchi, estou grato a Eric Frank, na Cidade do Cabo; na Nigéria, Udeme Ufot, Kemi Eubota, Ayo Elias, Friday Okuwe, Femi Eslio e Biodun Adefila; no Quénia, Catherine Kinyany e Karen Gikunda, da MCL Saatchi & Saatchi; e Wael Hussein, da Saatchi & Saatchi do

Egito. Na África do Sul, agradeço também os conhecimentos de Nicole Wills, da Stick; Lynn Madeley, da Lowe Bull; Sharon Keith, Ed Hobson e Sindiswa Mbude, da Brandhouse; e Craig Morris, da RedRocket; na Nigéria, estou grato pela ajuda de Tolu Ogunkoya, da MediaReach OMD Nigéria, e Dele Dele-Olukoju, da Richardson & Briggs; no Quénia, Sameer Ambegaonkar, Thomas Omanga e Karen Ketibi, da Lowe Scanad Kenya; Lolu Akinwunmi e Paschal Anyaso, da Prima Garnet Ogilvy-Nigeria; no Zimbabué, Alice Bare, da CM&A Ogilvy; e Mehdi Saqi, da McCann de Marrocos.

Os meus sinceros agradecimentos a Ketan (e à sua mulher Kanika) Patel, então na Innscor, pelos seus conhecimentos e pela sua hospitalidade, bem como aos colegas Peter Innsley, Leighton Shaw e Suriya Narayanan; Vince Hogg, da Innscor Distribution; Isaac Sibanda, Andrew Nzuwa, Georgiana Sitole, Isaac Sibanda e Garikal Ntuli, da Innscor Africa Ltd.; e Ian Dupreez e sua família, da Shearwater Adventures, nas cataratas Vitória.

Pelos seus conhecimentos acerca de fundos de investimento estou muito grato a Barbara James, da African Venture Capital Association; Jag Johal, da CBA Capital Partners Limited; Runa Alam, que pertenceu à Zephyr Management LP.; Sivendran Vettivetpillai e Shakir Merali, da Aureos Capital; Jayesh Shah, do Sumaria Group; Piers Cumberlege, da Cordiant; e Mahesh Kotecha e Sharon Ryan, da SCIC.

Na África do Sul, gostaria de agradecer ao cônsul-geral da Índia, Suresh K. Goel, por tantos contactos na África do Sul, e a Vijay Nakra, da Mahindra South Africa; Ravikant, Atul Dhagat e Rustom Nagporewalla, da Tata Motors Ltd.; Ranjan Chakravarti, da Ranbaxy (S. A.) Ltd., Dilnaz J. Gilder, do Tata Group, na Índia; e Niranjan Limaye, Deepak Gupta e Sushant Mehta, do ICICI Bank. Fico grato também pela ajuda de Luanne Grant, da American Chamber of Commerce, na África do Sul; e os conhecimentos de Peter Pickering, da Pioneer Hi-Bred RSA (Pty) Ltd., Worede Woldemariam, da Pioneer-Ethiopia; Patrick Rogiers, Lehethi Thibethi e Mala Suriah, da 3M South Africa; Dave Botha, da IBM South Africa; Thoko Mokgosi-Mwantembe e Claude Ibalanky, da Hewlett--Packard South Africa (Pty) Ltd.; e Conrad Leigh e Bruce Cockburn, da Leaf Wireless. Os meus agradecimentos a Mthuli Ncube, Geoff Bick, Frederick Ahwireng-Obeng, David Dickinson e Charisse Drobis, da

Wits Business School; Steven M. Burgess, da University of Cape Town Graduate School of Business; Simon Maxwell, do Overseas Development Institute; e Peter Draper, do South African Institute of International Affairs. Os meus agradecimentos igualmente a Steve Fitzgerald, da CC Africa; Fred Swaniker, da African Leadership Academy; Michael Farr, da South African Breweries Limited; e ao meu motorista Josias Matlala, da Imperial Chauffer Drive, que foi muito mais do que um motorista, pois serviu--me de guia no mercado de retalho e como observador astuto da vida na África do Sul.

Na Nigéria, estou grato a Bhudeb Mukherjee, da Tower Aluminum Nigeria Plc; da High Commission of India, em Abuja, Nigéria, H. H. S. Viswanathan, alto-comissário, Anil Trigunayat, alto-comissário adjunto, e Awadh Kumar; Suresh Chellaram, Premender Sethi, Dr. H. S. Batth, S. S. Kulkarni e Bunmi Akinwale, da Chellarams, Plc; Deepak Karcher, da East Mercantile Co. Ltd.; N. K. Somani e Ashutosh Bhargava, da Dangote Sugar; Joseph Chibueze, do *Financial Standard*; Sanjeev Tandon, Brig. P. S. Gill (Rtd.) e Sanjeev Tandon, da Multi-Links; Prakash Keswani e Rajesh Syal, da Park n Shop (Artee Group); e Dr. Bosun Arilesere, do Epe General Hospital; Wole Ajao Adesoh Johal e Christopher Patrick; M. Sidharthan, da Pepsi/Seven Up Nigéria, e Pradipta Mitra, do RMS International Group. Estou grato pelos conhecimentos do Professor Pat Utomi, da Faculdade de Gestão de Lagos, e ao conhecimento empresarial de Peter Bamkole, Nneka Okekearu e dos colegas da Enterprise Development Services, da Pan-African University, em Lagos.

No Quénia, os meus agradecimentos a Titus Naikuni e Windrose Mungai, da Kenya Airways; Fatima Alimohamed, da Bidco; Mark Gathuri, do Nairobi Serena Hotel; Dr. Joseph Barrage Wanjui, da University of Nairobi; Manu Chandaria e Hirji Shah, da Comcraft; Mwangi Mathai, A. M. Kelkar e R. S. Patil, da Kirloskar Kenya Limited; James Mathenge, da Magadi Soda; Anna Othoro, da Celtel Kenya Ltd., Catherine Ngahu, da SBO Research; Samuel Gathama, da PioneerHiBred; Kaushik Shah, da Mabati Rolling Mills Ltd.; Atul Shah e Thiagarajan Ramamurthy, da Nakumatt Holdings Inc.; Lawrence Muye, do Muthaiga Golf Club; Anil Ishani, da Aga Khan Development Network; Tim Carson, da MicroKenya; Mohanjeet Brar, da Gamewatchers Safaris in Kenya; Benjamin Mouton; e Joseph Kinyua e Philip Wambugu do Intime Sightseers & Safaris.

Também fico grato pela ajuda de Adema Sangale, Tarek El Bardi, Greg Allgood e Alvaro Restrepo, da Procter & Gamble, Southern & Eastern Africa.

No Zimbabué, estou grato a K. H. Patel, da Barons Fashion, Natu Patel, da Enbee Schoolwear, e Oliver Masawi, da Imba Matombo.

No Egito, agradeço a muitos colegas da Universidade Americana, no Cairo, pelos seus conhecimentos, incluindo David e Sherry Arnold, M. Maged Abaza, Sherif Kamel, Ahmed Tolba, Ahmed Taher, Ronald Fullerton, Nancy Martin, Rowaida Saad El Din, Sarah Tarek e Ragia Mansour. Os meus agradecimentos a Mohanad Adly, da Metro; A. S. Sundaresan, da SCIB Paints; Suketa Mehta e Mahendra Patil, da Kirloskar; Moataz Al-Alfi, da E. K. Holding Co.; Amgad El Mofty, Borhan El Kilany, Karim Zein e Tarek Tawfik, do Americana Group; Michel Accad, que pertenceu ao Citigroup; Ian Gray, Khaled El-Khouly, Hazem Metwally e Jasmeen El Bashary, da Vodafone; A. Gopinathan, embaixador da Índia; Ram Narayana Boga e Iman Tolba, do State Bank of India; Chandra Srivastava, da Indo Egyptian Fertilizer Company; Sameh Abhallah Aly, do Khan El Khalib Restaurant; K. K. Baweja, da indústria têxtil; Essam Mohsen El Hennawy, da Al-Mansour Automotive; Amin El Masri, da ASAP Film Production; Ihab Baligh Shoukry, da Procter & Gamble; Sanjiv Malhotra, da Oberoi Hotels and Resorts; Youssef El-Deeb, da Takhayal Entertainment; Yasser El Sayyad, da Multi Service for Trade; Ahmed Abdoun, Sara El Refaie e Iman M. Tolba, da Creative Lab and MarketingMix; K. N. Agarwal, Mona Abbas Morsi e Mirette Medhat, da Alexandria Carbon Black Co. S.A.E.; D. Banerjee e Jaideep Mazumdar, da embaixada da Índia; e aos meus motoristas Yaser Afifi e Imad. Estou também grato a Rania Succor, da McKinsey and Company, por me apresentarem a várias individualidades no Egito.

Em Marrocos, gostaria de agradecer a Ali Lakhdar, da LGE; Hassan Joundy, do Marriott; Abdesslam Sijelmassi, da IlaiCom; Mohammed Iqbal El Kettani, da Associação de Agentes Imobiliários; Ghita Smyej e Aida Jbilou, da Hewlett-Packard; Soraya Sebti, do BMCE Bank; Hicham Said e Khalid Azbane, da Azbane Cosmetics; Ali Kettani, da Sigma; Farid Benchekroun, de The Savola Group; Abderrafie Hamdi e Sanaa Ziati, do Ministério para a Comunidade Marroquina Residente no Estrangeiro; Rabia El Alama e Carl Dawson, da Câmara de Comércio Americana;

embaixador norte-americano, Thomas Riley, e embaixador indiano, Prabhu Dayal. Da Universidade Al Akhawayn, agradeço a ajuda de Driss Ouaouicha, Otmane Taoufiq, Moha Abdelkrim, Madjouline El Hossouni, Waha El Garah, Michel Lessure, L. Houssaine Chirich, Hassan Radoine, Aziza Boumahdi, e aos meus motoristas Houcine Ougchchou e Brahim Douche.

No Uganda, um agradecimento a Rodney Schuster, da Uganda Microfinance Limited; e Roni Madhvani, do Madhvani Group. No Gana, os meus agradecimentos a Patrick Awuah, da Ashesi University. Na Etiópia, agradeço os conhecimentos do diretor geral Girma Wake e a ajuda de Guenet Berhe, da Ethiopian Airlines, bem como aos principais industriais, incluindo Tsegaye Abebe e Zewde Worku.

Na Argélia, estou grato a Slim Othmani, da NCA-Rouiba, um empresário espantoso, e à sua assistente Nina Rouabhi, bem como a Tarik Chenikhar, da On Time Travel, por todos os preparativos. Gostaria também de agradecer a Bobby Salwan, da Tata Motors, e à sua mulher, Rosy Sharma; Chafiq Hammadi, do Bel-group; Fodil Korichi e Vincent Pinault, da Numidis-Cevital; embaixador Ashok K. Amrohi e os seus colegas da embaixada indiana; Michel Katlama, da Henkel; Kamal Driss e Boutheina Beznine, do Citigroup; Professor Bruno Ponson, da ESAA; Francesc Goula, da Fruital; Riad Fechkeur, da Redmed; Khayam Turki, da EIIC; Claude Joly, da Danone; e da embaixada dos Estados Unidos, Jeff Mazur, Rafik Mansour, Nabila Hales e Kamel Achab.

No Senegal, estou grato ao embaixador Parbati Sen Vyas e a Alok Jha, da embaixada indiana; Assobga Fanta Sidibe; Sonatel Mobile Senegal; Abhashek Singh Tata Motors/Senbus Industries; Fabrice Sawegnon e Steve Fayomi, da Vodoo Communications; e ao meu motorista Ousman Cisse.

Na Tunísia, os meus agradecimentos a Mahmoud Triki, Maha Chaieb, Ihsen Jarraya e Ramzi Hosni, da South Mediterranean University Business School; Salah Jarraya, Sofia Souissi e Salah Jarraya, da UTIC; Yahia Bayahi, Leila el Kebir e Taieb Ghachem, da TPR; embaixador Basant Gupta, da embaixada indiana; Souheil Kallel e os seus colegas da ASSAD; Monojeet Pal e os seus colegas do African Development Bank, bem como sua mulher, Divya Kapoor; Ferid Tanfous, da ATB; Meriem Gaieb, do Maille Club; Ahmed e Maher Bouchamaoui, da Al Majd Holding; François Lucas, da Tunisie Telecom; Frederic Pecastaings, do Groupe Mabrouk;

Hassen Zargouni, da Sigma; Brahim Laroui, da Coke; Habib Bouaziz, Selma Bouaziz e os seus colegas da SNB; embaixador Robert Godec e Dorothy Shea, da embaixada norte-americana; Aziz Mebarek, da Tuninvest, e o meu motorista, Fakhri Kholfaoui.

Agradeço a muitas pessoas importantes que cederam parte do seu tempo para falar comigo para este projeto, incluindo o fundador da Celtel, Mo Ibrahim (e Robert Watkinson, de Portland, que mo apresentou, bem como Diana Jackson), e estou grato a Sua Alteza a rainha do Butão, Ashi Dorji Wangmo Wangchuck, e à sua assistente, Chime Paden Wangdi. Agradeço o entusiasmo cedo manifestado e os conhecimentos de Demba Ba, Vyjayanti Desai e Praveen Kumar, do Banco Mundial; Sherry Lee Abrahams, do Corporate Council on Africa, e Les de Villiers, da Business Books International (autor de *Africa 2007*). Agradeço igualmente as apresentações de S. M. Gavai, cônsul geral da Índia em Houston, no Texas, e a ajuda de Cecilia Kwak e David J. Olson, da Population Services International, Chhavi Sharma da Freeplay Foundation, Anne Marie Burgoyne, da Draper Richards Foundation, e Harish Kotecha, de Austin, no Texas. Agradeço a muitas organizações que estudam a África e elaboram relatórios sobre ela e, em particular, a Robin Parker e Rod Baker, da Bizcommunity.com, e Carol Pineau, da Africa Open for Business.

Agradeço os conhecimentos sobre a diáspora e sobre investimentos ao Dr. Titi Banjoko, da Africa Recruit, e Maude Meier, da SC Johnson. Agradeço também a Marcel Portman, da International Franchise Association; Jane McPherson e Lee Vala, da Quiznos. Estou grato pelos conhecimentos de Millie Naa Lamle Wulff, da Stanford University, Lee V. Cassanelli, da University of Pennsylvania, e Al Greco e Hans Zell, sobre o setor editorial em África. Agradeço também a ajuda de Martyn J. Davies, da Emerging Market Focus, Richard Boulter, da DFID, Jean Philippe Prosper e Jacqueline Omoke, da International Finance Corporation, do Quénia, e James Viray, da Texas Global.

Agradeço os conhecimentos e o apoio de colegas de todo o mundo, alguns dos quais refiro nos parágrafos dedicados aos respetivos países. Este livro não teria surgido sem o apoio e o encorajamento de muita gente da Universidade do Texas, em Austin, incluindo o reitor, George Gau, David Platt, Florence Atiase, Rob Meyer, Juliet Walker, Mark Regnerus, Susie Brown, Della Tyus, David Wenger, Susannah Raulino, Eli Cox, Raj

Raghunathan, Garret Sonnier, Frenkel Ther Hofstede, Josephine Mabry Nan Watkins e Dorothy Carner. Fico grato também aos estudantes do MBA Lookman Olusanya, Olamide Ogungbesan e Pedro Silva pelos seus contributos.

Gostaria também de agradecer ao meu amigo e colega Jerry Wind, e a Tim Moore e Martha Cooley, da Prentice Hall, pelo seu empenho neste projeto. Agredeço muito a Betsy Harris e Keith Cline, pela sua competência editorial, tendo introduzido muitas melhorias no manuscrito, bem como a ajuda de Susann Sams e John Pierce, da Prentice Hall.

Um agradecimento especial a Said Azbane, Gail Klintworth, Slim Othmani, Mahesh Kotecha, Farid Benchakroun, Robert Godec, Florence Atiase, Fatima Alimohamed, Janice Kemoli, Ihab Baligh e a muitos outros que fizeram comentários extensos e judiciosos ao manuscrito.

Uma agradecimento muito afetuoso aos meus filhos Ramin e Geeti por se terem voluntariado para investigações complementares e terem posto ao meu dispor com regularidade notícias e artigos sobre a África.

Last, but not least, os meus agradecimentos especiais e a minha gratidão ao meu amigo e editor Robert Gunther, por ter acreditado neste projeto. Apesar dos seus problemas de saúde, não só me acompanhou em viagem a alguns dos países africanos, mas incentivou-me constantemente a introduzir abordagens diferentes. Robert, és o maior.

Índice Remissivo

Abdou, Fifi, 69
Abdul Rahman Ibrahima Ibn Sori (príncipe da África Ocidental), 210
Abebe, Tsegaye, 134, 135, 270
Absa Group, 20, 62, 63, 70
Accor (cadeia de hotéis), 205
acesso à Internet, 136-138, 185-186
acesso móvel. *Vd.* telemóveis
acordos de comércio entre países africanos, 46
Actis Real Estate Investment Fund, 102
Addy, Tralance, 203
Adebare, Rotimi, 21
Adichie, Chimamanda, 141
AES Corporation, 127
África. *Vd. também* nomes dos países africanos
   civilizações antigas e modernas na, 249-251
   comércio asiático na, 26-28
   comparações com a Índia, 8-10
   crescimento das companhias em, 22-25
   crescimento do setor bancário, 62-65
   crescimento do setor dos telemóveis, 60-62
   diversidade religiosa em, 67-70
   empreendedorismo em, 28-31
   estatísticas económicas, 18
   estatísticas populacionais, 52, 150-151
   investimento em, 34-35
   Irlanda e a, 21-22
   maiores companhias na, 20
   oportunidades de mercado. *Vd.* oportunidades de mercado
   otimismo em, 37-40
   perigos na, 71
   PNBC (produto nacional bruto *per capita*), 43
   resiliência em, 249-251
   setor do transporte aéreo, 47-48
   segmentos da, 73-74. *Vd. também* África Um, África Dois, África Três
   aspirações, 88-90
   exemplos de produtos para os, 83
   imprecisão das fronteiras entre, 91
   sofisticação tecnológica da, 185-187
África do Sul
   BBBE (Broad-Based Black Empowerment) Act, 51
   canais de distribuição, 109-110
   classe média na, 20
   comércio asiático na, 26
   conhecimento das marcas, 120-122, 236
   crescimento das empresas na, 25
   desportos na, 155-156
   diáspora africana, dimensão da, 195
   economia informal, 57
   escolas de gestão, 166
   escolas na, 166
   indústria aeroespacial na, 39

indústria automóvel na, 107
indústria cinematográfica, 173-176
indústria farmacêutica, 116
inovações na energia, 129
investimentos de *private equity* na, 53
otimismo na, 38
papel de porta de entrada da, 49
proteção da propriedade intelectual, 187-188
redes de energia, 127
religião, efeito nos negócios, 68
remessas para a, 199
serviços bancários eletrónicos, 140
setor bancário na, 63
setor da televisão, 178
sistemas de transporte, 118
transformação do carvão em petróleo, 146
venda a retalho, organização do mercado de, 98-101
vendas de bebidas alcoólicas, 89
vendas de cerveja, 89-90
VIH/SIDA na, 219
Voortrekker Monument, 250
África Dois,
  exemplos de produtos para, 73-83
  exemplos de, 74-76
  lojas de retalho, 78-79
  mercado de habitação, 78
  produtos de cuidados pessoais, 81-82
  produtos para melhorar as casas, 79-81
  retalhistas de moda, 83
  utensílios, 82
Africa Harvest Biotech Foundation International (AHBFI), 143
Africa Online, 194
África Oriental, música na, 154
Africa Partners Medical (APM), 223
África subariana. *Vd. nomes dos países subsarianos*
África Três, 73, 83, 86-88
África Um, 73, 83-86
African Banker Awards, 63

African Braids, 207
African Business (revista), 17, 20, 49, 63, 182, 245, 247
African Business Awards, 247
African Business Research Ltd, 49
African Development Bank, 29, 53, 142, 240, 270
African Heritage Inc., 211
African Laser Centre, 143
African Leadership Academy, 268
African Venture Capital Association (AVCA), 54, 247, 267
African Wind Energy Association, 128
AfricaNews, 181
Africanhair.com, 207
africanos ricos, 193
AfricaRecruit, 59, 194, 202
Afrohair.com, 207
Aga Khan Development Network (AKDN), 226, 268
Aga Khan Fund for Economic Development (AKFED), 205
Agarwal, K. N., 145
agrícola, setor, 142-144
Agu, Forster, 105
água da chuva, filtragem da, 222
água engarrafada, vendas de, 87
água no Gana, fornecimento de, 203
água potável, fornecimento de, 132
água, transporte de, 230
AHBFI (Africa Harvest Biotech Foundation International), 143
Ahmed and Maher Bouchamaoui Group, 112
Ahmed, Samira, 69
Air Maroc, 133, 206
Ajram, Nancy, 154
ajuda, projetos de (efeitos dos), 231-236. *Vd. também* contribuições de caridade; mercado ubuntu
Akinwunmi, Lolu, 38, 267
Akunyili, Dora, 114
Al Akhawayn University, 165, 270

ÍNDICE REMISSIVO | 275

Al Kharafi, Nasser, 110
Al Limby (filme), 172
Al Majd Holding, 112, 270
Al-Alfi, Moataz, 269
Alam, Runa, 56, 57, 267
Alexandria Carbon Black, 144, 145, 146, 269
Alfeld, Haiko, 29
Alford, Terry, 210
algodão, cultivo do, 143
Alimi, Yomi, 208
Alimohamed, Fatima, 88, 268, 272
All African Peoples Organization, 211
Al-Sharbati, Abdul Rehman, 68
Amazing Grace (filme), 155
Amazon, 140
American Express, 231
American University, 163, 164
Americana, 110-112, 269
Amin, Idi, 30, 190, 209, 233
Amin, Mervat, 69
AMSCO, 195
análise de tendências no mercado dos jovens, 156
Anderson, Nick, 186
Angola, 26, 44, 52, 56, 89, 182, 208, 226
Annan, Kofi, 144, 212
Anthony, Donald, 105
anúncios de marcas nas paredes, 171, 184, 191
APM (Africa Partners Medical), 223
ar limpo, fornecer, 132
ar, purificação do, 132
Arab Tunisian Bank (ATB), 78
Argélia
  companhias locais na, 66
  educação na, 243
  indústria automóvel na, 107
  informação sobre o mercado, 240-241
  investimento do Médio Oriente na, 55
  investimentos de *private equity* na, 53-55
  investimentos pela diáspora africana, 202
artigos de mercearia, como método de enviar remessas, 200, 201

ascendência indiana, africanos de, 209
Ashesi University, 35, 270
Ashi Dorji Wangmo Wangchuck (rainha do Butão), 246, 271
Ashoka, 228
Ásia, comércio com a África, 26-28. Vd. *também* nomes dos países asiáticos
Asian Paints, 80
Aspen Pharmacare, 116
aspirações
  dos pais, 158
  dos segmentos de mercado africanos, 89-91
ASSAD, 128, 270
Association of African Business Schools (AABS), 164
ATB (Arab Tunisian Bank), 78, 270
atitude do mercado dos jovens, 166, 168
ativistas, papel nas oportunidades de mercado, 242
Attieh, Karim, 181, 182
automóvel, mercado de segunda mão no setor, 106
AVCA (African Venture Capital Association),
Awuah, Patrick, 35, 270
Ayittey, George, 152
Azbane Cosmetics, 102, 269
Aziz, Dalal Abdel, 69
Bagayogo, Magara, 128
Bajaj Auto Ltd., 107
Baligh, Ihab, 157
bamaru (Estados «doentes»), 50
bancário, setor
  crescimento em África, 62-65
  Hanouti, colaboração com a, 95
  serviços bancários eletrónicos, 140
  setor dos telemóveis, colaboração com o, 64
Banco Mundial, 18, 27, 29, 51, 52, 53, 54, 115, 129, 137, 197, 200, 202, 224, 226, 231, 246, 256, 271
Banjoko, Titilola, 59, 193, 194, 197, 271

Bank Misr, 156
Bank of Abyssinia, 63
Barclays, 49, 62-64, 70, 84, 100, 155, 266
Barwell, Matthew, 39, 89, 189, 266
Bayahi Group, 100
BBBEE (Broad-Based Black Economic Empowerment) Act, na África do Sul, 51
BCME, banco, 96
BeadfordLife, 186
Beasts of No Nation (Iweala), 232
bebés, produtos para, 98, 157
bebidas alcoólicas na África do Sul, vendas de, 89
Bel Group, 159, 160
Belda, Alain, 211
Belkhayat, Moncef, 95
Ben Tanfous, Ferid, 78, 270
Benetton, 83
Betz Paperchem Inc., 222
Biamba Marie Mutombo Hospital and Research Center, 203
bibliotecas, 138-141
Bibliotheca Alexandria (Biblioteca de Alexandria), 138, 140
Bidco Oil Refineries, Inc., 19, 25, 88, 268
biscoitos, vendas de, 159-160
Biyani, Kishore, 77, 82
Bizcommunity.com, 182, 245
Black Hawk Down [Cercados] (filme), 176, 190
Black Like Me (companhia), 25
Blair, Tony, 233
Blood Diamond [Diamantes de Sangue] (filme), 190
Böhm, Karlheinz, 231
Bollywood, 173-178, 249, 250
bombas de água, fornecimento de, 130
Bono (dos U2), 31, 231
Botsuana, 32, 44, 58, 63, 99, 146, 176, 182, 224, 247
Bouaziz, Habib, 66, 271
Bouchareb, Rachid, 176, 265
Boutros-Ghali, Youssef, 58

Bowie, David, 231
Branson School of Entrepreneurship, 165
Branson, Richard, 165
breastmilkproject.org, 187
BRIC, países, mercado africano *versus*, 18, 24, 52, 138
brinquedos, indústria de, 160
Broadman, Harry, 27
Buah-Bassuah, Paul, 144
Burkina-Faso, a televisão no, 178
Burundi, investimentos de *private equity* no, 53
Bush, George W., 8
BusyInternet, 137
Butão, monarquia constitucional do, 246
cabelo, produtos para o, 25, 70, 82, 207--208
Cabo Verde, dimensão da diáspora africana, 195
caixa automática, cartões de, como método de enviar remessas, 200
Calpeda, 130
CAMAC International, Inc., 209
Camerapix, 181
Camfed International, 166
Camilleri, Louis, 211
campanha de lavagem das mãos, 115
canais de distribuição, organizar os, 87, 112
canais informais para remessas da diáspora africana, 200
Capital for Development (CDC), 101
carbonato de sódio, produção de, 40, 145
Carrefour, 68, 74, 83, 249
carvão em petróleo, transformação do, 146
casas-mãe das marcas, 185
Castle, cerveja, 65-66, 90
Celtel, 33, 34, 47, 48, 54, 57, 60, 65, 128, 180, 268, 271. *Vd. também* Zain
cerveja, vendas de, 21, 65, 66, 87-90, 109, 185, 188
chá no Quénia, indústria do, 216
Chade, investimentos de *private equity* no, 53

Chak de India (filme), 249
Chakravarti, Ranjan, 116, 267
champô, vendas de, 66, 69, 70, 81, 82
Chandaria, Manu, 47, 268
Cheadle, Don, 237
Chellaram, Suresh, 122, 268
Chellarams Group Plc, 122
Chery Automobile Co., 106, 107
Chicago Bears, 104
China
  comércio com a África, 26, 29
  rendimento nacional bruto per capita, 43
  valor da marca, 236
  vendas de automóveis em África, 106
Chipre, população de, 46
Chirac, Jacques, 233
Circu, Alina, 138
Chissano, Joaquim A., 33
Christian-Meier, Maude, 222, 271
Cipla, 116
Cisco Systems, 162
Citigroup, 202, 269, 270
civilizações antigas ao lado de civilizações modernas, 249-251
Clark, Gregory, 231
classe média na África do Sul, 20. *Vd. também* África Dois
Clinton Foundation, 227, 231, 232
Clinton, Bill, 218
Clinton, Hillary, 243
Coartem (medicamento antimalária), 113--115
Coca-Cola Company, The, 9, 19, 22, 23, 24-25, 31, 38, 56, 66, 68, 69, 75, 87, 89, 90, 101, 108, 123, 125, 126, 129, 140, 154, 155, 156, 167, 168, 184, 185, 220-222, 265
Cockburn, Bruce, 140, 267
Cohen, Stephen, 245
coletivismo, 89
coletores *susu*, 63
Colgate, 84, 109
Collier, Paul, 49

Comcraft Group, 47, 79, 268
comércio. *Vd.* desenvolvimento dos negócios
comida para animais de estimação, 247
Commercial Bank of Ethiopia, 63
Commission on Africa (R. U.), 232
Commission on Capital Flows to Sub--Saharan Africa (E.U.A.), 232
Commonwealth Business Council, 194, 247
Community and Individual Development Association (CIDA), 165
companhias africanas locais *versus* companhias globais, 65-67
compras. *Vd.* venda a retalho
computadores, fornecer às escolas, 162-163
comunicações. *Vd.* telemóveis; setor das telecomunicações
Congo-Brazzaville, 19, 44, 48
Congo-Kinshasa, 29, 45, 52, 55, 129, 150, 151, 158, 203
conservação ambiental, 224-225
conservação, iniciativas de, 225
Conservation Corporation Africa (CC Africa), 224
consumidores. *Vd.* oportunidades de mercado
contas bancárias Mzansi, 63
contribuições de caridade. *Vd. também* mercado ubuntu
  efeitos dos projetos de ajuda, 231-236
  papel no desenvolvimento dos negócios, 31-32
  pela diáspora africana, 203-204
controlo de tráfego, 127
Converse, 231
Cooper-Hewitt National Design Museum, 229
corrupção, custo da, 50
Cowbell Milk, 158
«Crianças da Meia-Noite», 8
crocodilos no Zimbabué, quintas de, 15
cuidados de saúde, 222-223. *Vd. também* indústria farmacêutica

inovações no design dos, 230
Novartis Foundation for Sustainable Development, 234-235
programas de vacinação, 226
Cummings, Alex, 23, 24, 25, 265
Daily Sun (tabloide), 183
Dana, Simphiwe, 249
Dangote, Aliko, 86, 121, 123
Danone, 159, 228, 241, 270
Dau, John, 204
Davis and Shirtliff Group, 129
Dell, 231
Delta, 133
demografia dos países africanos, 52, 111, 162
desportos do mercado dos jovens, 155
Development Partners International, 54, 56
DHL, 27
Diageo Africa Business Reporting Awards, 237
Diageo, 21, 39, 89, 185, 189, 221, 237, 245
Diamante Negro (classe média da África do Sul), 19-21, 82, 240
Diaspora Africa Forum, 212
diáspora africana
complexidades da, 209-211
dimensão da, 195-197
economia de ricochete da, 59
emprego em África, localizar, 194
filantropia da, 203-204
investimentos da, 202-203, 245-246
Kwesi e Yvonne Nduom, exemplo de, 211-212
ligações com a, 212-213
produtos da, 207-209
remessas enviadas pela, 197-201
turismo, efeito no, 204-207
diferenças entre gerações, 152-153
Dignified Mobile Toilets, 131
Disney, 177, 188
distribuição,
diversidade religiosa em África, 67-70
Djibuti, 44, 55

doenças, prevenção das, 222-223
Draper Richards Foundation, 227, 228, 271
Drayton, Bill, 228
Driss, Kamal, 202, 270
DStv Mobile, 178, 179
du Plessis, Deon, 183
Dubai Holding, 55
Dubai World, 55
DuBois, W. E. B., 210
Duk Lost Boys Clinic, 204
Durojaiye, Isaac, 131
EAC (East African Community), 46
EASSy (East African Submarine Cable System), 136
East African Breweries Limited, 65, 266
East African Marine System (TEAMS), The, 136
Easterly, William, 231
Echos Communication, 35
École Supérieure Algérienne des Affaires (ESAA), 243, 270
Econet Wireless, 13
economia, 18. *Vd. também* oportunidades de mercado
economia de ricochete, 59
economia informal, 51, 57-59
no Zimbabué, 13, 16
economia de ricochete, 59
economia global, companhias líderes africanas na, 27, 162
economia informal na África, 51, 57-59
ECOWAS (Economic Community of West African States), 46
Edgars, 17, 74
editorial, setor, 160, 271
educação
da diáspora africana nos Estados Unidos, 197
necessidade de, 242-244
oportunidades para a, 162-166
organizar, 122, 123
uniformes escolares, 149-150
educação pré-escolar, oportunidades de, 163

educadores, papel, nas oportunidades de mercado, 242
Eferakorho, Helen, 208
Egito
  bibliotecas, 138, 140
  bombas de água, 130
  canais de distribuição, 109-112
  comércio asiático no, 27
  desportos no, 155
  economia informal, 59, 102
  fornecimento de tintas para a África Dois, 80-81
  importações de petróleo, 145
  indústria automóvel no, 105-106
  indústria cinematográfica, 171-172
  indústria farmacêutica, 116
  indústria turística, 204
  investimentos de *private equity* no, 53
  lojas de retalho para a África Dois, 79-80
  música no, 154
  oportunidades de mercado no, 49
  produtos de cuidados da mulher, 161
  produtos para bebés, 157
  religião, efeito nos negócios, 69-70
  taxa de natalidade, 52
  universidades, 163
  utilização de telemóveis, 139
  valor da marca, 236
Egypt Air, 133
Eisenhower, Dwight D., 250
El Djazair Hotel, 250, 251
El Guindy, Nadia, 69
El Khouly, Khaled, 139
El Kilany, Borhan, 111, 112, 269
El Masri, Amin, 171, 172, 269
El Mofty, Amgad, 112, 269
El Nasar (empresa mineira), 144
El Sayyad, Yasser, 108, 269
el-Aswany, Allaa, 172
eletricidade, fornecimento de, 14, 32, 38, 87, 118, 127
Elkin, Caroline, 147
El-Nasr, Shereen Seif, 69

Eloui, Laila, 69
emigrantes. *Vd.* diáspora africana
Emirates Airlines, 133
Emirates International Investment Company LLC, 55
emissões de televisão nos telemóveis, 180-181
empacotamento de produtos, 184-185
empreendedorismo
  em África, 28-31
  impacto económico do, 248-249
  no Zimbabué, 13-17
  social, 227-228
empreendedorismo social, 227-228
empregadores, efeito no poder de compra, 88
emprego em África, localizar, 193-194
Enbee Stores, 149
energia eólica, 128
energia hidroelétrica, 129
energia solar, 118, 128, 216
energia, fornecimento de, 125-130
entretenimento, indústria do
  campanha publicitária de Michael Power, 21, 188, 189
  emissões de televisão nos telemóveis, 179-180
  indústria cinematográfica, 171-177, 190
  setor da televisão e da rádio, 178-179
Envirofit International, 132
escolas de gestão, 163-166, 243
Eskom, 127
Espanha, diáspora africana na, 196-197
esquema 419 da Internet, 185, 186
esquema nigeriano da Internet, 185
estabelecimento do preço no mercado da África Três, 86, 87
estabilidade, necessidade de,
Estados «doentes», 56, 215, 246
Estados Unidos, 18, 21, 22, 27, 50, 53, 54, 66, 68, 78, 101-108, 110, 111, 117, 133, 135, 137, 140, 141, 145, 146, 151, 160, 164, 165, 166, 175, 177, 178, 179,

180, 183, 193, 194, 195, 196, 197, 200, 201-204, 207, 209, 211-213, 216, 222, 239, 243, 247, 248
estatísticas populacionais, 46, 52, 150-151
estereótipos sobre a África, perpetuação dos, 245
estudantes internacionais, 243
Ethiopian Airlines, 36, 133, 134, 270
Etiópia
  desenvolvimento da marca, 236
  disputas sobre o valor das marcas, 237
  indústria automóvel na, 106
  setor bancário na, 63
  taxa de natalidade, 52
  transporte aéreo na, 134
expatriados. *Vd.* diáspora africana
ExonMobil, 14
Flang, Tom, 26
Fanta, 154
Far East Mercantile Co. Ltd., 240
Farewell to Alms [*Um Adeus às Esmolas*] (Clark), 231
farmacêutica, indústria
  empresas farmacêuticas não lucrativas, 228
  iniciativas públicas e privadas, 113-115
  organizar a, 115-117
FESPACO (Panafrican Film and Television Festival of Ouagadougou), 177
FGC Wireless, 137
filantropia. *Vd. também* contribuições de caridade; mercado ubuntu
  da diáspora africana, 203-204
  efeitos dos projetos de ajuda, 231
filmes, 171-178, 190
Financial Times, 7, 25, 65, 164, 166, 167, 245, 249
financiamento privado de iniciativas públicas, 226-227
Findajobinafrica.com, 194
Firestone, 240
First National Bank, 63, 213
FirstRand Banking Group, 20, 62

Fitzgerald, Niall, 219
Fitzgerald, Steve, 224, 225, 268
Flannery, Matt, 227
flores, transporte aéreo e venda de, 51, 134-135
fogões para cozinhar, 132, 230
Forbes, lista dos multimilionários da, 86, 111, 209, 211
formação. *Vd.* educação
Fórum Económico Mundial sobre a África, 236, 247
Fox, Vicente, 213
França, acordo de comércio com a região do Magreb, 46
Frank, Eric, 21, 266
Freeplay Foundation, 216, 230, 271
Friedman, Thomas, 245
«fuga de cérebros», 37, 193, 195
Fugard, Athol, 173
Fuss, Melvyn, 62
Gabão, 44, 48, 56, 211
Gallium Capital, 195
Gamewatchers Safaris, 225, 268
Gana
  acesso à Internet, 137
  canais de distribuição, 109
  diáspora africana, dimensão da, 196
  fornecimento de água, 203
  investimentos de *private equity* no, 53
  Kwesi e Yvonne Nduom, exemplo de, 211-212
  música no, 154
  prevenção da malária, 223
  remessas para o, 198
  tráfico de escravos, antigo, 207, 210
Gap, 231
Gates Foundation, 142, 231, 232
GAVI Alliance, 226
GE Healthcare, 230
Geely Group Ltd., 106
«geração chita», 152, 168, 217
«geração hipopótamo», 152
geradores Weza, 230

ÍNDICE REMISSIVO

Ghosn, Carlos, 107
Gibson, David, 202
Gillette, 109
Global Business School Network (GBSN), 164
Global Clothing Industries, 104
Glover, Danny, 211
God Grew Tired of Us (Dau), 204
Goldberg, Whoopi, 211
Goldman Sachs, 226, 246, 247
Goldvision, 120
Google, 140, 243
Grameen Bank, 228
Great Wall, 38, 106
Green Belt Movement, 40
Grieves-Cook, Jake, 225
Groupe Danone, 159
Groupe Mabrouk, 85, 100, 270
GSM Association, 60, 201
Guha, Ramachandra, 7
Guiné Equatorial, 44, 48, 52, 208
 investimentos de *private equity* na, 53
Guiné, 44, 198
Guiné-Bissau, 45, 198, 211
Guinness, 21, 22, 108, 181, 185, 188, 189
GV Telecom, 136
Hafez, Abdel Halim, 172
Hale, Victoria, 228
Half a Yellow Sun (Adichie), 141
Halim (filme), 172
Hamoud, 66
Hanouti, 36, 93, 95-123, 222
Hapagfly, 133
Harrower, Gill, 219, 266
Harubuntu, competição, 35
Heinichen, Richard, 222
Heinsohn, Gunnar, 167
Helios Investment Funds, 78
Henkel, 240, 270
Hewlett-Packard, 137, 139, 267, 269
Hibbard, Devin, 186
Highland Tea Company, LLC, 215
Hoffman, Jenny, 65

Homan, Michael, 232, 235
Homecoming Revolution, 213
Hood, Gavin, 173, 190
hospitais fundados pela diáspora africana, 203
Hotel Rwanda [*Hotel Ruanda*] (filme), 237
Houston, Whitney, 79
Hu Jintao, 28
humanidade. *Vd.* mercado ubuntu
Hunter, Ron, 204
Hunter-Gault, Charlayne, 245
«I Go Chop Your Dollar» (canção), 186
I Hate My Village (filme), 174
Ibrahim Index of African Governance, 33
Ibrahim, Mo, 33, 34, 35, 54, 245, 271
ICICI Bank, 63, 267
Idriss, Moulay, 250
Iliacom, 139, 140
Immelt, Jeffrey, 243
Imperial Holdings, 25
Imperial Reckoning: The Untold Story of Britain's Gulag in Kenya (Elkin), 147
importação de petróleo, 145
impressos, *media*, 182-183
Imra Assets Management of South Africa, 17
imunização, programas de, 226, 235
Índia
 comércio com a África, 28
 comparações da África com a, 7
 desenvolvimento dos negócios no Uganda, 30
 Estados «doentes» na, 50
 oportunidades do mercado *versus* mercado da África, 77
 rendimento nacional bruto per capita, 43
 turismo médico na, 206-207
 valor da marca, 236
 vendas de automóveis em África, 107
 zonas sem acesso ao mar, 47-48
Indian Farmers Fertiliser Cooperative Limited (IFFCO), 144
Indian Film Academy Awards, 176

Indian Institute of Technology (IIT), 243
Indianapolis Colts, 104
Indigènes (filme), 176
indigenização, 16
individualismo, 89
indivíduos com riqueza líquida elevada (IRLE), taxa de crescimento de, 85
Indo Egyptian Fertilizer Company, 269
Indo Mie Noodles, 241
indústria aeroespacial na Nigéria, 38
indústria hoteleira, 205
Industrial & Commerce Bank of China Ltd., 62
inflação. *Vd.* economia
infraestruturas, criação de, 125
    água potável, 132
    ar limpo, 132
    bombas de água, 130-131
    Muthaiga Golf Club, exemplo do, 147-148
    na economia global, exemplos de, 144-146
    redes de energia, 125-130
    setor agrícola, 141-144
    setor das telecomunicações, 135-140
    setor editorial, 140-141
    sistemas de saneamento, 131-132
    transporte aéreo, 133-135
iniciativas privadas, combinação com iniciativas públicas, 113-115
iniciativas públicas, 113-115, 226-227
INMARSAT Limited, 162
Innscor, 14, 15, 16, 17, 25, 101, 225, 238, 239, 267
inovações de design, 229-231
Instant Grass, 156
Intel, 163
International Finance Corporation, 29, 53, 137, 164, 206, 224, 242, 271
International Finance Facility for Immunization (IFFIm), 226
Investec, 62
investimento
    em África, 8, 33-34, 53, 54, 56
    no Zimbabué, 17
    pela diáspora africana, 202-203, 244-245
investimento direto estrangeiro (IDE), 17, 53
investimentos de *private equity* em África, 53-56
Irlanda, África e, 21
Ishani, Anil, 226, 268
Iweala, Uzodinma, 232
J. Heinz (companhia), 16
Jakes, T. D., 67
James, Barbara, 54, 55
Jet Only, 133
Jet4U, 133
Jeune Afrique (revista), 182, 245
Jincheng, 26, 117
Johal, Jag, 54, 267
Joly, Claude, 241, 270
Jones, Monty, 142
Jordan, Ginny, 186
jornalismo, 181, 184
Jude, Noelie, 113
Kaberuka, Donald, 29
Karcher, Deepak, 240, 268
Katlama, Michel, 241
Keith, Sharon, 185, 267
Kelkar, A. M., 131, 268
Kent, Muhtar, 23
Kenya Airways, 14, 27, 36, 47, 48, 133, 268
Kenya Ceramic Jiko, 229
Kerr, Kevin, 22, 266
Kettani, Ali, 176, 269
Keys, Alicia, 231
KFC no Zimbabué, 14
Khan Al-Khalili (bazar), 249
Kheir Zaman, lojas, 79
KickStart, 130
Kidzee, 163
King, Martin Luther, Jr., 210
Kingdom Bank, 17
Kingdom Holding, 205

ÍNDICE REMISSIVO

Kirloskar, 28, 127, 130, 131, 268
Kitea, 205
Kiva, 227
Klintworth, Gail, 220, 265
Kolthoum, Om, 66, 138
K-Rep, 54, 63
Kulula.com, 133
LabNow, Inc., 117
Lagos. *Vd.* Nigéria
Lakhdar, Ali, 119
Lawal, Kase, 209
Le Nouveau Royaume d'Abou (programa de televisão), 178
Leaf Technologies, 68, 140
Leisinger, Klaus, 234, 235, 266
leite, vendas de, 75, 108, 122, 157, 158-159
lenços de cabeça, efeito nas vendas de champô, 69-70
lepra, curas de, 234
Lesoto, 44, 99
   remessas para o, 198, 199
LG Electronics, 118
Líbano, ligações da África com o, 55, 70
Libéria, 24, 28, 45, 52, 208
   jornalismo na, 184
Líbia, 44, 83, 206
   investimentos de *private equity* na, 53
liderança, 33-35, 112, 231, 236, 245, 246, 247, 251
Life Straw, 222
Linda, Soloman, 188
linguagem do mercado dos jovens, 152-153
Live 8, concerto, 232
Living Goods, 228
Living in Bondage (filme), 173
livros, acesso aos, 140-141
Lonrho, 133
Lord of War [O Senhor da Guerra] (filme), 190
Louw, Melanie, 19, 20, 265
low-cost, companhias aéreas, 133-134
Lynch, Bill, 25
Maathai, Wangari, 39

Mabati Rolling, 79, 80
Madhvani Group, 30, 270
Madhvani, Muljibhai Prabhudas, 30
Mafia (filme), 171
Magadi Soda Company, 40, 145, 146, 268
Magreb, região do, acordo de comércio com a França, 46
Mahfouz, Naguib, 249
Mahindra, 28, 107
Makatiani, Ayisi, 194
malária, 16, 32, 112, 113, 114, 155, 222, 223, 228, 230, 231, 234
Malásia, 233
Malawi, 19, 45, 58, 99, 102, 109, 208, 221, 227
Mali, 24, 44, 57, 128, 209, 223, 226, 233, 235
Mama Habiba, 36, 93, 125-148, 230
MamaMike, 201
Mandela, Nelson, 35, 84, 101, 167, 243
Mandela, Winnie, 101
Mango, 83
Mansour Group, 79
máquinas de lavar para a África Dois, 82
mar, países africanos sem acesso ao, 46-47
marcas, organizar o conhecimento das, 118-122
marcas, valor das, 236-237
marketing. *Vd. também* publicidade
   organizar o, 118-120
   qualidade dos dados de, 240-241
Marketing Science Institute (MSI), 239
Maruti, 107
Marrocos
   acesso à Internet, 137-138
   conhecimento das marcas, 118-121
   diáspora africana, dimensão da, 195
   educação e formação, 123
   energia eólica, 128
   exemplo da Hanouti, 95-96
   indústria automóvel em, 107
   indústria cinematográfica, 176
   indústria turística, 205, 206

investimentos de *private equity* em, 53
mercado informal, organizar o, 102
mercados em, 110
Moulay Idriss (cidade), 250
religião, efeito nos negócios, 68
remessas para, 200
utilização de telemóveis, 139-140
Mashaba, Herman, 25
Massmart, 17, 100
MasterCard, 201
Mathai, Mwangi, 131
Mathenge, James, 40
Maurícias, 44, 63, 182
Mauritânia, 44, 196
Mauritius Commercial Bank Ltd, 63
Mbeki, Thabo, 236
Mbire, Charles, 167
McDonald's, 110, 238
media
   anúncios de marcas nas paredes, 184-
      -185
   campanha publicitária de Michael
      Power, 21, 188, 189
   emissões de televisão nos telemóveis,
      180-181
   empacotamento de produtos, 184-185
   impressos e *media on-line*, 181-183
   indústria cinematográfica, 171-177, 190
   papel nas oportunidades de mercado,
      245
   proteção da propriedade intelectual,
      187-188
   setor da televisão e da rádio, 178-179
   sofisticação tecnológica em África, 185-
      -187
media *on-line*, 182-183
medicamentos. *Vd.* indústria farmacêutica
Médio Oriente, ligações do Norte de África
   com o, 54
Mediterranean School of Business, 164
mercado, oportunidades de. *Vd. também*
   economia
   África Dois, 76-83

África Três, 86-88
África Um, 84-86
ativistas, papel dos, 242
companhias locais versus globais, 65-67
criação de infraestruturas. *Vd.* criação
   de infraestruturas
diáspora africana. *Vd.* diáspora africana
diversidade religiosa, efeito da, 67-70
educadores, papel dos, 242-244
Índia versus África, 77
lentes de aumentar, 51-59
liderança, papel da, 245-247
media e entretenimento. *Vd.* indústria do
   entretenimento; *media*
mercado ubuntu. *Vd.* mercado ubuntu
mercado dos jovens. *Vd.* mercado dos
   jovens
no Zimbabué, 13-18
objeções às, 45-51
ONG, papel das, 242
organização do mercado. *Vd.* organização do mercado
setor privado, papel do, 238-240
segmentos do mercado africano, 73, 74.
   Vd. também África Um; África Dois;
   África Três
aspirações, 89-90
imprecisão das fronteiras entre, 91-92
exemplos de produtos dos, 83
mercado da habitação na África, 78, 229
mercado de segunda mão, organizar o, 95,
   97, 104-108, 123
mercado dos jovens
   análise de tendências no, 156
   aspirações dos pais para o, 158
   atitude do, 166-168
   desportos, 155-156
   diferenças entre gerações, 152
   estatísticas populacionais, 151
   indústria de brinquedos, 160-161
   linguagem sheng, 152-153
   música, 153-155
   oportunidades de educação, 162-166

ÍNDICE REMISSIVO | 285

perigos do, 166-167
produtos de cuidados da mulher, 161--162
produtos para bebé, 157
uniformes escolares, 149-150
vendas de leite, 158-159
vendas de queijo, 159
mercado informal, organização do, 72, 77, 97, 103, 104, 105
mercadorias, criar marcas para, 121
Meredith, Martin, 67
Mesehi, Meloria, 62
México, relações com a sua diáspora, 18, 151, 196, 203, 213
Michuki, Wanja, 215, 217
Michuki, Watiri, 216
microfinanciamento, 226
Microsoft Corporation, 35, 103, 139, 162, 239
Millennium Project, 232
Millennium Promise, 227
Million Book Project, 140
Mills, Greg, 232, 236
Minghella, Anthony, 176
Mint, The (programa de televisão), 180
Mississippi Masala (filme), 209
M-Net, 178
MobilNil, 68
Moçambique, 28, 32, 45, 52, 55, 58, 99, 102, 182, 205, 226
Mohammed VI (rei de Marrocos), 205
Money Express, 198
MoneyGram, 198
Monsanto, 143
Monterrey Tech, 243
Morland, Miles, 56
Motsepe, Patrice, 86
Moulay Idriss (cidade marroquina), 250
Mouyeme, Maserame, 9, 265
Mr. Biggs, 90, 238
MSI (Mobile Systems International), 34
MTech Communications, 180
MTN (companhia de telemóveis),

MTN Banking, 20, 28, 60, 64, 65, 136, 167, 180
MTV, 154
Mugabe, Robert, 13, 14, 16, 17
Mukherjee, Bhudeb, 241, 268
MultiChoice Africa, 175, 178
MultiLinks, 128
mundo desenvolvido/em vias de desenvolvimento, relações entre, 247-248
Mureithi, David, 147, 266
Musée du Quai Branly (museu de Paris), 211
Museum of the African Diaspora, 211
música do mercado dos jovens, 153-155
Muthaiga Golf Club, 147, 148
Mutombo, Dikembe, 203
Muye, Lawrence, 147
Myeni, Thandiwe,
N'Dour, Youssou, 155
nacionalismo, 65
Naguib Mahfouz, restaurante, 61, 249
Naikuni, Titus, 47, 268
Nair, Mira, 209, 210
Nairobi. *Vd.* Quénia
Nakumatt, 36, 75, 99, 100, 201
National Agency for Food and Drug Administration and Control (NAFDAC), 114
Native (filme), 176
Native Lingua Films, 177
NComputing, 163
Nduom, Kwesi e Yvonne, 211, 212
Nedbank Group, 63
negócio da restauração
    na África Subsaariana, 238
    na Nigéria, 90
    no Zimbabué, 14
negócios, desenvolvimento dos. *Vd.* também empreendedorismo
    dificuldades no, 50-51
    política e, 29-31
    papel da caridade no, 31-32
Negroponte, Nicholas, 162
Nehru, Jawaharlal, 243

Nelson Mandela African Institute of Science and Technology, 243
Nescafé, 154
Nestlé, 22, 87
New Boy Toys, 160
New News Out of Africa (Hunter-Gault), 245
Neweye, 118
newsletters, 182
Ngahu, Catherine, 83, 84, 153, 268
Nigéria
  canais de distribuição, 109-110
  conhecimento das marcas, 120, 236
  corrupção, custo da, 50
  dados de marketing, 241
  desportos na, 155
  economia informal, 57
  educação e formação, 122
  emissões de televisão nos telemóveis, 180
  estudantes enviados para os Estados Unidos, 244
  indústria aeroespacial na, 39
  indústria cinematográfica, 173-177
  indústria da televisão, 179
  indústria farmacêutica, 113-115
  inovações na energia, 129
  investimento no mercado internacional, 56
  investimentos de *private equity* na, 53
  investimentos pela diáspora africana, 202
  Irlanda e, 21
  linguagens da, 153
  mercado de pneus, 240
  mercado de segunda mão, dimensão do, 104
  música na, 154
  otimismo na, 37-39
  população, 46, 52
  produtos para bebés, 157
  rede de energia, 125
  remessas para a, 198
  revistas de moda, 208

setor dos automóveis em segunda mão, 105
sistemas de saneamento, 131
sistemas de transporte, 117-118
utilização da energia para carregar os telemóveis, 128
venda a retalho, organização do mercado de, 101
vendas de leite, 158
vendas nos restaurantes, 90
Nigerian Women Eagles Club, 211
Nigerian-American Chamber of Commerce, 211
Nnaji, Geneviève, 177
Nnebue, Kenneth, 173
Nokia, 155, 230
Nollywood, 37, 93, 171-190
Norte de África, ligações do Médio Oriente com o, 54
Not on Our Watch (Cheadle), 237
Nova Iorque, imigrantes senegaleses em, 208, 209
Novartis Foundation for Sustainable Development, 232, 234
Novartis, 22, 31, 112-116, 123, 222, 234, 235
Nwobi, Chika, 180
Obama, Barack, 209
Obasanjo, Olusegun, 144
Oberoi Hotels, 249, 269
Odhiambo, Clarice, 221, 222, 265
OGM (organismos geneticamente modificados), 144
Ohonme, Emmanuel «Manny», 204
Okonjo-Iweala, Ngozi, 246
óleo para cozinhar no Quénia, produção de, 19, 21, 91
One Acre Fund, 228
OneWorldHealth, 228
ONG, papel nas oportunidades de mercado, 35, 115, 127, 150, 161, 224, 226, 234, 242, 246

ÍNDICE REMISSIVO | 287

oportunidades. *Vd.* oportunidades de mercado
Oracle Corporation, 162
Orascom, 20, 60, 61
organização do mercado
 canais de distribuição, 108-112
 educação e formação, 122-123
 empresas como mercados, 112
 exemplo da Hanouti, 95-96
 indústria farmacêutica, 115-117
 iniciativas públicas e privadas, 113-115
 marcas e marketing, 118-122
 mercado de segunda mão, 104-108
 mercado informal, 102-104
 necessidade de, 96-97
 sistemas de transporte, 117-118
 venda a retalho, 98-102
Othmani, Slim, 56
otimismo
 do mercado dos jovens, 167
 em África, 37-40
Overseas Private Investment Corporation, 8, 78
Owoh, Nkem, 186
Özyegin, Hüsnü, 243
padarias no Zimbabué, 17
Paltrow, Gwyneth, 231
Pamodzi Investment Holdings, 54
Panafrican Film and Television Festival of Ouagadougou (FESPACO), 177
Pantaloon Retail (India) Ltd., 77
Pantene, 70
Park n Shop, 30
Parker, Robin, 183
Patak (empresa de comida indiana), 208
Patel, Natu, 149
Pathak, Bindeshwar, 132
Pathak, L. G., 208-209
Patil, R. S., 131
Pears, loção para bebés, 157
PEP Stores, 74
perigos em África, 71
petróleo

importações de, 145
 transformação do carvão em, 146
Pfeffermann, Guy, 164
Philips, 120
Pick'n Pay, 17, 100, 122
Pineau, Carol, 245
Pioneer Hi-Bred International, Inc., 142, 143
pirataria de *software*, 103
pirataria, 103, 187-188
política, o desenvolvimento dos negócios e a, 29-31
Ponce de León (explorador), 168
Ponsford, Richard, 72
Pontin, Jason, 235
populações imigrantes nos Estados Unidos, 195. *Vd. também* diáspora africana
Population Services International (PSI), 155, 220, 221
Portman, Marcel, 238
Postbank, 63, 84
Power, Michael (campanha publicitária de), 21, 188, 189
Pravasi Bharatiya Divas, 213
prémio aos líderes africanos reformados, 33
Prémio Nobel, africanos vencedores do, 39, 141, 217, 228, 249
Prince Among Slaves (Alford), 211
Procter & Gamble, 68, 82, 112, 157, 161, 185, 221, 269
produção de adubos, 142, 143, 144, 227
produção de diamantes, 146
produção de iogurte, 228
produção de óleo para cozinhar no Quénia, 19, 21
produtos de cuidados pessoais para a África Dois, 81
produtos destinados aos cuidados da mulher, 161-162
produtos para melhorar a casa para a África Dois, 79-81
programas de estudo no estrangeiro, 243--244

programas de vacinação, 157, 226, 235
propriedade intelectual, proteção da, 174, 187, 188
Protea Hotels, 205
publicidade. *Vd. também* marketing
 anúncios de marcas nas paredes, 184
 empacotamento do produto, 184-185
 Michael Power, campanha publicitária de, 21, 188, 189
purificação da água, sistemas de, 222
Q-drum, 229
qualidade dos dados (de marketing), 240--241
queijo, vendas de,15, 22, 157, 159
Quénia
 bombas de água, 131
 despesas com alimentação, 142
 desportos no, 155
 distúrbios no, 29
 estudantes enviados para os Estados Unidos, 244
 exemplo da África Dois, 74-76
 exemplo do Muthaiga Golf Club, 147--148
 exemplo do setor do chá, 215-217
 investimentos pela diáspora africana, 202
 linguagem sheng, 152-153
 nacionalismo do, 65
 oferta de telhados para África Dois, 80
 otimismo no, 38-39
 produção de carbonato de sódio, 40
 produção de óleo de cozinha no, 19
 redes de energia, 127
 remessas para o, 197-198
 serviço a países sem acesso ao mar a partir do, 47
 setor agrícola, 142
 setor da rádio, 179
 transporte aéreo, 27, 47-48, 133
 utilização de energia para carregar os telemóveis, 128
 venda a retalho, organização do mercado de, 99

viagens de safari, 225
rádio por satélite, 178
rádio, setor da, 84, 171, 172, 178, 179, 183
Ramamurthy, Thiagarajan, 99
Rammutla, Peter, 142
Ranbaxy, 28, 116, 117
Rashidi, 87
Reddy, Raj, 140
RedMed Company, 112
Reliance Consortium, 137
remessas da diáspora africana, 197-201
Renaissance Capital, 54, 240
Renault, 206
rendimento e despesas, exemplo da África Dois, 75-76. *Vd. também* RNBC
rendimento nacional bruto per capita (RNBC) dos países africanos, 43
responsabilidade social. *Vd.* projetos de ajuda; contribuições de caridade; responsabilidade social das empresas; mercado ubuntu
responsabilidade social das empresas, 32, 217, 219, 220
retalhistas de moda para a África Dois, 83
retalho, venda a
 à diáspora africana, 207-209
 exemplo da Hanouti, 95-96
 exemplos de produtos, 75
 organização do mercado de, 97-102
 para a África Dois, 78
revistas de moda, 208
Roberts, Kate, 155
Roodt, Darrell James, 190
Rose, Robert, 158
Roundabout, 130
roupa em segunda mão, mercado de, 104
Ruanda
 desenvolvimento dos negócios no, 32
 investimento do Médio Oriente no, 55
 setor das telecomunicações, 136
Rugasira, Andrew, 233
Rushdie, Salman, 8
Rwandtel, 136

Saad, Mahmoud, 172
Saatchi & Saatchi, 21, 188
SABMiller, 20, 65, 66, 68, 89
Sachs, Jeffrey, 227
Sadza.com, 200
«safari aos consumidores», 7, 9, 250
Safaricom, 29, 65, 152, 180, 199
Salami, Ayo, 49
Samara, Noah A., 178
Samaritan's Feet, 204
Samsung, 250
Sandoz, 157
sanitários, fornecimento de, 131
sapatos, como contribuições de caridade, 204
Sarhan, Hala, 187
Sarkozy, Nicolas, 46
Sasol, Ltd., 20, 146
Satya (fundo de *private equity*), 54
SC Johnson, 222, 223
Schneider, Friedrich, 57
SCIB Paints, 80
Scojo Foundation, 228
Seacom, 137
segmentos de estilos de vida (SEV), 20
Sembène, Ousmane, 173
sendmoneyhome.org, 199
Senegal
  fábrica de autocarros no, 206
  imigrantes em Nova Iorque, 208
  indústria automóvel no, 107
  media impressos, 182
  otimismo no, 37
  remessas para o, 198-199
  tráfico de escravos, antigo, 210
Serena (cadeia de hotéis), 40, 205, 221
Serra Leoa, 45, 52, 104, 137, 142, 208
serviços bancários eletrónicos, 32, 39, 64
setor privado, papel nas oportunidades de mercado, 238-240
7-11 (lojas de conveniência), 213
Shah, Atul (Haku), 100
Shah, Premal, 227

Shaheen, Ilham, 69
Shakur, Tupac, 69
Shearwater Adventures, 15, 225, 267
Shell Foundation, 132
Shell, 112
sheng, linguagem, 152-153
Shoprite Group of Companies, 36, 87, 98, 100, 101, 159
Shrek (filme), 176
sida, 16, 32, 116, 117, 151, 155, 180, 187, 190, 219, 220, 221, 231, 234. Vd. também VIH/SIDA
Siemens, 152
SIG (sistema de informação geográfica), 138
Singapura, 32, 38, 46, 49, 110, 136, 245
Sirleaf, Alfred, 184
sistemas de saneamento, fornecimento de, 131, 132
sistemas de transporte, organizar os, 47, 67, 95, 112, 117, 118, 133, 138
Skoll Foundation, 166
Skoll, Jeff, 165
Sky Channel, 207
Slavin, Ana, 186
Smith, Alexander McCall, 176
Smith, Will, 212
SNBG (Société Nouvelle des Boissons Gazeuses), 66
sofisticação tecnológica, 185-187
Sofronie Foundation, 166
Solar 3, 129
Somália, 19, 32, 45, 198
Sony, 84, 118, 120
South African Airways, 36, 133
South African Breweries (SAB), 89, 109, 268
South Atlantic 3/West Africa Submarine Cable (SAT-3/WASC), 137
South Mediterranean University, 164
St. Clair, William, 210
St. George Hotel, 250
Standard Bank Group, 20, 62
Standard Chartered Bank, 155, 156

Stanek, Lanya, 168
Starbucks, 198, 215, 216, 237
State Bank of Mauritius Ltd., 63
Sudão
   conhecimento das marcas, 120
   desenvolvimento dos negócios no, 32
   filantropia da diáspora Africana no, 204
   investimentos de *private equity* no, 53
   remessas para o, 197
Sumaria Group, 55
Sundaresan, A. S., 81
Swaniker, Fred, 35
Swiris, Naguib, 61
Tailândia, turismo médico na, 206
Tanzânia, 8, 19, 29, 45, 53, 55, 57, 63, 99, 154, 183, 224, 226, 227, 234, 235, 247
Tarayana Foundation, 246
Tata Motors, 107, 118, 206, 218
Taurel, Sidney, 211
taxa de crescimento
   cortes de energia, efeito dos, 129
   da diáspora africana, 195-197
   da indústria do turismo, 204
   das empresas de telemóveis em África, 60-62
   do setor bancário em África, 62-64
   dos países africanos, 52
taxa do imposto sobre o rendimento, redução no Egito, 58
taxas de mortalidade infantil, 224
Tazo Tea, 216
TechnoServe, 128
telecomunicações, setor das, 135. *Vd. também* telemóveis
   acesso à Internet, 136-137
   crescimento em África, 60-62
   setor bancário, colaboração com o, 64
telefonistas, 228
telemóveis, 139-140. *Vd. também* setor das telecomunicações
   cortes de eletricidade e, 129
   emissões de televisão nos, 180-181
   mercado informal de, 103-104
   remessas pelos, 201
   telefonistas, 228
televisão por satélite, mercado informal de, 103, 104, 154, 172, 178, 179
televisão, setor da, 178-181
telhados para a África Dois, oferta de, 80
Temple Productions, 177
Terracom, 135, 136, 137
Tessema, Tadesse, 106
The Bottom Billion (Collier), 49
The Fate of Africa (Meredith), 67
The Grand Slave Emporium (St. Clair), 210
The Last King of Scotland [*O Último Rei da Escócia*] (filme), 190
The Lion King [*O Rei Leão*] (filme), 188
The New Partnership for Africa's Development (NEPAD), 29, 144, 162, 194
The No. 1 Ladies' Detective Agency (filme), 176
The Palms (centro comercial na Nigéria), 101
The White Man's Burden (Easterly), 231
The Yacobian Building (filme), 172
Thiof (revista), 182
30 Days (filme), 177
tintas para a África Dois, oferta de, 81
Tiro (revista), 208
tokunbo, 104, 107, 108
Toys R Us, 161
TradeNet, 61
tráfico de escravos, 207, 210
transporte aéreo, 135, 205
transportes, setor dos (efeito no turismo), 206. *Vd. também* transporte aéreo
tribos massai, viagens de safari, 40, 225
Triki, Mahmoud, 164, 165
TRISCAF (Tristate Cameroon Family), 211
Tsotsi [*Tsotsi*] (filme), 173, 187, 190
Tucker, cerveja, 65
Tunes, 190, 76, 83, 129, 198, 241
Tuninvest, 56
Tunísia
   educação na, 242

empresas locais na, 66
energia fornecida por baterias, 128
escolas de gestão, 164
investimento do Médio Oriente na, 55
investimentos de *private equity* na, 53
marketing junto dos imigrantes da, 207
setor bancário, 78
venda a retalho, organização do mercado de, 100
Tunisie Telecom, 68, 201
turismo, setor do, 13, 15, 59, 102, 119, 133, 156, 204-207, 225
Tutu, Desmond, 35, 217
U.S. Overseas Private Investment Corporation, 8, 78
ubuntu, mercado
 conservação ambiental, 224-226
 cuidados de saúde e prevenção das doenças, 222-224
 empreendedorismo social, 227-229
 exemplo da Coca-Cola, 220-221
 exemplo da Unilever, 219-220
 exemplo do setor do chá no Quénia, 215-217
 financiamento privado para iniciativas públicas, 226-227
 inovações no design, 229-230
 marcas, valor das, 236-238
 mundo desenvolvido *versus* mundo em vias de desenvolvimento, 248-249
 poder do, 217-218
 projetos de ajuda, efeitos dos, 231-236
 sistemas de purificação da água, 221--222
Ubuntu, *software*, 248
Uganda
 campanha de lavagem das mãos, 115
 desenvolvimento da marca, 236
 estatísticas do PIB, 233
 expulsão dos africanos de ascendência indiana, 209
 indústria automóvel no, 106
 investimentos de *private equity* no, 53

Madhvani Group no, 30
mercado informal, organizar o, 102
redes de energia, 127-128
remessas para o, 201
taxa de natalidade do, 52
uniformes escolares, 37, 149, 162
Unilever HIV/AIDS Resource Centre, 219
Unilever, 9, 22, 31, 72, 81, 86, 88, 91, 109, 115, 121, 123, 147, 157, 158, 177, 179, 184, 207, 219, 220
Union Bank of Cameroon, 64
United Bank of Africa, 63, 202
United Berger Motor Dealers, 105
universidades, 163-166
University of Cairo, 163
University of Cape Town, 20, 163, 164, 240, 208
University of Kwazulu-Natal, 163
University of Pretoria, 163
University of Witwatersrand, 163
utensílios para a África Dois, 26, 201
Utomi, Pat, 30
van Rooyen, Renier, 98
véus, efeito nas vendas de champô, 70
VIH/SIDA
 exemplo da Coca-Cola, 221-222
 exemplo da Unilever, 219
 impacto do, 219
 prevenção, 155
 teste, 117
viagens de safari, 224-225
Virgin Nigeria, 36, 133
Vodacom, 60
Vodafone, 139, 155, 196
Volvo, 206
von Bergmann, Hubertus, 144
Voortrekker Monument, 250
vouchers, como método de efetuar remessas, 159, 201
Voxiva, 180
Wainaina, Binyavanga, 153
Wake, Girma, 134
Wal-Mart, 99, 100n, 198, 239

Walsh, Paul, 21
Wambugu, Florence, 143
Wanyoike, Henry, 156
Washington, Denzel, 210
WaterHealth International, Inc., 203
Waverman, Leonard, 62
Wehbe, Haifa, 154
Weinstein Company, 176
Wen Jibao, 27
Western Union, 198, 201, 208
Weza, gerador, 230
Whittaker, Forest, 190
Williams, Sheri, 180
Williams, Stephen, 255
Winfrey, Oprah, 166, 187, 211
Woolworths, 74, 83, 84
Worku, Zewde, 135
World Toilet Organization, 131
WorldSpace, 178
Wyler, Greg, 135, 136
Yaz (Filme), 176
Yesterday (filme), 190
Youse, Jill, 187

Youth Connectivity, 156
Yunus, Muhammad, 228
Zain, 47, 60. *Vd. também* Celtel
Zaki, Mona, 177
Zambia National Farmers Union (ZNFU), 180, 181
Zâmbia, 19, 28, 44, 57, 63, 78, 99, 109, 129, 161, 183, 208, 224, 225
Zambian Airways, 134
ZapMax, 109
Zara, 83
Zenith Films, 175
Zimbabué
    canais de distribuição, 109
    consumidores no, 91
    economia informal, 57
    estatísticas económicas, 13, 16
    investimentos de *private equity* no, 56
    oportunidades de mercado no, 13, 15
    remessas para o, 200
    uniformes escolares, 149
    viagens de safari, 224-225
Zito, Joseph, 171

Índice

PREFÁCIO – Safari aos Consumidores 7

I PARTE – A OPORTUNIDADE AFRICANA 11

CAPÍTULO 1 – Fabricar Pão no Zimbabué 13

Riqueza Africana: A Décima Maior Economia Mundial. 18
Um Tipo Diferente de Petróleo e Diamantes. 19
Uma Cerveja Irlandesa Descobre em África o seu Futuro. 21
Um Ponto de Viragem 22
Olhar para Oriente: A Nova Corrida ao Ouro. 26
O Empreendedorismo Africano Está Vivo e Recomenda-se 28
Comércio Sim, Ajuda Não 31
A Necessidade de Liderança. 33
O Despertar da África: Escondida Mesmo à Nossa Frente 36
Um Otimismo Inexplicável. 37
Oportunidades Crescentes 41

CAPÍTULO 2 – A África é Mais Rica do que se Pensa 43

Resposta às Objeções. 45
As Lentes de Aumentar. 51
Aceleradores: Telemóveis e Bancos. 60
A África Existe?. 65
Diversidade e Tolerância. 67
Para Lá dos Números. 71
Oportunidades Crescentes 72

CAPÍTULO 3 – O Poder da África Dois.......................... 73
Conheça a África Dois.. 74
O Alvo Principal do Mercado Africano 77
Oportunidades na África Dois 78
Oportunidades a Todos os Níveis................................ 83
Um Continente de Aspirações: Continuem a Andar 88
Conclusão: Uma Porta Aberta 90
Oportunidades Crescentes 92

II PARTE – PERCEBER A OPORTUNIDADE........................ 93

CAPÍTULO 4 – Preparar a Hanouti: Oportunidades na Organização
    do Mercado 95
Organizar o Mercado.. 96
Organizar o Retalho: Comprar em Alexandra 97
Oportunidades ao Transformar o Informal em Formal.............. 102
Tokunbo: Organizar o Mercado de Segunda Mão 104
Organizar a Distribuição 108
Organizar o Mercado Farmacêutico............................... 115
Organizar os Transportes....................................... 117
Organizar as Marcas e o Marketing.............................. 118
Criar Marcas para os Produtos 121
Organizar a Educação e a Formação 122
O Poder de Organizar Mercados 123
Oportunidades Crescentes 123

CAPÍTULO 5 – Construir uma Fábrica de Gelo para Mama Habiba:
    Oportunidades em Infraestruturas 125
Fornecer Energia e Gelo.. 125
Bombas de Água 130
Água, Ar e Saneamento 131
As Companhias Aéreas... 133
Oportunidades para Saltar Etapas 135
Liderar nas Infraestruturas.................................... 144
Transformar as Infraestruturas: O Muthaiga Golf Club........... 147
Oportunidades Crescentes 148

CAPÍTULO 6 – Correr com a Geração Chita: Oportunidades no Mercado
   Africano dos Jovens 149

Um Mercado de Jovens 150
Chitas e Hipopótamos 152
Falar Sheng: Chegar à Juventude 152
A Música: Uma Linguagem Universal 153
Falar a Linguagem do Desporto 155
Compreender a Juventude 156
Oportunidades no Berço da Civilização 157
Oportunidades na Educação 162
A Fonte da Juventude 166
Oportunidades Crescentes 169

CAPÍTULO 7 – Olá Nollywood: Oportunidades nos *Media* e na Indústria
   do Espetáculo 171

A Inesperada Indústria Cinematográfica Nigeriana 173
Cinemas que não Parecem Cinemas 175
Televisão e Rádio: Para Lá de Dois Canais 178
O Pequeno Ecrã 179
Média Impressos e *Media On-line* 181
As Paredes Podem Falar 183
O Terceiro Olho 184
Sacar Dólares e Outras Surpresas da Tecnologia e dos Média Africanos .. 185
Os Piratas de Jo'burg 187
De Michael Power ao Poder dos *Media* 188
As Nossas Histórias São as Vossas Histórias 189
Oportunidades Crescentes 190

CAPÍTULO 8 – Regressar a Casa: Oportunidades na Diáspora Africana .. 193

A Crescente Diáspora Africana 195
Da Nigéria com Amor: Um Motor para o Investimento 197
Caixas Automáticas, Cartas, Artigos de Mercearia e Minutos
   de Telemóvel 199
Investimento e Caridade 202
Regressar a Casa: Turismo 204
Servir a Diáspora no Estrangeiro 207

Porta do Regresso: A Diáspora Complexa 209
Fortalecer as Ligações 211
Oportunidades Crescentes 213

CONCLUSÃO – O Mercado Ubuntu............................ 215

O Poder do Ubuntu 217
Construir a Comunidade através da Responsabilidade Social
   das Empresas 219
Comércio Sim, Ajuda Não: Para Lá de um Continente de Vítimas 231
Dar uma Nova Marca à África................................ 136
Apelo à Ação 138
Aproximar os Mundos em Vias de Desenvolvimento e Desenvolvido..... 247
Reinventar a África 249
Oportunidades Crescentes 251

Notas.. 153

Agradecimentos 165

Índice Remissivo 273